KB273480

칼빈

John Calvin: A Pilgrim's Life

칼빈

JOHN CALVIN:
A Pilgrim's Life

헤르만 셀더르하위스 지음 | **조숭희** 옮김 | **안명준** 감수

KOREA.COM

2009년은 칼빈이 탄생한 지 500주년이 되는 해다. 칼빈은 종교개혁자로서 기독교 역사뿐 아니라 세계 역사에서도 매우 위대한 인물이다. 그는 종교개혁으로 교회를 새롭게 했고 장로교를 창시했다. 그의 책《기독교강요》는 역사상 가장 체계적으로 잘 정리된 신학서로서 목회와 신학의 기본 틀이 되어 왔다. 칼빈은 신학자로서 여러 신학서와 주석을 썼고, 설교자로서 많은 설교와 글을 남겼다. 또한 목회자로서 교회를 세우고 목회했으며 나라의 지도자로서 제네바의 정치와 문화를 기독교의 기초 위에 건설하였다. 그가 추진했던 장로교의 직제와 목회 그리고 제네바 의회는 오늘날 민주주의를 형성하는 데 중요한 계기가 되기도 했다.

칼빈 탄생 500주년을 맞이해 세계 곳곳에서 칼빈을 기념하는 행사와 칼빈을 이해하려는 연구가 많이 이루어지고 있다. 우리나라도 올 초부터 칼빈 탄생 기념 감사예배와 그의 신학 사상에 대한 학술대회가 이어지고 있다. 지난 7월에는 칼빈 탄생을 기념해 한국 장로교회가 한 자리에 모여 장로교의 날 행사를 갖기도 했다. 지금도 칼빈에 대한 학술대회와 세미나, 강연이 계속되고 있다.

우리나라는 특별히 칼빈의 신학에 기초한 장로교가 꽃을 피우고 있다. 1885년 미국 북장로교의 언더우드가 처음 선교의 발을 들여놓은 이래 수많은 장로교회가 이 땅에 세워져 선교와 봉사에 힘쓰며 나라와 민족을 선도해 왔다. 최근 한국 장로교회들이 칼빈의 신학에 따라 하나의 교회를 고백하며 연합과 일치를 향해 경주하고 있는 것은 전적으로 하나님의 역사이기에 감사할 따름이다.

칼빈 탄생 500주년이 되는 해에 헤르만 셀더르하위스의 책이 번역된 것은 매우 뜻 깊은 일이다. 이 책은 칼빈에 관한 가장 기초적이면서도 매우 흥미 있는 책으로 칼빈의 신학이 가능하게 되었던 삶의 자리, 곧 삶의 밑바닥에서부터 그의 인생과 신학을 소개하고 있다. 칼빈에 관한 이전 책들이 칼빈의 사상을 주로 정리하여 소개했다면, 이 책은 그러한 신학사상을 형성시킨 칼빈의 생애를 다루고 있다. 인생 역정 가운데 칼빈이 하나님 앞에서 믿음으로 살고자 했던 고민과 결단을 기초로 해서 그의 신학을 정리하고 있다.

위대한 사상은 그 생각을 품은 사람의 인생과 밀접하게 연관되어 있다. 위대한 신학사상도 어느 날 갑자기 생긴 것이 아니라 그가 살았던 삶을 통해 이루어진 것이다. 그리고 그 신학의 열매가 있기까지 수많은 고민과 기도와 결단과 수고가 있었던 것이다.

우리는 이 책을 통해서 칼빈의 신학사상뿐 아니라, 고민하며 기도하는 신앙인 칼빈을 만날 수 있다. 또한 오늘을 사는 현대 기독교인들의 삶과 사유, 신앙과 신학의 전형을 찾을 수 있고, 그 가운데 역사하시는 하나님을 만날 수 있으리라 확신한다. 한국교회의 뿌리라고 할 수 있는 칼빈의 인격과 신앙고백을 되새기고 오늘날 우리의 신앙과 신학을 돌아볼 수 있을 것이라 생각하며 이 책을 적극 추천한다.

한국기독교교회협의회 회장 · 명성교회 목사 김삼환

추천사

500년 전 태어난 프랑스 법률가이자 종교개혁가, 최고의 신학자인 존 칼빈은 시대를 넘어 오늘날까지도 세상을 변화시키는 영향력 있는 인물로 자리하고 있다. 몇 달 전 〈타임〉지가 '오늘날 세상을 바꾸는 10가지 사상' 가운데 '뉴칼비니즘'을 꼽은 사실이 이를 반증한다.

칼빈 500주년을 맞아 재조명되는 칼빈은 그래서 어떤 형태든 나름대로 의미가 있다. 네덜란드의 아펠도른 신학대학교의 교회사 교수이자 저명한 개혁주의 역사가 헤르만 셀더르하위스가 쓴 이 책은 칼빈이 주고받은 편지를 주 자료로 하여 칼빈 자신이 말하고 있는 한 인간으로서의 칼빈을 잘 드러내 보여주고 있다. 그런 점에서 이 책은 더욱 흥미롭고 신선하다. 아울러 칼빈을 새롭게 이해할 수 있게 해준다. 목차에도 드러나 있듯이 고아, 순례자, 이방인, 피난자, 설교자, 희생자, 홀아비, 환자, 항해자, 군인 등으로 정의되는 그의 생애 여정과 모습은 그의 신학이 어떻게 안주하는 자들이 아닌 행동하는 자들을 위한 변화와 개혁의 횃불로 사용될 수 있었는지를 엿보게 해준다.

법률을 공부한 성실한 인문주의자에게 어느 날 찾아 온 회심의 체험은 칼빈을 소망이 보이지 않는 로마 가톨릭이 맹위를 떨치던 조국 프랑스를 떠나 신성한 부르심에 응답하는 불꽃 같은 삶을 살도록 만들었다. 16세기의 제네바는 국경 도시로 프랑스, 이탈리아, 영국 등지에서 수많은 '이민자'가 몰려들었다. 칼빈 역시 프랑스를 떠난 '피난자'였다. 그러나 그의 상황은 그의 설교를 듣기 위해 몰려 든 '이방인'에게 특별한 공감대를 형성해 주었다. 또한 칼빈은 제네바에서 28년 동안 '경계선 위에 선' 상황 가운데 정열적인 말씀 사역자로 힘 있게 진리를 선포했다. 그리고 제네바에서 추방당해 또 다시 피난자가 되었던 칼빈은 500년이 지난 지금, 포스트모던 시대에 설 자리를 잃고 방황하며 살아가는 많은 현대인들에게 위로를 준다.

칼빈은 미래에 대한 소망으로 어떤 상황에서도 흔들리지 않고 영원의 빛 가운데로 걸어갔다. 그는 '이미'와 '아직'의 긴장과 경계선 위의 이 세상을 순례자로서 조용한 확신과 뿌리 깊은 기쁨을 가지고, 소망과 인내로 마침내 드러날 영광과 완전한 구속을 바라며 살아갈 것을 우리에게 촉구하고 있다. 말씀의 신실한 종이 되고자 했던 그의 증거는 '어둠을 지나 빛으로'라는 제네바 종교개혁의 모토처럼 이 어두운 포스트모던 시대에 더욱 새롭게 그 빛을 발하고 있다.

칼빈이 말한 것처럼 이 세상은 추한 죄악 가운데서도 '하나님의 영광이 드러나는 무대'다. 그렇다면 이 책은 칼빈의 신학과 교리에 대한 논쟁과 평가에 묻혀 있던 칼빈의 심장 소리를 듣는 무대가 될 것이다. 아무쪼록 이 책을 통해 칼빈의 인장(印章)에 새겨진 '즉시 그리고 진심으로'라는 문구처럼 그렇게 살아가는 사람들이 많아지기를 바란다.

사랑의교회 목사 오정현

깔뱅 탄생 500주년을 맞아 금년에 출간된 여러 깔뱅의 전기 가운데 헤르만 셀더르하위스의 전기가 우리말로 번역 출간되게 되어 기쁘다.

저자는 종교개혁사 분야의 한 대표적 학자로서 왕성한 연구활동을 하고 있으며 현재 '세계칼빈학술대회'를 이끌고 있다. 저자가 이번에 저술한 깔뱅의 전기는 간결하면서도 여기저기에서 저자 특유의 통찰력과 예지가 번득이는 새로운 스타일의 전기다.

저자는 특히 깔뱅의 서신을 통해 인간 깔뱅을 가장 가까이서 보려고 했다. 이차적인 저술들이 아니라 깔뱅 자신의 글만을 원 자료로 삼고 면밀한 학문적 연구에 기초한 새 전기라는 것이 이 책의 특징이다.

이 책은 그저 또 하나의 새로 나온 전기가 아니라 참으로 새로운 내용의 전기다.

이 책의 제목이 보여주듯 순례적 삶을 산 교회의 큰 스승 깔뱅의 인간적 면모를 잘 그려주는 참신한 입문서다. 이 책은 자신의 소망과는 달리 하나님께서 정하신 목표를 향해 순례의 길을 가도록 인도하시는 하나님의 섭리에 승복하지 않을 수 없었던 한 인간의 삶을 객관적인 시선으로 기술하고 있다.

이 책은 단순히 한 옛 인물의 삶을 소개하는 보고서(報告書)가 아니라 역시 순례적인 삶을 살아야 하는 오늘날의 우리 모두에게 귀중한 가르침을 주는 보고(寶庫)가 될 수 있지 않을까 생각한다.

목회자, 신학생, 평신도가 두루 쉽게 읽을 수 있는 대중성과 전문가의 학문성이 잘 어우러진 저술로 모두에게 일독을 권하고 싶은 책이다.

아시아칼빈학회 회장 · 새문안교회 목사 **이수영**

칼빈 탄생 500주년을 맞아 새로운 칼빈 전기가 출판되는 것을 감사하게 생각한다. 본서의 저자는 젊은 나이에 세계칼빈학회 회장이 되어 학회를 잘 이끌어가는 세계적인 칼빈 연구가다. 칼빈 탄생 500주년을 맞아 칼빈의 일차 자료에 근거해 새로운 칼빈 전기를 썼다는 점에서 이 책은 매우 참신하다.

칼빈이 제네바의 독재자였다는 오해가 있었다. 그러나 본서는 역사적 근거에 의지해 그런 주장이 잘못되었다고 설득력 있게 설명한다. "어떤 이는 칼빈이 제네바의 폭군이었다고 쉽게 결론을 내릴지 모르겠다. …… 다른 유럽 지역과 마찬가지로 제네바의 수많은 정치가들은 개혁을 위한 기회와 교회를 통제할 수 있는 명분을 놓지 않았다. …… 목사가 할 수 있는 일은 없었다. 그들이 할 수 있는 일은 오직 교회에서 설교하는 것이었다."

루터는《유대인과 그들의 거짓말에 관하여》에서 유대인들에 대한 탄압을 주장하였지만 칼빈은 유대인을 무력으로 개종시키는 것을 반대했다. "무력적인 개종은 비인간적이며 하나님의 예정에도 어긋난다. 믿음은 하나님이 선택을 통해 허락하시는 선물이기 때문에 누구도 강요할 수 없다." 저자는 특별히 목회자로서의 칼빈의 따뜻한 마음을 힘주어 말한다. "칼빈은 마음이 냉랭한 목사는 사역할 수 없다고 생각했다. 목사는 사람들에게 하나님의 말씀을 전할 뿐 아니라 그들을 위해 하나님께 간청해야만 한다."

저자는 또한 칼빈이 과학에 깊은 관심이 있었다고 역설한다. "칼빈은 과학의 발견 속에서 하나님의 영이 일하시는 것을 보았다. 또한 과학을 통해 하나님을 더 많이 배울 수 있다고 생각했다.”

저자는 칼빈이 저항권에 관해서 어떤 생각을 가지고 있었는지 명쾌하게 설명한다. “독재자에 대한 저항의 문제에 가장 극단적인 경우에 한해 프랑스의 가장 높은 귀족층만 반란을 일으킬 수 있는 권리를 갖는다. 따라서 부르봉가의 루이 드 콩드와 가스파르 드 콜리니가 무기를 들고 개혁주의의 명분을 수호했을 때 칼빈은 그들의 행위가 하나님 나라를 확장하기 위해 하나님이 주신 용기의 산물이라며 높이 추켜세웠다.”“하지만 교회 지도자는 무기를 들고 싸우는 일에 직접적으로 참여할 수 없었다.”

칼빈은 자신의 무덤이 하나님의 영광을 가로채지 않을까 염려한 나머지 아무도 모르는 곳에 묻히길 원했다. “그는 자신의 마지막이 매장지를 알 수 없는 모세처럼 되기를 원했다. 그가 죽은 후에 사람들이 영웅으로 떠받드는 것을 염려했기 때문이다.”“어쨌든 칼빈은 묘비조차도 원치 않았다. 칼빈은 그의 유언에 따라 평범한 나무 관에 눕혀 플랭 궁전의 묘지에 묻혔다. 장례식은 매우 조촐했다. ‘모든 것을 절제하라’ 라는 칼빈의 원칙이 적용된 것이다.

칼빈 탄생 500주년에 칼빈에 대한 오해를 풀고 칼빈을 새롭게 조명한 이런 훌륭한 저작물이 출간된 것에 깊은 감사를 드린다.

연세대학교 신과대학 및 연합신학대학원 교회사 교수 · 한국칼빈학회 명예회장 **이양호**

"이 책은 지금까지 읽었던 칼빈의 전기 중에서 가장 훌륭한 책이다. 저자는 명확하고 매력적인 문체로 흥미롭고 구체적인 자료들을 예리한 학문적 통찰력을 가지고 놀라운 수준으로 통합하고 있다. 칼빈에 대해 알고 싶은 사람은 반드시 읽어야 할 책이다."

리폼드 신학대학원 교수 **프랭크 제임스 III**

"몇 세기 동안은 존 칼빈의 생애에 대해 새롭게 거론할 내용이 이제는 없다고 생각해 왔다. 이제 그 생각을 바꾸어야 한다. 칼빈 신학의 거장인 헤르만 셀더하위스는 자신이 직접 '일차 자료로 되돌아가' 칼빈을 추적하고 그 자료에 나타난 칼빈의 모습을 우리에게 보여주고 있다. 그 결과로 우리는 서투르게 그려진 그림들 뒤에 가려져 있던 한 인간으로서의 칼빈을 새롭고 신선하게 볼 수 있게 되었다. 그리스도의 충실한 종이었던 칼빈은 종종 이해할 수 없는 방식으로 일하시는 하나님의 섭리 가운데 자신의 삶이 어떻게 전개되는지를 목격했다. 이 책을 읽으면서 인간 칼빈을 발견하라. '순례자의 삶'을 살아온 그의 모습을 통해 오늘날에도 많은 교훈과 영감을 얻을 수 있을 것이다.

〈The Cambridge Companion to John Calvin〉 편집자 **도날드 맥킴**

"이 책은 유럽의 저명한 개혁주의 학자가 쓴 칼빈에 대한 새로운 전기로 읽는 이의 마음을 기쁘게 한다. 저자는 칼빈의 일생 동안 일어났던 사건을 단순히 재구성하는 데서 그치지 않고 많은 사건들을 엮어서 지리적, 신학적, 영적 순례자의 길을 걸었던 한 인간에 대한 이해를 돕고 있다. 더 정확하게 말하면 이 책은 순례의 길을 걸은 한 인간의 이야기다."

칼빈 신학대학원 교수 라일 비에르마

"칼빈이 탄생한 지 500년이 지났지만 지금도 그는 기독교 역사에 가장 큰 영향력을 끼치고 있다. 그러나 그의 인간적인 면모는 잘 알려지지 않았다. 저자는 칼빈의 서신과 다른 자료들을 주의 깊게 읽어 가면서 칼빈에 대한 새롭고 신선한 사실들을 많이 찾아냈다. 칼빈은 영웅도 악인도 아니며, 자신의 목적지를 잃지 않고 자신의 여정 중에 수많은 사람들에게 영감을 준, 우리와 마찬가지로 결점을 지닌 용서받은 순례자로 나타나고 있다."

샘포드 대학교 내 비슨 신학교 학장, 《개혁주의 성경 주석》 편집자 티모시 조지 인생은 장애물을 헤쳐 나가는 여정과 같다. 갖가지 위험이 삶의 도처에 도사리고 있다. 하나님은 우리 인생길에 여러 역경을 놓아두시고 그것을 우리가 어떻게 극복해 나가는지 지켜보신다. 칼빈은 인생과 하나님을 이렇게 바라보았다.

칼빈은 인생을 즐길 만한 여흥으로 생각하지 않았다. 칼빈은 여흥과는 거리가 먼 삶을 살았다. 그래서 수많은 칼빈의 추종자들은 인생을 가볍게 즐겨서는 안 되는 것으로 보았다. 하지만 이것은 칼빈을 오해한 것이다.

칼빈은 여러 역경 속에서도 종착점을 바라보며 늘 자신을 추스르며 나갔다. 자신의 삶이 "모든 것이 회복될 그날을 반영하는" 경주가 되도록 했다. 이런 노력은 종종 기약 없이 원점으로 되돌아가는 것 같아서 때때로 지치기도 했다. 하지만 그 자리에는 또다시 그날을 바라보게 하는 계기들이 있었다.

칼빈은 삶의 경주에 많은 어려움을 허락하신 하나님이 끝까지 달음질할 수 있도록 도와주신다는 믿음으로 자신을 길을 걸어갔다. 그런 하나님을 이해하기 어려운 때도 있었다. 하지만 주님께 매달렸다. 그리고 다른 사람들도 자신처럼 하기를 바랐다. 칼빈에게 있어 하나님이 없는 인생은 무의미했다.

칼빈은 삶의 어려움을 덜어 내고 싶었지만 다른 선택이 없었다. 하고 싶은 것이 너무나 많았지만 할 수 없었던 것이 칼빈의 가장 큰 문제였다. 자유롭게 살고 싶었지만 하나님이 항상 길을 막으셨다. 그 때나 지금이나 많은 사람들이 자신의 성격을 장애물로 여기듯이 칼빈도 그랬던 것 같다.

칼빈은 자유를 달라고 간구하면서도 하나님께서 섭리대로 일하시도록 기도했다. 칼빈은 자유와 하나님의 섭리가 양립할 수 있다고 생각했을까? 아니면 자유로워지기 원하는 인간과 모든 것을 통제하려는 하나님 사이에는 첨예한 대립이 있다고 믿었을까? 이런 궁금증은 무미건조한 인상의 칼빈을 더욱 궁금하게 한다.

이 책에서는 칼빈을 친구나 적으로 보지 않는다. 그저 한 인간으로서의 칼빈을 다루었을 뿐이다. 칼빈은 전혀 의도하지 않았지만 찬사와 조롱을 동시에 받았다. 칼빈에게도 많은 한계점이 있지만, 그가 위대한 업적을 이룬 것은 사실이다. 그 결과 전 세계의 많은 사람들이 그를 따랐다.

나는 그의 인생 이야기를 정리해 인간 칼빈을 조명하려고 한다. 칼빈은 편지를 통해 그 사람에 대한 많은 것을 알 수 있다고 말했다. 칼빈이 말했던 것처럼 이 책도 그가 주고받은 서신을 가장 중요한 자료로 삼았다. 나는 칼빈이 쓴 서신을 통해 그를 가장 가까이서 볼 수 있었다. 이 책은 우울한 학자처럼 보이는 그의 이면에 숨겨진 재미있는 모습들을 발견하게 해줄 것이다. 한눈에 봐도 칼빈은 이단을

화형시키는 일에 무엇보다 열중했고, 무미건조한 교리를 정리하는
데 평생을 보낸 학자처럼 보인다.

　성경은 예수 그리스도가 다시 오실 때 하나님이 각 사람을 다른
옷으로 덧입혀서 새롭게 변화시킨다고 말한다. 만약 우리가 칼빈의
삶 속으로 들어간다면 그런 변화를 볼 수 있을 것이다. 칼빈의 삶은
깊숙이 들여다볼 가치가 충분히 있다. 만약 칼빈의 삶 속으로 깊이
들어가 이 책을 다 읽고 나면 소중한 것들을 발견할 수 있을 것이라
고 독자들에게 약속드린다.

헤르만 셀더르하위스

차례 CONTENTS

고아

(1509~1533)

아버지

존 칼빈(John Calvin, 불어식 이름은 Jean Cauvin)은 1509년 7월 10일에 태어났다. 그가 자라난 가정은 조금은 독특했다. 칼빈 가족은 북프랑스에 위치한 피카르디(Picardy)의 누아용(Noyon)이라는 작은 마을에서 살았다. 1551년에 칼빈이 죽었다는 소문이 돌았을 때 고향 사람들은 성대한 축하연을 가졌다. 하지만 그들의 기쁨은 성급했다. 1년 뒤에 칼빈이 기록한 서신에 따르면 합스부르크(Habsbourg)가의 군대가 피카르디 마을을 초토화시켰는데, 자신은 더 오래 살았고 자신의 부모의 집만 유일하게 남았다는 소식을 들었다고 한다. 칼빈은 이 사건을 기적이라고 여겼다.

칼빈의 아버지와 형은 누아용 교회(누아용 대성당이라고 부르는 것이 자연스러울 것이다)와 사이가 좋지 않았다. 교회는 칼빈의 아버지와 형을 고용했는데 교회와 그들은 서로 갈등했다. 칼빈의 아버지 제라르(Gérard)는 퐁트 레베크(Ponte-l'Evêque)라는 어촌의 선창에서 일하면서 술통 제조업을 하는 집안 출신이었다. 칼빈의 아버지는 새로운 길을 찾기 위해 고향에서 5킬로미터 정도 떨어진 누아용으로 떠났다. 아름다운 성당으로 유명한 이 마을에서 칼빈의 아버지는 변호사로 성공했다. 그리고 교회에서 재정과 관련한 사무도 보았다. 그러던 중 몇몇 교회 지도자들이 칼빈의 아버지를 어느 두 사역자의 재산과 관련해 뒷거래를 했다고 고소했다. 그 고소로 적지 않은 잡음이 생겼다. 이 일로 제라르는 1528년 11월 13일에 출교를 당했다. 당시에 출교는 사람이 겪을 수 있는 최악의 상황이었다. 제라르는 교회 구성원의 자격을 회복하지 못하고 1531년 5월 31일에 세상을 떠났다. 하지만 장남 샤를의 노력으로 제라르는 사면을 얻어 기독교식으로 장례를 치르고 교회 묘지에 묻힐 수 있었다. 성직자였던 샤를은 그 가계에 흐르는 두 가지 성향을 보여 주었다. 이 성향은 동생 존 칼빈에게도 있다. 바로 호전성과 불굴의 의지였다.

샤를도 출교를 당한 적이 있었다. 누아용 교회의 어떤 사람에게 욕지거리를 하고 그 사람을 구타했기 때문이다. 이는 성직자가 할 행동이 아니었다. 1537년 10월에 죽음을 앞둔 샤를은 사면과 함께 자신의 임종을 위한 예배를 허락받았지만 이를 거부했다. 결국 아버지가 묻힌 곳에서 멀리 떨어진 교수대 밑에 있는 부정한 장소에 묻혔다. 존 칼빈이 로마 가톨릭과 갈등을 겪고 누아용 교회를 떠나게 된 것은 어떤 의미에서 가족들의 전철을 밟은 것이다. 한 가지 다른 점이 있다면 칼빈 신학에는 부정한 땅과 정결한 땅의 차이가 없어서 교회 묘지에 묻히든 교수대 밑에 묻히든 상관없다는 것이다. 칼빈은 제네바의 조용한 공동묘지, 표식이 없는 어느 무덤에 안장되었다.

어머니

칼빈의 죽음과 장례는 다음 장에서 다루기로 하고 여기서는 그의 가족에 대해 살펴보겠다. 현재 남아 있는 자료를 보면 칼빈의 부모는 일곱 명의 자녀를 두었는데 딸이 두 명이었다. 그중 앙투안(Antoine) 과 프랑수아(François)라는 아들은 어린 나이에 세상을 떠났다. 이들 에 대해서는 알려진 내용이 거의 없다. 다만 샤를(Charles)은 장남이 고, 존(John)은 차남이며, 동명이인의 또 다른 아들인 앙투안(Antoine) 이 약 28년간 칼빈과 함께했다고 한다.

칼빈의 어머니인 잔느 르프랑(Jeanne Lefranc)에 대해서도 알려진 내용이 거의 없다. 하지만 그녀에 대해 알려진 약간의 정보를 통해 칼빈을 어느 정도 이해할 수 있다. 칼빈의 어머니는 경건한 신앙을 소유한 아름다운 용모의 여인이었다. 칼빈 어머니의 깊은 기독교적 신앙심은 단순히 종교적 외양만 있었던 칼빈의 아버지와 대조된다. 칼빈은 자식들에게 헌신적이었던 어머니의 경건한 영향과 분위기 속에서 자라났다.

칼빈은 어머니를 자신이 어렸을 때부터 신앙의 여정으로 이끌어준 헌신적인 여인으로 기억하고 있다. 칼빈은 어렸을 때 어머니와 함께 여행하면서 누아용과 멀지 않은 울스캠프(Ourscamp)에서 성 앤

(St. Anne)의 유골에 입을 맞출 기회가 있었다. 유골에 입을 맞췄다는 사실은 지금의 많은 사람들이 생각하는 칼빈의 이미지와는 맞지 않는다. 하지만 루터가 폭풍우 속에서 성 앤을 향해 수도사가 되겠다고 서원했다는 사실을 기억하기 바란다. 이처럼 죽은 성자를 향해 서원하는 행위는 당시에는 일반적인 일이었다.

1515년 어머니의 죽음은 칼빈에게 있어 굉장히 중요하다. 칼빈이 여섯 살 때 일이었다. 그 후 칼빈의 아버지는 한 과부와 재혼해 두 딸을 낳았다. 아버지는 칼빈이 스물한 살 때에 세상을 떠났다. 어린 아이였던 칼빈에게 이제 어머니라는 존재는 없었다. 이제 교회가 어머니 역할을 상당 부분 감당하게 되었다. 칼빈이 "교회를 어머니로 고백하지 못하는 자는 하나님을 아버지로 고백할 수 없다"라는 전통 기독교적 선언을 확신한 것은 이런 영향 때문이다. 당시 칼빈과 교회는 꽤나 독특한 관계라고 할 수 있다. 아버지인 제라르가 아들을 위해 리용 대성당의 라 게신(La Gésine) 예배소의 성직자 자리를 마련해 줄 수 있었기 때문이다. 교회적 책임에서 본다면 이는 우스꽝스러운 일이었다. 당시에는 약간의 보수를 주어 실제 일을 감당할 다른 사람을 고용하면서 자신의 직위를 유지하고 보수를 받을 수 있었다. 1527년에 칼빈은 생 마르탱 드 마르테빌 교구에서 비슷한 방식으로 다른 직책을 얻었다. 1529년에는 친한 친구인 클로드 드 앙제의 도움으로 퐁트 레베크에서 성직자로 일했다. 모교회는 젊은 칼빈에게 연구에 집중할 수 있는 시간을 주었지만 역설적이게도 이 때문에 교회와 멀어지기도 했다.

교사

칼빈이 중산층 환경에서 자라났다는 것은 몇몇 자료를 살펴보면 알수 있다. 많은 아이들이 장학금을 지원받아야 학교를 다닐 수 있었던 상황에서 칼빈의 아버지는 수업료를 지불할 능력이 있었다는 사실을 미루어 볼 때 적어도 가난한 상황은 아니었을 것으로 생각된다. 칼빈이 자란 가정이 부유했는지를 보여 주는 가시적인 증거는 찾을수 없다. 1918년에 독일군이 누아용을 또다시 침공하고 폭격했을 때 칼빈의 집은 파괴되었다. 나중에 조그마한 박물관이 칼빈의 집 자리에 들어섰다. 누아용 대학에서 잠시 머문 후 칼빈은 1523년 8월, 고향을 떠나 파리로 향했다. 그달은 장 발리에르가 프랑스 최초로 루터파 순교자로 화형당한 달이었다. 칼빈은 아버지의 직업으로 인연이 닿은 드 앙제 가의 한 계보인 드 몽모르 가의 아들 셋과 동행했다. 귀족과의 이런 만남은 평생 칼빈에게 평생 유익한 교육의 기회를 제공했다. 칼빈은 일생 동안 높은 지위에 있던 사람들과 자연스럽게 관계를 맺고 세심하게 유지해 나갔다. 하지만 칼빈은 클로드 드 앙제 가에 속한 중산층으로서 그들과는 계급의 차이가 있다는 것을 인식했다. 칼빈은 자신을 평범한 부모에게서 태어난 보통의 지성을 가진 평범한 사람으로 생각했다. 상류층과 지냈지만 자신은 거기에 속한 사람이 아니라고 생각했다. 칼빈은 열네 살 때, 자물쇠 제조업자인 삼촌 리차드 집에서 숙식을 했다. 리차드는 그 당시에 궁전이었던 루브르 인근 생제르맹 록세루와(Saint-German l'Auxerrois)라는 웅장한 고딕양식의 교회와 가까운 곳에서 살았다. 칼빈은 여기서 처음으로 개인 교사에게 지도를 받았다. 칼빈은 자신을 가르치는 개인 교사가 말수가 거의 없는 사람이라고 생각했다.

그 후 한 달이 채 안 되어 칼빈은 마르쉐 대학의 외부학생으로 입학허가를 받아 파리 대학에 들어갈 수 있었다. 열네 살에 대학에 들어갔다고 해서 칼빈이 뛰어난 지적 능력을 가졌다고는 말할 수 없다. 당시 열네 살에 대학에 들어가는 것은 드문 일이 아니었다. 오히려 조금 늦은 편이었다. 이때쯤 되어서 칼빈은 자신의 이름을 '장 코뱅'에서 라틴식의 '요아네스 칼비누스'로 표현해 결국 '존 칼빈'이라는 이름을 갖게 되었다.

칼빈은 마르쉐 대학에서 라틴어를 배워 뛰어난 실력을 갖추었다. 이 대학에는 근대 교육학의 저변을 닦은 사람들 중 하나인 저명한 라틴어 학자 마튀랭 코르디에(Mathurin Cordier)가 교수로 있었다. 그는 학생들의 영적 건강을 매우 중요하게 생각했다. 그래서 읽고 쓰는 것을 배우는 것이 인생을 잘 사는 법을 배우는 기본 요소라고 생각했다. 칼빈은 3개월 동안 코르디에에게 라틴어를 집중적으로 배웠다. 그 가르침에 대한 보답으로 1550년에 데살로니가전서 주석을 코르디에에게 헌정했다. 코르디에가 학생들을 가르친 또 다른 이유는 그리스도를 사랑했기 때문이다. 칼빈은 그리스도인으로서의 그를 깊이 존경했다. 사실 이 두 사람은 매우 친밀한 관계를 계속 이어갔다. 1536년부터 1538년까지 함께 일한 후에도 코르디에는 말년에 제네바에서 칼빈과 합류했다. 이 두 사람의 관계는 신앙의 권위를 가진 사람들에게 칼빈이 얼마나 깊은 존경심을 갖고 있었는지를 보여 준다. 코르디에는 칼빈에게 스승이자 아버지와 같은 인물이다. 앞으로 살펴보겠지만 코르디에는 칼빈 일생에 걸쳐 중요한 영향력을 끼쳤다.

공격

마르쉐 대학에서 거론할 것은 코르디에 말고는 없다. 마르쉐 대학의 환경은 목회자가 되기에는 상당히 자유주의적이었다. 사실 이것은 칼빈의 아버지가 의도한 것이었다. 몇 달이 안 되어 칼빈은 파리 라틴가에 있는 몽테규 대학으로 전학해 그곳에서 기숙했다. 그곳은 분명히 지적으로는 유익을 주었다. 하지만 학생의 육체적 건강을 엉망으로 만드는 곳으로 악명이 높았다. 몽테규 대학의 위생 상태는 끔찍해서 에라스뮈스도 건강이 악화되었다. 결국 에라스뮈스는 이와 벼룩으로 뒤덮인 상태로 학교를 떠났다. 에라스뮈스는 그곳에서 병에 걸리면 그대로 끝이었다고 기록했다. 몽테규 대학을 졸업한 지 30년이 지난 후에도 에라스뮈스는 딱딱한 침대에서 잠을 잘 수 없던 날들과 상한 음식을 먹었던 일들을 마치 어제 있었던 일처럼 생생하게 기록하고 있다.

한편, 칼빈과 4년간 같은 학교에서 지낸 예수회의 창시자인 이그나티우스 로욜라는 그런 불평을 전혀 하지 않았다. 반면 프랑수아 라블래는 이 학교를 '이가 우글거리는 대학'이라 불렀다. 만약 자신이 파리의 통치자였다면 학교 건물을 불태워 버렸을 거라고 자신의 글에서 밝혔다.

몽테규 대학은 숙박시설이 부족했지만 교육은 탄탄하고 도덕적이었다. 그리고 신학은 보수적이었다. 목회자가 될 사람들을 훈련하는 이 학교에서 칼빈은 교양과목들을 배웠다. 이는 신학, 법학, 의학을 배울 학생들이 필수적으로 이수해야 하는 선수과목이었다. 수사학, 논리학, 문화와 언어 및 자연에 관한 지식들을 집중적으로 배웠고 학문적인 토론을 위해서도 여러 기술을 섭렵했다. 칼빈은 과외 활동 시간에 당시의 금서들을 몰래 읽었다. 이 중 어떤 책은 도발적이고 위험한 것이었다. 오해하지 않도록 하기 위해 이런 책들이 루터와 멜란히톤이 쓴 것들임을 밝혀 둔다. 멜란히톤의 글이 루터보다 더 설득력 있고 사람의 마음을 사로잡았기 때문에 루터보다 위험하다고 여겨졌다.

국가별로 학생을 분류했기 때문에 칼빈은 피카르디 출신 학생들과 함께 숙박했다. 몽테규 대학에서 칼빈은 '대격'(accusativus)[라틴어 문법에서 타동사가 표시하는 행동이나 작용의 대상 또는 목적물을 나타내는 격(格) '고발하다'의 의미도 있음.-편집자 주]이라는 별명을 얻었는데 칭찬의 의미는 아니었다. 이 별명은 문법과는 전혀 관련이 없고 다른 사람의 잘못을 대학 당국에 알려 주어야 한다고 느꼈던 도덕적 의무감과 연관되는 것 같다. 하지만 칼빈을 이러한 부정적인 별칭으로 부르는 것이 정당한 것은 아니었다. 이후의 칼빈을 살펴보면 에라스뮈스나 이그나티우스처럼 육체적으로는 약해졌지만 그것을 보상하고도 남는 교육을 몽테규 대학에서 받았다는 것을 알 수 있을 것이다.

하나님과 아버지

간단히 말해서 칼빈은 지적으로 진보하고 있었다. 그는 근면성과 지적 능력뿐 아니라 기억력도 비상했다. 칼빈이 신학에 전념하기 위해서 교양강좌를 거의 다 들었을 때 칼빈의 아버지는 칼빈에게 신학을 단념하고 법학 공부를 하라고 요구했다. 칼빈의 아버지가 신학과 교회에 염증을 느꼈기 때문이다. 앞에서 언급했듯이 칼빈의 아버지는 출교된 적이 있었다. 평생 순종적이었던 칼빈은 아버지의 바람대로 했다. 여기서 칼빈은 다른 사람과의 관계에서 나타나는 특성을 보여 준다. 이는 칼빈이 따르거나 거부했던 것들을 통해 알 수 있다. 하나님이 말씀하시는 모든 일을 하고 싶어 했던 칼빈은 하나님이 자신을 주관하도록 지명하신 모든 사람들에게 순종하기를 원했다. 칼빈에게 있어 아버지 제라르의 유언은 율법으로 지켜야 하는 것이었다. 교회와의 충돌 때문에 그 유언이 변경되었지만 말이다. 제라르가 이런 결정을 한 것은 칼빈이 직업을 선택하고 금전적으로 성공할 가능성이 신학보다는 법학을 공부했을 때 더 크다는 현실에 따른 것이었다. 몇 해가 지난 후에 칼빈은 자신의 글에서 아버지께 순종한 것은 적절했지만 결국 하나님이 섭리하셔서 진로를 바꾸셨다고 밝혔다. 그의 고백을 통해 삶의 방향이 바뀐 것에 대해 만족했다는 것을 알 수 있다. 칼빈에게는 육신의 아버지의 뜻보다 하나님 아버지의 뜻이 더 중요했다. 20년 후에 칼빈은 멜키오르 볼마르(Melchior Wolmar)에게 보낸 편지에서 이렇게 말했다. "아버지는 나에게 법학 공부를 시키셨다. 그러나 아버지가 돌아가시면서 내 인생의 진로가 바뀌었다."

학생

여전히 육신의 아버지를 따라야만 했던 1527년 말 혹은 1528년 초 (정확한 시기는 추정하기 힘들다)에 칼빈은 교회법만 연구하던 파리를 떠나 시민법 연구로 유명한 오를레앙 대학으로 향했다. 칼빈의 아버지는 아들이 변호사나 법관이 되기를 희망했다. 무엇보다 교회법과 거리를 두기를 원했다. 오를레앙에서 칼빈은 그 대학만큼이나 유명했던 사람에게 수업을 들었다. 바로 피에르 드 레스트왈(Pierre de l'Estoile) 교수였다. 그러나 1년쯤 지난 1529년 5월경에 칼빈은 친구인 프랑수아 다니엘과 니콜라스 듀 슈맹과 함께 부르주로 떠났다. 1517년 이래 부르주는 프랑스 왕 프랑수아 1세의 누이인 마가렛 공주의 보호 아래에 있었고 개혁 성향을 가진 비평가들의 중심지 역할을 감당했다. 여기서 칼빈은 드 레스트왈 교수만큼이나 저명했던 안드레아 알키아트(Andrea Alciati) 교수의 강의를 들었다. 그는 칼빈보다 불과 한 달 먼저 그 대학에 온 교수였다. 보수적인 오를레앙을 떠난 다른 사람들처럼 칼빈은 알키아트의 신선하고도 인간적인 라틴어 자료를 통한 로마법 강의에 매료되었다.

칼빈의 초기 전기 작가들은 칼빈이 지독하게도 열심히 공부했고 식사도 거르고 밤늦게까지 공부했다고 전하고 있다. 또한 다음날 아침에도 일찍 일어나 전날 공부한 내용을 다시 한 번 살펴본 후에 다음 주제로 넘어갔다고 기록하고 있다. 칼빈은 파리에서처럼 몸이 약했지만 배운 것을 비상하게 자기 것으로 만들었다. 교수들끼리 서로 비판하는 것은 교수 사이에서는 일상적인 것이었지만 칼빈은 알키아트 교수가 동료 교수인 드 레스트왈을 계속해서 비판하는 것이 싫었다. 칼빈은 동료 학생들과 함께 알키아트가 쓰는 구어 라틴어를 다소간 비판적으로 보았다. 이는 동료 학생인 니콜라스 듀 슈맹의 책에 칼빈이 쓴 머리말에도 잘 나타나 있다. 칼빈은 알키아트가 라틴어 글을 아름답게 잘 쓰지만 말하는 것은 시골 촌놈처럼 형편없다고 썼다. 알키아트는 칼빈에게 이탈리아의 인문주의를 소개해 주었지만 이것을 제외하고는 칼빈이 보기에 실망스러웠다.

야망

1530년 10월에 칼빈은 오를레앙으로 돌아와 1531년 2월에 법학 학사학위를 취득했다. 그는 고전 사상가 세네카의 저작인 《관용론》(De Clementia)에 대한 주석서를 발간할 사람을 찾아보기 위해 오를레앙에서 파리로 향했다. 그런데 파리로 가는 도중에 아버지가 있는 누아용에 들러 그곳 교회에 출석했다가 목사로 임명되었다. 누아용에 머무는 동안 칼빈의 아버지는 병이 중하게 들어서 얼마 살 수 없어 보였다. 실제로 1531년 5월 26일에 아버지가 세상을 떠났을 때 칼빈은 억지로 16일간 누아용에 머물러야 했다. 이것은 매우 놀랄 만한 상황이었다. 자신이 담당할 책임이 없는 교회의 목사로 있었고, 자신의 가족이 아닌 사람들과 형제 관계를 유지했으며 처음부터 그리 친밀하지 않았던 아버지의 임종을 지키느라 16일간이나 있었기 때문이다. 칼빈은 오래 참는 은사가 없었는데 말이다.

아버지의 죽음으로 칼빈은 법학 공부를 하지 않아도 됐다. 칼빈은 다시 파리로 돌아와 다른 사람들의 기대처럼 법률 공부를 열심히 했다. 하지만 마음은 인문학에 있었다. 칼빈은 루와얄 대학에서 마음껏 공부했다. 이 대학은 프랑수아 1세의 명령으로 세워지고 유지된 대학이었다. 왕은 다섯 명의 인문주의자 교수를 임용했는데 이들은 그 대학에 속했지만 대학의 지배를 받지는 않았다. 이는 대학의 지배적인 신학 성향에 왕이 명백하게 영향을 주었다는 것을 보여 준다. 독립적이고 학문적이었던 이 대학은 개혁적인 흐름을 이어갈 수 있었다. 그 덕에 인문주의 연구를 위한 히브리어, 헬라어, 라틴어를 집중적으로 가르쳤다. 그 얼마 전에(1523) 소르본에서는 히브리어와 헬라어 원전이 교회에 유익하지 않고 오히려 위험하다는 의견이 있었다.

프랑스 내에서는 프랑스어 번역본과 그런 번역물들을 지지하는 모든 작품들에 대한 사실상의 선전포고가 있었다. 그러나 루와얄 대학은 흥미롭고 교묘한 방식으로 진보를 추구하는 대학이었다. 칼빈은 성경을 포함한 여러 원전을 연구하고 배우고 가르치려는 학자들과 함께했다. 그 학자들과 칼빈의 관심 분야는 일치했다. 어느 교수에게 배웠는지 알 수 없지만 칼빈은 그곳에서 히브리어 교육을 받았다. 칼빈은 히브리어에 관심이 있었지만 이 분야의 전문가는 되지 못했다. 물론 히브리어로 된 구약성경을 읽을 수 있을 만큼은 되었다. 이런 측면에서 칼빈은 히브리어를 몰랐던 에라스뮈스를 능가한다. 에라스뮈스는 히브리어 공부가 유대주의에 빠지게 할 수도 있다는 두려움이 있었다. 반면 칼빈은 히브리어를 통해 유대주의를 배울 수 있다고 확신했다. 이 때문에 칼빈은 구약성경에 대한 기본적이고 긍정적인 이해를 할 수 있었다.

칼빈은 파리에서 두 가지 목표가 있었다. 바로 공부와 출판이었다. 그러나 칼빈은 출판으로 너무 바빴기 때문에 강의를 많이 들을 수 없었다. 여하튼 파리에 있는 동안 칼빈은 성경에 깊이 몰두했다. 전기 작가인 콜라동은 칼빈이 1532년부터 1533년까지 파리에 머무는 동안 오를레앙과 부르주 등지에서 설교하기 시작했다고 전한다. 칼빈이 파리에 왜 더 머물렀는지는 알 수 없다. 1532년 5월부터 1533년 10월까지의 모든 상황에는 약간 아리송한 부분이 있다. 부르주의 아우구스티누스 수도원 벽에는 베란다가 있는데 이곳을 '칼빈의 의자'라고 부른다. 근처 어시장에는 칼빈이 설교할 때 강단으로 사용한 바위가 있다. 물론 칼빈은 공식적인 교역자로서 설교할 권한이 있었지만 교회 일을 별로 하지 않았다. 법률가가 되려고 했던 사람이 복음 전파자가 되었다는 사실은 좀 특이하다. 그 까닭에 대해 칼빈은 "하나님 아버지가 육신의 아버지를 이겼기 때문"이라고 한다. "아버지의 뜻을 이루기 위해 최선을 다했다. 하지만 하나님은 나를 다른 길로 들어서게 하셨다."

회심

어머니의 죽음 이후 교회를 어머니와 같이 친밀한 관계로 만든 것과 마찬가지로 아버지의 죽음을 통해 칼빈은 하나님을 육신의 아버지처럼 가까이했다. 이런 사실을 감안하면 칼빈이 하나님과 가졌던 관계보다 어머니 같은 교회와 가졌던 관계를 추적하기가 훨씬 쉽다. 또한 그가 믿음을 갖게 된 순간과 동기에 대한 질문을 하게 된다. 그러나 이런 질문은 칼빈의 전기 작가들에게는 별로 중요하지 않다. 하지만 지금껏 많은 사람들이 이 문제를 연구해 왔다.

회심은 하나님과 한 인간의 개인적 관계이기 때문에 칼빈의 회심에 관한 자료를 찾기가 어렵다. 또한 이 사안과 관련한 정확한 날짜를 제시할 수도 없다. 그럼에도 불구하고 칼빈의 회심은 바울, 아우구스티누스, 루터와 함께 모범이 되기도 했고 또 한편으로는 자주 무시되기도 했다. 칼빈의 회심은 디모데와 흡사했을 수도 있다. 디모데처럼 어려서부터 어머니와 할머니와 함께 하나님을 믿었기 때문이다. 칼빈은 자신의 회심을 '수비타'(Subita)라고 이야기한다. 이 단어가 만약 '갑작스러운'(suddenly)으로 번역된다면 바울이 경험한 회심과 나란히 놓을 수 있을 것이다. 하지만 칼빈의 회심은 실제로는 '기대하지 못한'(unexpected) 사건으로 번역되어야 한다. 칼빈은 회심을 기대한 적이 없기 때문이다. 그의 회심에서 중요한 것은 불신 상태에서 믿음으로 전환한 것이 아니다. 그보다는 교리를 더욱 순수하게 정화시킴으로써 교회를 변화시킨 것을 의미한다. 칼빈은 교황에 대한 미신적인 믿음을 고수한 적이 있었다. 나이가 많아서 그러한 늪에서 빠져 나올 수 없었다고 밝히고 있는데 48세의 나이에 20세가 채 안된 시절을 늙었다고 표현하고 있다. 칼빈의 다른 주장들을 살펴보면 더욱 충격적이다. 그는 교회에 대한 불순종을 피하기 위해 상황을 명백하게 이해할 수 있을 때까지 한 걸음도 내딛지 않았기 때문이다. 이러한 사실은 언제부터 칼빈이 가톨릭교회를 부정적인 시각으로 바라보고 개혁하려는 사고를 가졌는지 궁금하게 한다. 이런 질문은 쉽게 할 수 있지만 대답하기는 어렵다. 많은 증거들을 살펴보면 칼빈은 이십대 후반부터 회심하기 시작한 것 같다. 하지만 회심이 시작된 것 외에 다른 사실은 알 수 없다. 여러 자료에서 칼빈이 처음에는 개혁적인 가르침을 거의 이해하지 못했다고 말했기 때문이다.

칼빈이 개혁적인 노선을 취하게 되는 데 시간이 걸렸다는 사실은 1531년에 친구인 프랑수아 다니엘과 나누었던 대화를 살펴보면 금방 알 수 있다. 다니엘의 누이는 수녀원에 들어가 청빈과 순결과 복종을 서약했다. 누이가 수녀원에 들어간 것에 분개한 다니엘은 친구인 칼빈과 니콜라스 콥(Nicholas Cop)을 보내어 누이를 만나게 했다. 그러나 칼빈은 다니엘의 누이를 되돌리기 위해 노력하지 않았다. 다니엘의 누이를 설득하기 위해 수도원을 방문한 것이 아니라고 했다. 그 대신 칼빈은 다니엘의 누이에게 어떤 일도 자신의 의지로 해서는 안 되고 실행에 옮기기 전에 깊이 생각해야 한다고 말했다. 분명히 칼빈은 그녀의 결정에 직접적으로 반대하지 않았다. 다만 하나님의 인도하심과 힘에 의지하면서 서원해야 한다는 것을 말하고 싶었다. 나중에 칼빈이 새로운 교리를 이해하기 시작했을 때는 이런 주제를 더욱 급진적으로 이야기했다. 하지만 여전히 경건과 순결과 복종을 강조했다.

다른 하나님

어쩌면 회심의 문제는 일단 내려놓고 주의 만찬에 나타나는 예수님의 임재에 관한 칼빈의 시각이 어땠는지를 아는 것이 나을 것이다. 두 가지 모두 방법론의 문제가 아니라 사실의 문제다. 이와 더불어 그 열매에 관한 것이다. 칼빈에게 핵심적인 문제는 하나님과의 바른 관계가 다시 회복된 것이다. 이는 길을 잃었던 자신이 하나님의 자비로 부르심을 받은 것이었다. 칼빈은 하나님을 아버지로서보다는 재판관으로서 생각했다. 당시의 교회는 하나님을 잘못된 방식으로 그려 냈기 때문이다. 예기치 않은 방식으로 다른 신학적 노선을 취하게 된 칼빈은 다른 모습의 하나님을 만나게 되었다. 그 하나님이 지금의 칼빈이 이해하는 실제 하나님이다.

나는 하나님의 대적이었다. 나는 하나님께 절대 순종하지 않았다. 오히려 교만과 악이 가득 차있었다. 또한 하나님께 대적하여 영원한 죽음으로 뛰어드는 악독하고 완고함으로 가득 찬 사람이었다. 하나님이 긍휼하심으로 나를 영접하시고 무궁한 자비를 베풀지 않으셨다면 나는 분명 멸망에 이르렀을 것이다.

칼빈에게 이는 마음의 문제이자 문제의 핵심이었다. 이제 언제 그랬고 어떻게 그랬느냐에 대한 질문은 사라지고 칼빈이 무슨 이유로 하나님께 그토록 헌신하게 되었는가를 이해할 수 있다. 바로 멸망의 구렁텅이에서 건져 주신 것에 대한 감사 때문이다.

교회 관점에서 칼빈은 회심 이전에 이미 하나님을 믿는 사람이었다. 그는 자신의 믿음이 성경에서처럼 주님을 경외하는 삶으로 나타나기를 원했다. 이 경외는 자녀가 부모를 향해 품는 마음, 특히 칼빈이 자신의 아버지에게 가졌던 존경심과 비슷하다. 하지만 칼빈의 이 경외 속에는 걱정의 요소가 있었다. 20세기의 심리학자들이 루터나 칼빈에 대해 말하는 그런 종류의 노이로제가 아니다. 하나님 앞에 자신의 죄를 깊이 깨달은 한 인간으로서의 근심이다. 칼빈은 자신의 죄 때문에 하나님께 울부짖었던 시편 130편을 노래한 기자의 마음을 안다고 말했다. 죄인으로서 의와 진노의 하나님 앞에 서야 한다는 것을 알기 때문에 양심이 찢겨져서 오직 용서함을 받고 새로워질 때만 우리의 양심은 참된 안식을 경험한다고 생각했다. 칼빈에게 양심은 인간 내면에 말씀하시는 하나님 그 자체였다. 실제로 칼빈이 양심과 안식의 필요성에 대해 언급한 횟수는 셀 수 없을 정도로 많다. 칼빈은 가톨릭의 설교가 용서와 위로 없이 양심에 짐만 지우는 것이 문제라고 했다. "마치 지옥에 있는 것처럼 양심의 고통이 늘 따랐다." 그리스도인의 자유는 양심의 속박에서 해방되는 것이다. 칼빈이 가톨릭의 음식과 금식 규정을 놓고 대립했던 이유가 바로 이것이다. 하나님은 모든 음식을 양심을 갖고 먹을 수 있도록 허락하신다. 이런 이유로 당시에 로마 가톨릭이 특정한 날에 특정한 종류의 고기를 먹는 것을 금지할 때 자유는 속박되고 그런 음식을 먹을 때마다 사람들은 근심에 빠지게 된다. 칼빈에게 회심은 자유, 즉 양심의 해방이었다. 자신이 하는 일이 무엇이든 죄이고 잘못이라는 느낌에서 벗어나는 것이었다. 칼빈은 이런 모든 것에서 자유를 경험했고 양심의 평안을 발견했다. 칼빈은 자신의 경험을 고백한다. "나는 지상에서 사람이 누릴 수 있는 가장 큰 행복을 누린다."

칼빈이 법학 공부를 그만 둔 것은 회심했기 때문이 아니었다. 처음부터 칼빈은 법학에 대해 관심이 없었다. 칼빈은 법학의 내용뿐 아니라 사람 앞에 서는 것을 별로 좋아하지 않았기 때문이다. 이런 성향은 변호사가 되려는 사람에게 도움이 되지 않는다. 더구나 칼빈은 법조계에 있던 아버지를 따를 마음이 없었다.

삶

당시 젊은이들과 다를 바 없이 젊은 칼빈은 많은 경험을 했다. 칼빈의 경험은 회심의 과정을 통해 더욱 격렬해졌다. 여기서 우리는 끊임없이 낯선 곳에서 이방인으로 여행하며 떠나야 했던 상황들을 생각해야 한다. 지상에서의 삶이 급하게 통과해야 하는 길 이상의 의미가 있다면 이 세상을 경시할 수는 없다. 이 세상을 나그네로 지나가는 과정에서도 우리는 그리스도인으로서 살아야만 한다는 칼빈의 인생관은 명확하며 간결하다. 우리는 하나님의 영으로 새로워진 하나님의 자녀다. 이에 대한 증거는 이제 육체적 욕구의 노예가 되지 않는다는 데 있다.

그 증거는 하나님의 영이 우리를 다스리고 우리는 양자된 자의 증거를 보여 주는 것이다. 하나님을 경외하며 걸어갈 때 아버지이신 하나님을 믿고 그분께 합당한 영광을 드리는 것이다. 이것이야말로 그리스도인의 참된 본질이다.

칼빈은 명쾌하며 확실하게 고백한다. 이는 많은 사람들이 종교적으로 단순하고 명백한 것을 갈망하던 때에 설득력이 있었다. 우선 칼빈은 자신이 그런 명료함에 목말라했다. 칼빈은 하나님을 알게 되었을 때 그분에 대한 모든 것들을 알고 싶어 했다. 이 때문에 우상숭배의 기미가 약간이라도 있으면 심한 반감을 가졌다. 칼빈은 로마 가톨릭에 우상숭배적 요소가 많다고 생각했다.

파수꾼

회심한 이후 칼빈의 삶은 쉽게 정리할 수 있다. 그는 하나님을 발견했다. 사실 칼빈은 하나님이 자신을 찾으셨다고 말했을 것이다. 어쨌든 결과는 같다. 칼빈은 하나님의 옹호자가 되었다. 그리고 하나님과 그분의 대의를 변호하는 데 평생을 바쳤다. 칼빈의 삶은 하나님과 한 인간의 이야기다. 칼빈은 하나님께 마땅히 드려야 할 부분을 빼앗고 그분을 폭군이나 산타클로스와 같이 그려 내는 공격에서 하나님을 변호하는 일을 하고 싶었다. 거의 불가능해 보이는 이런 임무는 하나님은 인간이 미치는 범위 바깥에 있는 분이고 동시에 하나님은 인간의 문제에 깊은 관심을 가지시는 분임을 보여 주는 것이었다. 혹자는 칼빈을 신학적인 법학자나 법률적인 신학자로 생각할 수 있다. 그러나 실제로 칼빈은 목자와 함께 양떼를 지키고 보호하기 원하는 목자의 파수꾼이었다.

칼빈은 하나님의 옹호자로 살았다. 하지만 칼빈은 그런 하나님이 실제로 어떤 분인지를 알고 싶어 했다. 그는 절제되지 않은 신학적 공론을 경계했고 성경에 천착하길 바랐다. 하나님은 인간에게 말씀하실 때 눈높이를 맞추신다. 그리고 어머니가 자녀에게 하듯이 이야기하신다. 성경도 그와 같이 바라보아야 한다. 성경은 모든 내용을 과학적인 방식으로 정확하게 기술한 책이 아니다. 하지만 누구나 이해할 수 있도록 사실들을 기록했다. 성경은 결코 꾸며낸 이야기나 신화가 아니다. 이렇게 하나님은 자신에 대해 말씀하신다. 동일한 이유에서 하나님에 대해 알려지지 않았거나 알 수 없는 부분들이 있다. 말씀하실 때 스스로 눈높이를 맞추시는 하나님은 어떤 분일까?

칼빈은 하나님에 대해 말할 때 언제나 긴장했다. 때로는 하나님을 이해하지 못할 때도 있었다. 평생 동안 칼빈은 하나님은 누구신가에 대한 질문에 몰두했다. 그리고 자신이 발견한 하나님 아버지를 알아가고자 노력했다.

직업 찾기

영적 목표가 높은 사람도 경제적인 문제를 생각해야 한다. 칼빈 시대에는 학문과 관련한 일을 하려면 책을 출간해야 했다. 칼빈은 1532년에 《세네카의 관용론에 대한 주석》을 발간했다. 책 제목에서 알 수 있듯이 칼빈의 작품은 스토아학파(감정에 영향받지 않는 상태를 갈구하는 철학을 주창하는 학파)의 균형 잡힌 삶을 다룬다. 칼빈은 세네카와 같이 확실한 철학자의 이름을 빌려서 무자비하게 개신교도들을 억압했던 프랑스 국왕에게 간접적으로 말하려는 것이 아니었다. 이 작품은 칼빈의 믿음과는 전혀 관련이 없다고 볼 수 있다. 이 주석서에는 칼빈의 종교적 확신에 관한 어떤 내용도 언급되어 있지 않다. 단지 이 책은 일반적인 학문적 기준을 충족시킬 의도로 쓴 것 뿐이었다.

칼빈의 사상과 스토아 철학의 유사성과 관련해 칼빈이 처음부터 스토아주의에 영향을 받았는지는 증명하기가 매우 어렵지만 이런 주장은 종종 펼쳐지고 있다. 또한 칼빈이 이 세상의 모든 상황들을 감정의 지배를 받지 않고 통과하려 했다고 이야기한다. 사실 개혁파들의 성격이 거친 배경에는 이런 상황이 있을 것이다. 그들은 극단적일 정도로 열정적이었다. 하지만 일상적인 필요나 질병과 죽음 앞에서는 냉정했다. 칼빈은 스토아학파의 이상이 여러 면에서 기독교와 유사하다고 기록했다. 하지만 스토아주의가 양심의 문제에 주된 관심을 갖는 반면 기독교는 하나님을 섬기는 것에 관심이 있다는 말을 잊지 않았다. 어쨌든 칼빈이 첫 번째 책을 쓴 이유는 간단히 말해서 교수 자리를 얻기 위한 것이었다.

세네카의 《관용론》의 이전 판은 에라스뮈스가 출간했는데 그는 다른 학자가 좀 더 개선해서 책을 냈으면 좋겠다고 밝혔다. 자신감이 넘친 칼빈은 자신이 그 일을 할 수 있다고 생각했다. 칼빈은 주저없이 에라스뮈스의 오류를 지적했다. 칼빈은 종교적 거짓 경건이나 다름없는 인문주의적 겸손함으로 머리말을 썼다. 자신은 너무나 단순한 젊은이어서 어느 날 유명해질 이유가 없다고 말이다. 하지만 칼빈은 바로 이 책을 통해서 명성을 얻으려 했다. 이런 사실은 칼빈의 다른 성향을 보여 준다. 마치 《기독교강요》와 같이 시간이 경과하면서 외형이 바뀌기는 했지만 내용에 있어서는 항상 동일했다고 말할 수 있다.

칼빈은 사람들과 함께하는 것을 불편해하는 수줍은 사람으로 자신을 이야기한다. 맞는 말일 수도 있다. 하지만 일단 책을 쓰기 시작하면 수줍음은 모두 사라졌다. 브레이크가 풀리면 사람들은 눈앞에서 사라지고 오직 연필과 종이만 가득한 것 같았다. 따라서 그의 수줍어하는 성격은 일을 시작한 초창기에 일시적으로 나타난 것이었다.

《세네카의 관용론에 대한 주석》에서 칼빈은 자신의 지식이 어느 정도인지를 드러내려 했다. 그는 이 주석에서 60여 권의 라틴어 고전과 20여 권의 헬라어 고전, 그리고 몇몇 교부의 저작을 인용했다.

칼빈은 분명히 예리한 지성인이었다. 키케로, 버질, 타키투스와 같은 고전을 암기했고 플라톤과 세네카의 내용들도 잘 알고 있었다. 그래서 자신의 책에 대해서도 높은 기대를 가졌다.

칼빈은 친구 프랑수아 다니엘에게 "주사위는 던져졌다"라고 편지를 썼다. 칼빈이 왜 도박판에서 사용하는 표현을 썼을까? 칼빈은 성공을 위해 도박과 같은 모험을 감행했다. 그러나 그런 모험에 운은 따르지 않는다는 것을 깨달아야 했다. 그 책은 한마디로 실패였다. 자비로 출판하고 100권의 책을 구입하고 운송해서 오를레앙에서 공짜로 나누어 주었기에 더욱 처량하게 되었다. 파리에서는 교수들에게 강의 교재로 사용해 달라고 부탁했지만 돌아온 것은 좌절과 빚이었다. 더 높은 계층에 오르려 노력했던 젊은 칼빈이 받았을 상처가 느껴진다.

한편 스물 한 살의 젊은이로서 자신의 경쟁력을 대담히 주장하고 세네카의 주석서가 발간되어야 할 최적의 시기라고 말하며 교만하게 중진학자들을 비판했다면, 자신도 그런 학자들의 무시나 경멸 앞에서 놀라지 말았어야 했다. 여하튼 칼빈은 일자리를 얻지 못했고 책도 실패했다. 그는 미래가 불투명한 외로운 젊은 학자였다.

선택

프랑스의 상황도 칼빈의 삶을 불안정하게 했다. 개혁적인 성향이었던 국왕 프랑수아 1세는 정치적 라이벌인 카를 5세와 교황을 자극했다. 프랑스, 신성로마제국, 로마 교회 간의 갈등 속에서 루터는 각각의 위치를 강화하기 위한 수단으로 이용당했다. 프랑스는 루터와 직접적인 연관이 없었지만 루터의 메시지를 많이 받아들였다. 어쨌든 그는 한 사람의 독일인일 뿐이었다. 프랑스에서의 개혁 움직임을 복음주의라고 불렀다. 대부분 외적인 선택보다는 내적 확신과 더 큰 관계가 있었다. 칼빈 자신도 복음에 대한 확신을 가진 지 몇 년이 지났지만 로마 가톨릭과 재빠르게 단절하지는 않았다. 칼빈이 '그릇된' 사람들과 연합했기 때문이다. 칼빈과 절친했던 사촌 올리베탕은 그를 그토록 아꼈던 멜키오르 볼마르처럼 열렬한 루터파였다. 사람들은 주변인들을 통해 다양한 방식으로 영향을 받는다. 그런 점에서 칼빈이 1533년 8월에 성직을 유지하기 위해 누아용에 머무르는 동안 가톨릭 성당에서 개최한 '전염병 저지를 위한 기도회'에 동료들과 참석했던 이유를 이해할 수 있다.

한편 칼빈의 개혁적인 부분도 명백히 이해할 수 있다. 같은 해 10월 말에 학생들이 프랑수아 1세의 누이 마가렛 공주의 개혁 원칙들을 비판하는 연극을 했는데 칼빈은 이 연극에 대해 부정적인 평을 했다. 이러한 상황에서 칼빈의 친구이자 파리 대학의 총장인 니콜라스 콥은 만성절(모든 성인의 날)인 11월 1일에 칼빈에게 영감을 받아 개혁을 지지하는 연설을 했다. 이 때문에 소르본의 신학자들과 갈등을 빚게 되었다. 칼빈은 마가렛 공주가 진실한 가르침에 헌신한 사람이기 때문에, 그가 이런 사건들을 모른 체 할 수 없어 목소리를 내게 되었다고 말했다.

마가렛 공주는 여러 면에서 재미있는 인물이다. 특히 칼빈의 이상과 기준에서 볼 때 더욱 그렇다. 그녀는 히브리어, 헬라어, 라틴어를 읽을 수 있었고 이탈리아어, 스페인어, 영어, 독일어가 가능했다. 그녀 주변에는 문화적으로 교양을 갖추고 교회 개혁 성향을 갖는 진보적인 사람들이 모여들었다. 기욤 브리코넷이 이 모임을 이끌었다. 모(Meaux)의 주교인 그는 프랑스 개혁 운동의 실제적 리더인 파베르 스타풀렌시스(Faber Stapulensis)의 이상을 실현하려고 노력했다. 모든 사람이 성경을 갖고 그리스도가 사람들 가운데 말씀으로 역사해 구원을 이루시는 것이 그의 이상이었다. 칼빈도 이 모임의 일원이었다. 하지만 그 모임의 주요한 두 지지자 층 어디에도 자신이 들어맞지 않는다는 것이 칼빈의 문제였다. 공개적으로 개혁을 추진하는 그룹이나 개혁적 성향을 가진 엘리트층 어디에도 칼빈은 속하지 않았다. 그러나 실제로 양쪽에 다 속하게 되는 방법이 있었다. 칼빈의 삶과 사상에서 볼 수 있는 긴장은 바로 이 때문이다. 평범한 사람들을 섬기기 원하는 교육받은 엘리트로서 겪는 긴장이자 학문적 인문주의자와 대중적인 개혁주의자 사이에 경험하는 긴장이다. 칼빈은 에라스뮈스와 루터의 성향을 동시에 가진 인물이었다. 글을 쓰는 양식에 있어서는 에라스뮈스를 닮고 싶었고 내용에 있어서는 루터를 닮고 싶었다. 그 결과 칼빈은 문화와 종교 사이의 적절한 관계를 알기 위해 평생 애를 썼다. 파리에 머물렀던 기간에 칼빈은 세네카에 대해 가르쳤다. 수강생들은 이런 모습의 칼빈에게 깊은 인상을 받았다. 그러나 그 외에는 알려진 것이 별로 없다.

상승

1533년 말에 칼빈은 오를레앙 근처에서 교회 변호사가 될 수 있는 기회가 있었지만 하지 않았다. 전망에 대해서는 관심이 별로 없었다. 칼빈이 쓸모없는 일에 몰두할 수 있었느냐는 질문은 많은 이야기를 이끌어 낸다. 돈이 필요했지만 마음은 이미 교회를 떠나 있었다. 그 당시 칼빈은 학자가 되고 싶어 했다. 자신이 해야 할 유용한 어떤 일이 있다는 것을 발견했기 때문이다.

하지만 왕궁 안에서와 신학 교수들 사이에서 콥 연설을 듣고 자극을 받은 사람들은 편을 가르기 시작했다. 전에 기술한 바와 같이 그는 만성절 대축일을 택하여 진리를 위한 싸움에 칼이 아닌 말씀을 사용해야 한다는 에라스뮈스와 루터의 사상을 전파했기 때문이다. 파리의 신학자들은 왕에게 이러한 자들을 경계해야 한다고 말했고 왕은 그 말을 듣고 바로 그들을 체포했다. 그러나 왕은 종교개혁자들을 직접적으로 반대하는 조치를 취하지는 않았다. 신성로마제국 황제와 교황이 가하는 위협 때문에 개신교도인 독일 왕자의 도움이 필요했기 때문이다. 상황이 어느 정도 진정될 때 다시 포스터 사건 (affaire des placards)으로 일은 감당할 수 없게 되었다. 콥은 말씀의 전쟁을 수행해 나갔고 1534년 10월 17일 밤에는 미사를 용서할 수 없는 영적 남용으로 묘사하는 팜플렛이 나돌았다. 단순히 팜플렛이 여기저기에 붙여진 상황이 아니었다. 어느 팜플렛은 아부와즈 성에 있는 왕의 침실 문에 붙여 있기도 했다. 당연히 왕은 다음날 큰 충격을 받았고 자신이 사는 곳까지 누군가 몰래 들어올 수 있다는 사실에 놀랐다. 이들은 이 일을 뮌스터의 광신도들과 연관시켰다. 그들은 얼마 전에 지상에 새로운 천국을 가져온다고 주장했지만 결국 폭동으로 이어졌다. 왕은 이런 상황을 영적인 전투로 간주하고 그 다음날 그런 수치스러운 사람들이 회개하도록 하나님께 구하는 예배 행진과 공중 기도를 마련했다. 하지만 행진과 기도만으로 문제를 해결할 수 없다는 생각이 들자 왕은 사람들을 박해하고 피의 보복을 했다. 중용을 고집한 독일 왕자들의 지원에도 불구하고 왕은 선택의 여지가 없었다고 주장했다. 상황은 이제 단순히 신학적인 문제를 넘어섰다. 급진주의와 유아세례를 거부하는 관행 때문에 세상의 질서를 어지럽혔던 재세례파와의 전쟁에서처럼 이 일은 정치적인 문제로 비화되었다. 은혜의 제도적 방편으로서의 미사에 대한 공격은 프랑스 상황에서는 왕을 공격하는 것으로 비쳤다. 교회와 군주는 밀접한 관계에 있었기 때문에 교회를 비판하는 사람은 누구든지 왕을 비판하는 것이어서 프랑스 전체를 위험으로 몰고 갔다.

콥이 바젤(Basel)로 도망쳐야 했을 정도로 상황은 급박해졌다. 칼빈이 콥의 연설에 상당한 영향을 끼친 것으로 알려졌기 때문에 칼빈도 이곳을 떠나는 것이 현명하다고 생각했다. 그래서 1534년 3월, 칼빈은 앙굴렘에 도착했다. 앞서 일어났던 사건들은 칼빈에게는 마지막 한계와 같아서 5월 4일에 그는 성직록(聖職祿)을 포기했다. 이 단계는 교회법의 요구에 따라 반드시 필요했다. 또한 칼빈은 25세에 이 교회법에 따라 계속 교회에 남아 사제로서 안수를 받을 것인지, 아니면 성직과 관련한 모든 것을 포기할 것인지를 결정해야만 했다. 결국 칼빈은 사역의 직분을 포기하기로 했다. 칼빈은 사제가 되지 않은 대신 목사가 되었다.

이미지

칼빈의 삶이 그 다음 어떻게 진행되었는지 말하기 전에 다른 사람이 칼빈을 어떻게 바라보았고 칼빈이 자기 자신을 어떻게 생각했는지를 살펴보면 좋을 것이다. 당시 사람들이 칼빈을 어떻게 보았는지는 정확히 알 수 없다. 하지만 현존하는 여러 초상화를 통해 본 그의 인상은 여전히 신선하고 젊다. 우리가 생각하는 것처럼 칼빈은 창백하고 여위지 않았다. 칼빈의 날카로운 이미지는 그의 사후에 그려진 그림들 때문이다. 창백하고 여윈 외모는 확실히 칼빈에게 불리한 영향을 주었다. 이러한 이미지는 인생에서 즐거움을 거의 발견할 수 없을 정도로 다소 비사교적인 사람으로 보이게 한다. 잘 알려진 조사 결과에 따르면 그리스도를 통해 계시된 복음을 존중하지 않고서 열정적으로 법을 가르치는 사람의 이미지였다. 칼빈의 주된 인상은 그렇다. 이런 인상이 인생 후반기의 칼빈을 그대로 나타내는지는 알 수 없지만 초기의 칼빈과는 일치하지 않는다. 그 대신 앞에서 살펴본 것처럼 칼빈은 처음부터 독립해야 했던 사람이다. 그는 아버지의 길을 따르면서도 자신의 길을 가고 싶어 했다. 그는 새로운 사상, 도전, 새로운 형태의 교회와 학문에 열려 있던 학생이면서 학자였다. 새로운 접근을 시도하는 진보적인 사람이었고 르네상스와 인문주의가 표방하는 새로운 삶의 경험에 이끌리고 쇄신하는 것에 관심이 많은 사람이었다. 칼빈은 초기에 이런 이미지였고 이후에도 마찬가지였다. 이 이미지는 세상을 어둡게 응시하는 뾰족한 턱수염을 가진 따분한 성직자로서의 이미지와는 사뭇 다르다.

칼빈은 자유롭고 독립적이고 싶어 했다. 그의 이상은 교회관에서도 나타난다. 칼빈이 파산하여 1532년에 듀 슈맹에게 약간의 돈을 빌려 달라는 편지를 썼는데, 이것이 그 전형적인 예다. 편지의 말미에서 칼빈은 며칠 안에 돈을 갚을 것이고 채무자 목록에서 자기 이름이 빠질 것이라고 썼다. 그는 누구에게도 빚지는 것을 원하지 않았다. 마찬가지로 다른 사람에게도 동일한 것을 기대했다. 프랑수아 다니엘에게 세네카의 주석서를 편찬하겠다고 알린 것에서도 이런 성향을 볼 수 있다. 칼빈은 주석 백 권을 구입하면 좋겠다고 다니엘에게 제안했다. 그러면서 자기가 주는 증정본에는 부담을 느끼지 말라고 했다. 칼빈은 다니엘이 타의가 아닌 자기 스스로 결정을 내리기를 바랐다.

인장

칼빈은 자신의 인장을 직접 디자인했다. 칼빈은 인장 디자인을 통해 자의식을 무심코 드러냈다. 인장의 모양과 문구는 단순히 인장 이상의 의미가 있고 자신의 성향의 많은 부분을 말해 준다. 인장에는 손이 그려져 있고 그 손안에는 심장이 있다. 여기에 모든 내용이 종합되어 있다. 칼빈은 자신의 온 마음을 인장에 새긴 문구대로 "즉시 그리고 진심으로" 하나님께 드리길 원했다. 이 두 가지 성향은 칼빈의 삶을 통해서 구체적으로 드러난다. 끊임없고 집요하면서도 때로는 어리석어 보일 정도로 근면한 모습에서 칼빈의 전폭적인 헌신이 나타난다. 마찬가지로 정직한 태도도 찾아볼 수 있다. 칼빈에 대해 많은 이야기를 할 수 있지만 어쨌든 그는 개방적이며 진솔했다. 다른 사람들은 칼빈의 어떤 부분과 부딪치게 되는지를 늘 알고 있었다.

인장의 형상을 통해 칼빈에 대한 더 많은 부분을 알 수 있다. 심장을 받들고 있는 손은 글자 I와 C로 쓰러지지 않게 양 옆에서 받쳐 있다. 이 글자는 존 칼빈(Ioannes Calvinus)를 의미하면서도 예수 그리스도(Iesus Christus)를 나타낸다. 혼란스러울 수 있지만 실제로는 의미가 명쾌하다. 여기서 자신과 그리스도와 관련된 모든 일은 완전히 정렬되고 결합되어야 한다는 칼빈의 바람을 볼 수 있다. 물론 칼빈이 그런 비전을 가진 유일한 사람은 아니었다. 하지만 이런 비전은 그에게 무척 중요했다. 자신의 삶의 목적을 하나님의 뜻과 일치시킬 때 많은 일을 이루어 낼 수 있지만 한편으론 일과 가정 사이의 구별이 없어지고 삶의 취약한 부분들이 나타나게 될 잠재적 위험이 있다.

칼빈은 자신에 대해 이야기를 하는 것을 좋아하지 않았다. 적어도 그는 그렇게 말했다. 그러나 소설과 희곡과 시를 통해 저자를 알 수 있듯이 주석과 설교를 통해 그가 어떤 사람인지를 어느 정도 알 수 있다. 칼빈이 쓴 책을 읽어 보면 그가 어떤 사람인지 알 수 있다. 칼빈은 서신에서 자신을 솔직하게 털어놓았다. 선지자가 되라는 부르심에 있어서는 확신하면서도 자기 자신에 대해서는 매우 자신 없어 하는 칼빈의 모습을 서신을 통해 볼 수 있다.

자아상

당신은 내가 누구인지 알아야만 하오. 나는 하늘 아버지의 의를 귀하게 여기는 사람이오. 따라서 어느 누구도 나의 엄격한 헌신을 포기하게 할 수 없소. 또한 자기 의로 옮겨가지 않을 것이오.

아미 페랑에게 쓴 편지를 통해 칼빈은 자신의 정체성과 함께 회심한 이후 죽을 때까지 자기가 어떻게 살아야 할지를 이야기했다.

칼빈은 사돌레토에게 보낸 편지에서 자기 이야기를 꺼내려 하지 않았다. 따라서 이 편지는 칼빈이 자기 이야기를 좋아하지 않았다는 근거로 해석되었다. 하지만 서신과 주석을 세심하게 읽어 보면 잘못된 해석임을 알 수 있다. 또한 이 서신은 한 인간으로서의 칼빈의 모습을 다양하게 보여 준다. 칼빈의 글과 설교에서 사용되는 '우리'는 실제로 '나'를 의미한다. 이것을 통해 우리는 칼빈을 이해할 수 있는 실마리를 얻는다.

전에 말했듯이 칼빈은 썩 좋은 자아상을 갖지 못했다. 그는 서신에서 자신이 알고 있고 숨기기 어려운 부정적인 특징에 대해 여러 번 언급했다. 또한 "자신의 본성을 거스르며" 최선을 다했지만 절제와 관용으로 화평을 유지하기가 얼마나 어려운지 고백했다. 그는 "무례할 정도로 거칠게 싸우는 것이 자신의 본성은 아니지만" 실제 의도한 것 이상으로 종종 화를 내게 된다고 고백하기도 했다. 제네바에서 칼빈과 여러 차례 토의를 했던 가톨릭 신학자인 바돌로뮤스 카메라리우스도 이러한 칼빈의 성격에 놀라워했다. 그는 칼빈이 자신의 저작에서는 그토록 예리하면서도 직접 대면하면 어떻게 그렇게 느긋하고 친근해질 수 있는지 이해하기 힘들어했다.

칼빈의 열정을 살펴보면 칼빈이 자신을 혹독하게 대했던 루터를 다시 한 번 옹호한 이유를 알게 된다. 칼빈은 파렐에게 보낸 편지에서 은둔해서 사는 게 낫다고 밝혔다. 이렇게 밝힌 부분적인 이유는 함께 있을 경우에 자신이 사람들을 선동할 수 있다고 인식했기 때문이다. 칼빈은 멜란히톤(Melanchthon)에게도 편지를 통해 같은 고백을 했다. 조금만 뒤로 물러나면 자신뿐 아니라 남들에게도 유익이 있었을 것이다. 그러나 하나님은 칼빈을 무대 위로 끌어올리셨다. 하나님은 이 세상 속의 드라마에서 칼빈에게 한 역할을 주셨다.

칼빈은 자신의 결점을 고치려고 노력했는데 이 사실은 하인리히 불링거(Heinrich Bullinger)에게 보낸 편지에서 살펴볼 수 있다. 칼빈은 다른 사람들의 감정이 상하지 않도록 편지를 쓰고 싶다고 밝혔다. 바젤 출신의 동료 시몬 그리나에우스도 베른(Bern)의 설교자인 피터 쿤츠에 대한 칼빈의 반응이 지나쳤다고 조언했다. 쿤츠는 단순한 농부 가정 출신이지만 칼빈은 더 많은 교육을 받고 교양을 갖춘 배경을 가지고 있다는 것을 주지시켰다.

광적인 루터파 신학자인 요아킴 베스트팔과 벌인 논쟁에서 칼빈은 자신이 두 번째 답변에서 너무 심하게 반응한 것 같다고 밝혔다. 자신의 난폭함에 충격을 받은 칼빈은 불링거에게 다음과 같이 적어 편지를 보냈다. "의도했던 것보다 가혹했다는 것을 깨달았소." 그러면서 이런 고백이 어떻게 나오게 되었는지 이해하지 못하겠다고 편지에 썼다. 그러나 나중에는 베스트팔에게 답변할 때 자신을 억누르기가 힘들었다고 고백했다.

이런 사실과는 대조적으로 칼빈은 자신이 쓴 시편 주석의 머리말에서 이렇게 말했다. "나는 천성적으로 소심하고 부드럽고 용기가 부족한 자이다." 칼빈은 자신이 소심하다고 밝혔다. 여러 편지에서도 솔직하게 자신에 대해 고백했다. "늘 그랬듯이 나는 소심한 사람이다."

정직한 아이

칼빈은 자신의 결점을 알았지만 자기가 남들에게 가르친 대로 살았다고 생각했다. 이 주장은 연구를 통해서 사실임이 입증되고 있다. 칼빈의 일생 동안 나돌던 그의 생활 방식에 대한 비판과 비도덕성에 대한 다양한 비난은 근거가 없어 보인다. 진리에 침묵하는 것은 칼빈의 본성에도 맞지 않았고 견딜 수도 없었다. 칼빈은 직선적이며 개방적이었다. 하지만 그 개방성이 때로는 지나칠 때가 있었다. 젊은 신학자로서 칼빈은 이중 잣대를 가질 수는 없다며 경험 많은 마르틴 부서(Martin Bucer)를 비판했다. "난처한 마음을 억눌러서 속에서 자라게 하느니 차라리 드러내 놓고 불평하는 편이 낫다." 그는 "어떤 사람을 위선적으로 칭찬하기보다는 감정이 상하더라도 거침없이 직언을 하는 편이" 정직하다고 생각했다. 칼빈이 아첨을 좋아하는 불쾌한 인간이었다고 생각하는 사람은 칼빈을 잘 모르고 하는 말이다. 칼빈은 자신이 남들에게 하는 것처럼 남들도 자신에게 솔직하게 말하는 것이 좋다고 생각했다.

불링거는 주의 만찬에 관해 쓴 자신의 책을 칼빈이 비판한 것 때문에 골치가 아프다고 밝혔다. 그러자 칼빈은 자신의 생각을 다음과 같이 능숙하게 변론했다. "나는 평이한 것이 좋다. 교묘한 것을 별로 좋아하지 않는다." 칼빈을 반대하는 사람들도 그의 명쾌함을 칭찬했다. 칼빈은 어떤 경우에서도 무언가를 능숙하게 감추고 있다는 인상을 주고 싶어 하지 않았다. "내가 가르치는 방식은 매우 단순해서 의심의 여지가 없다. 그러면서도 세세한 부분도 다루기 때문에 불확실할 수도 없다." 그는 제네바에서처럼 취리히에서도 동일하게 말했다. 말을 솔직하고 논리적으로 함으로써 강경노선에 있는 사람을 중용의 길로 들어서게 할 수 있다는 것이 자신의 원칙이며 경험이었다고 이야기했다. 그는 아우구스티누스처럼 장황한 말을 피하려고 했다. 하지만 자신의 무뚝뚝함이 상대방에게 모욕감을 줄 수 있다는 것을 인정했다. 완전히 확신한 것은 아니었지만 자신의 언어적 평이함은 자신감이 결여된 결과로 생각했다. "나는 자신감이 거의 없어서 다른 사람에게 훈계하기보다는 그냥 내 성향대로 살아가고 싶다." 칼빈은 종종 수치스러워 했다. 그는 로마 가톨릭의 죄악을 폭로하는 것이 즐겁지 않고 오히려 수치스럽다고 말했다. 병이 났을 때는 아무 일도 할 수 없다는 사실 때문에 부끄러워했다. 칼빈은 이렇게 투명하고 개방적이었으며 직설적이었다. 이런 성향 때문에 칼빈은 다른 사람들의 비판을 받기 쉬웠고 그 때문에 예민해졌다.

칼빈은 자신을 하나님의 파수꾼으로 생각했다. "개는 주인이 공격을 받을 때 짖어 댄다. 하나님의 진리가 공격당하는 것을 보면서도 침묵한다면 겁쟁이가 되는 것이다."

부서에게 보낸 편지에서 칼빈은 부서가 자신에 대해 어떻게 말할 것인지를 예상했다. "당신은 내가 편지에서는 번갯불을 휘두르고 개인적으로 만나면 온순하다고 생각할지도 모르겠습니다." 칼빈은 이 부분에 대해 생각이 달랐다. "나는 편지든 직접 대면하든 명확한 것이 좋습니다. 말로 의미를 확실하게 표현하고 싶어질 때 스스로를 억제할 수가 없습니다. 개방성은 간사한 것보다 유용합니다. 나는 그저 생각한 바를 정확히 표현하는 것이 좋습니다."

1538년에 칼빈은 자신의 개방적인 태도는 사람과 문제를 구분하기 위한 전략이며 그렇게 할 수 있다는 것이 자랑스럽다고 편지에서 밝혔다. 칼빈은 캄펜 출신의 가톨릭 신학자인 알베르 피기우스와 교리 문제에 국한해서만 논쟁을 벌였다. 사돌레토에게는 격렬하게 반응했는데 인격적으로 모욕을 받았다고 느꼈기 때문이다. 하지만 이마저도 공적인 토론에 국한된 일이었다. 칼빈은 세르베투스(Servetus)에게서 심한 모욕을 받은 적이 있었는데 이에 대해 전혀 걱정하지 않았다. 나중에 이 사람에 대해서 좀 더 살펴보겠지만 그는 칼빈으로 인해 제네바에서 화형을 당했다. 세르베투스가 칼빈의 명예를 훼손한 것은 "거름더미 위의 개가 짖는 것"과 같았다. 그가 죽기 2시간 전에 칼빈은 개인적인 감정으로 그와 싸운 것은 아니라고 말했다. "나는 당신을 미워하지도 않고 무시하지도 않습니다. 당신을 쫓아다니며 힘들게 하고 싶지 않았습니다."

인간

칼빈의 인생과 작업을 살펴보면 그가 감정이 없는 목석과 같은 사람이 아니라는 것을 분명히 알 수 있다. 루터가 칼빈의 작품에 만족했다는 소식을 듣고 그가 어떻게 반응했는지를 보면 이를 짐작할 수 있다. "그 정도의 중용에도 마음을 달랠 수 없다면 마음이 돌처럼 굳어져 있다고밖에 할 수 없다. 나는 정말 만족스럽다. 나는 그를 만족시킬 만한 작품을 만들어 냈다."

칼빈에게 있어 두려움은 낯선 감정이 아니다. 1562년에 칼빈은 30년 전에 겪었던 핍박 때문에 자기가 경험한 두려움에 대해 말할 수 있었다. 사무엘상에 관한 어느 설교에서 프랑스로부터 탈출하기 전을 회고하면서 칼빈은 너무 두려워 죽을 것 같았다고 고백한다. "너무 두려워서 차라리 죽음을 통해 공포에서 벗어날 수 있기를 바랐다."

이와 같이 칼빈도 한 인간이었다. 이제 그의 독특한 삶의 여정을 따라 가보자.

순례자

(1533~1536)

떠도는 삶

"우리는 늘 떠도는 삶을 살았다." 이 고백을 통해서 칼빈은 자신의 인생관을 표현했다. 동시에 자신의 삶의 모습을 무의식적으로 고백했다. 이 고백은 자신의 영적인 자녀들에게도 적용될 수 있다. 떠도는 삶은 문자적으로뿐만 아니라 영적으로도 이해할 수 있다. 몇 세기에 걸쳐서 개혁파 그리스도인은 체류자, 피난자, 이주자의 삶을 살았다. 이들도 자신의 삶을 영적인 의미에서 '떠도는 삶'으로 이해했다. 천국이 그들의 고향이었기 때문이다. 이 여정은 천국에 다다를 때 끝나게 될 것이다. 믿는 사람들은 이 땅에 잠시 머무를 뿐이다. 그러므로 소망과 인내를 가지고 더 좋은 삶을 위해 경주해야 한다. 천국이 본향이라면 어디에 있든 우리는 편안해야 한다.

천국으로 가는 길은 어렵다. 좁은 길이다. 여러 그리스도인 가정에 걸려 있는 그림 속의 두 갈래 길이 묘사하는 것처럼 말이다. 한 쪽 길은 무섭지만 매력적일 정도로 쉽고 넓다. 그러나 결국 멸망에 다다른다. 반면 다른 쪽 길은 영생으로 이끄는 약속의 길이지만 좁고 힘들다. 이런 그림은 칼빈의 언어와 사고에 핵심적인 두 가지 개념을 떠오르게 한다. 바로 '미로'와 '지옥'이다.

칼빈은 인문주의적 전통에서 '미로'라는 말을 가져왔다. 이 단어는 스콜라 철학을 경멸하기 위해 사용한 용어였다. 칼빈은 사람을 얽어매 하나님에게 이르지 못하게 하는 사고방식을 나타내기 위해 '미로'라는 말을 썼다. 인간은 본성적으로 미로 속에 있는 자신을 발견한다. 그리스 신화에 나오는 아리아드네의 실에 매달리듯이 영원으로 이르는 길잡이인 성경 말씀을 붙들 때에만 미로에서 아무 탈 없이 빠져나올 수 있다.

지옥은 하나님의 길에서 떨어져 나가고 그분의 질서와 평강을 무너뜨리고 무시하는 사람들이 이르게 되는 곳이다. 칼빈은 하나님 앞에서 자신의 죄를 보는 눈이 갑자기 열렸을 때 지옥의 가장자리에 이르렀다. 아무런 희망도 없고 완전한 절망 속에 있는 칼빈은 앞 장에서 다룬 칼빈의 주된 이미지와도, 실제 칼빈과도 어울리지 않는다. 칼빈은 그 경험을 하나님 앞에서 고꾸라진 것으로 이야기했다. 하나님이 칼빈을 나락으로 떨어지게 하고 폐허의 가장자리에 이르게 하셨지만 마지막 순간에 그를 구원하셨다. 칼빈은 죄와 은혜, 선택과 섭리를 동시에 경험하면서 그의 인간관, 교회관, 세계관을 형성하게 된다.

세상

세상은 항상 변한다. 변하지 않는 것은 없다. 칼빈은 자신의 시편 주
석에서 존재의 불확실성과 세상의 혼돈에 대해 무수히 이야기했다.
천국은 안정과 쉼을 주지만 이 세상은 급변하고 불안정하다. 이 세
상은 자기도취 상태에 있다. 칼빈은 하나님의 섭리 질서를 어둡게
하는 혐오스런 무질서를 이야기한다. 그러나 하나님은 이런 무질서
가운데서도 일하신다. "도처에 우리를 위한 덫을 놓아두시고, 함정
을 파시고, 온갖 종류의 장애물을 허락하셔서 결국 우리는 심연 속
에 갇히게 된다."

하나님은 마치 우리를 장난감처럼 다루시는 것 같다. 하나님은 우
리를 인생의 행로 위에 놓으신 후 작은 장애물을 두셔서 통과하게
하신다. 그것은 짧은 경주이다. 얼마 후 하나님은 우리를 다시 그분
께로 데려가신다. 인생은 짧고 의미가 없다. 보는 곳마다 절망이 있
다. 그런 인생 속에서도 우쭐대는 우리는 죽음이 어떤 것인지를 보
여 주는 존재일 뿐이다. 삶의 모든 순간들이 단지 멸망의 전주곡은
아니지 않은가? "우리 인간들은 마른 풀과 같다. 언제든지 시들어 버
릴 수 있다. 우리는 죽음에서 결코 멀지 않은 곳에 있다. 실제로 우리
는 벌써 무덤 속에 있는 것과 같다." 우리 삶은 "비단 실에 매달려 있
는 듯"하고 우리는 "온갖 죽음에 둘러싸여 있다." 태어날 때부터 이
런 경험을 한다. "태에서 빠져 나오면서 수천 가지 죽음으로 향하게
된다." 인생은 쏜살같이 흐른다. 죽기 바로 직전에 태어나는 것과 같
다. 도처에 위험이 도사려 있다.

올려다보면 수많은 위험이 우리를 위협하고, 내려다보면 온갖 독이 도처에 도사리고 있다. 수많은 맹수가 당신을 찢으려 한다. 수많은 뱀들은 또 어떠한가? 칼, 함정, 걸림돌, 협곡, 붕괴된 건물들, 돌, 날아오는 창과 같은 위험이 셀 수 없이 많다. 간단히 말하면 한 발자국을 내딛기 전에 열 가지의 죽음을 경험할 것이다.

도시에서는 사고가 언제든지 일어날 수 있다. 길을 모른 채 숲속에 들어가면 언제 맹수의 밥이 될지 모른다. 칼빈에 따르면 우리 몸은 온갖 질병으로 이미 가득 차있다. 외부에서 오는 위협이 전부가 아니다.

배에 오르면 여러분은 죽음에서 단지 한 발자국 떨어져 있는 셈이다. 말을 타다 떨어지면 여러분의 생명은 위험에 빠지게 된다. 도시의 거리에는 지붕에 있는 기와만큼 많은 위험이 도사리고 있다. 당신이나 친구가 무기를 갖고 다닌다면 부상의 위험은 늘 있게 마련이다.

이처럼 칼빈은 수많은 위험을 이야기함으로써 인생이 계속되는 위협 속에 있고 결국 인생은 가치가 거의 없다는 것을 보여 준다.
확실한 것은 없고 모든 것이 위험하다. 이는 "마치 천국이 위에서 짓누르고 지구가 떠밀리고 산이 뿌리 채 뽑히는 것처럼 보인다." 칼빈은 인생을 "세차게 흘러가는 강"이라고 부른다. 그는 인간의 상태가 "무덤 속의 사람이나 미로에서 종말을 맞이한 사람들처럼 처절한" 것으로 생각했다. 인생은 "불길한 미로에서" 살아가는 것이다. 오직 하나님의 섭리를 신뢰할 때만 거기에서 빠져나올 수 있다. 그렇지 않은 사람들은 이미 지옥에 있는 것과 같다. 칼빈에게 지옥은 두려움과 불확실의 번민이었다. 그 이유는 두려움과 불확실로 떠는 것보다 더 끔찍한 번민은 없기 때문이다. 이러한 인간 존재의 관점을 살펴보면 칼빈이 섭리와 예정에서 피난처를 발견할 수 있었던 것은 이상할 게 전혀 없다.

예정

예정이라는 용어를 언급했으니 이 복잡한 문제를 당장 다뤄야겠다. 친구와 적 모두에게 걸림돌이 된 이 문제는 언젠가는 다뤄야 할 일이다. 많은 사람들이 예정을 칼빈의 독특한 교리로 생각하기 때문이다. 선택 교리의 모체가 되는 섭리 교리도 예정의 논의에 포함된다. 예정은 섭리의 논의에 있어서 매우 작은 부분을 차지한다. 하지만 예정은 주의해야 할 특별한 대상이었다. 정신병동을 채우고 사람들을 자살로 이끌었던 신학 체계 가운데는 임의적이고 무자비한 하나님의 이미지가 있었다. 이런 이유 때문에 이 책에서는 예정의 문제를 짚고 넘어가야 한다. 불행하게도 칼빈 이후 수많은 사람들이 일을 뒤죽박죽으로 만들어 버렸다. 반대파들은 칼빈의 관점을 고의로 왜곡했다. 한편 칼빈의 추종자들은 어리석게도 교회 구성원들을 설교와 목회를 통해 정신적 자포자기 상태에 빠지게 했다.

두말할 것도 없이 칼빈의 관점은 이와는 매우 달랐다. 타락으로 인해 죄에 빠진 인류는 하나님과의 관계가 단절되어서 생명력을 잃어버리고 심판에 처하게 되었다. 모든 사람이 타락했지만 하나님은 구원 계획을 마련하셨다. 이것은 그리스도를 믿는 자는 누구나 심판에서 자유롭게 되고 영생을 얻는다는 것을 의미한다.

칼빈은 질문한다. "무슨 이유로 어떤 사람은 믿고 어떤 사람은 믿지 않는 것인가?" 그 차이는 하나님의 선택 때문이다. 만약 인간이 선택하는 것이라면 하나님은 인간의 공로에 의지할 수밖에 없다. 그렇다면 우리가 믿는 하나님은 연약한 존재이며 그리스도인은 불확실한 운명에 처할 수밖에 없다. 한편 선택이 전적으로 하나님에게 달렸다면 하나님은 최상의 영광을 얻게 되며 믿는 자들의 운명은 확실해진다. 이것이 선택의 교리다. 하나님이 모든 사람들을 믿음으로 이끌기로 결정하지 않으셨다는 사실은 선택받지 못해서 심판에 처하고 결국 정죄를 당하는 사람들이 있다는 것을 의미한다. 칼빈이 선택을 '하나님의 무시무시한 작정'이라고 말한 이유가 바로 여기에 있다. 이 용어는 공포와는 관계가 없지만 두려워서 떠는 것을 의미한다. '무시무시한 작정'은 아니지만 우리로 하여금 떨며 몸서리치게 하는 결정이다. 이 결정은 동시에 우리를 겸손하게 한다. 칼빈은 종종 겸손에 대해서 언급했다. 그는 하나님 앞에서 가져야 할 기본적인 태도가 겸손이라고 했다.

칼빈은 선택하시는 혹은 결정하시는 하나님이라는 개념이 인간을 겸손하게 하면서 마음의 평화를 가져온다는 것을 발견했다. 우연히 일어나는 일은 없으며 모든 일은 범사에 일하시는 아버지의 손을 거친다는 개념도 동일하다. 하지만 이것이 세상사의 방식이라면 인간은 하나님의 일하심으로부터 무언가를 배우려고 해야 한다. 예를 들어서 이 세상 누군가에게 끔찍한 일이 생긴다면 당사자는 세상은 잠시 후에 지나가고 다른 곳에서 참된 안식을 구해야 하고 죄를 용서받아야 한다는 것을 배울 수 있을 것이다. 하나님은 계획을 갖고 일하시기 때문에 모든 일에는 깨달아야 하는 뜻이 항상 있기 마련이다. 하나님은 목적을 갖고 일하시기 때문에 칼빈주의자라면 누구든 하나님의 뜻을 깨달으려고 노력해야 한다. 칼빈이 생각한 것처럼 세상에서 일어나는 모든 사건 속에는 변함없는 의미가 늘 있기 마련이다.

통치자 하나님

'예정'과 '섭리'를 '순례의 삶'과 연결하지 못하는 사람들은 이 용어의 개념을 이해하지 못할 것이다. 칼빈에게 섭리와 선택의 교리는 단순히 가르치기 위한 교리가 아니다. 이 교리는 현실적으로 경험할 수 있는 것들이다. 이런 가르침을 삶과 유리시키는 사람들은 결국에는 그 교리들을 삶을 고갈시키는 방식으로 다룰 수 밖에 없게 된다. 1534년에 칼빈은 파리에서 탈출해 앙굴렘의 듀 틸레(Du Tillet) 가족에게로 피했다. 순례자와 같은 칼빈은 앞으로 무슨 일이 일어날지 알 수 없었다. 하지만 하나님이 자신을 보호하실 것을 믿었다. 칼빈은 아무도 모방할 수 없는 하나님의 일하심을 다음과 같이 묘사한다.

"일이 잘 되어 간다고 생각한 순간 예기치 못했던 일들에 직면했다. 한편 피할 길이 없어 보였을 때 조그마한 안식처가 예비되는 경험을 했다. 주님은 하나님께 헌신한 자들을 그렇게 돌보시고 그들과 함께 하신다."

부모를 잃은 칼빈은 이미 세상에 설 자리가 없었다. 칼빈이 프랑스를 떠나야 했을 때 상황은 더욱 심각해졌다. 하나님의 주권적인 선택과 전능하신 돌보심을 믿음으로써만 칼빈은 일어서서 앞으로 나아갈 수 있었다. 이는 나중에 제네바와 스트라스부르 교회의 성도들도 동일하게 경험하는 사실이었다. 노예선의 노예들, 핍박당하던 위그노들, 온갖 순례자들도 하나님의 일하심을 동일하게 경험했다. 이런 경험은 무엇보다도 칼빈에게 무척 중요했다. 간단히 말해서 예정과 섭리에 대한 칼빈의 관점을 이해하기 위해서는 그가 걸어왔던 인생길과 '하나님이 우리의 통치자'라는 주제로 펼쳤던 운동을 동시에 주목해야 한다.

하나님은 시작과 끝과 모든 순간에 모든 방식으로 탁월하게 일하시는 분이다. 그분은 인간이 잠들어 있거나 미로에서 길을 잃을 때나 심연의 가장자리에 서있을 때조차도 깨어 있으신 통치자다. 이런 하나님을 믿지 못했다면 칼빈은 한 발자국도 나가지 못했을 것이다. 동일한 방식으로 하나님은 모든 것을 다스리시며, 믿는 자인 나를 선택하시고 한 인간으로서 나를 돌보신다.

칼빈은 일생 동안 만난 아버지와 같은 인물들 뒤에서 일하시는 하나님의 인도하심도 목격했다. 칼빈이 원하지 않는 길을 억지로 가도록 위협한 사람들도 많았다. 때때로 칼빈은 하나님의 의도를 이해하지 못했다. 하지만 돌이켜보면 그분의 인도하심을 신뢰한 것이 좋았다는 것을 깨달았다. 칼빈은 자신의 삶에서 하나님의 섭리를 경험했고 자신과 닮았다고 생각한 성경의 인물을 묵상하면서 자신을 이해했다. 칼빈은 질문했다. "왜 그들과 나에게는 적용되는 말씀이 다른 사람들에게는 적용되지 않는가?" 칼빈은 《기독교강요》 첫 번째 판에서 이미 이런 경험을 이야기했다. 바젤에 피난해 있으면서 자신의 종착역을 알 수 없었던 때였다. 그는 1554년부터 1555년까지 전했던 149편의 설교에서 욥의 문제를 묵상하며 동일한 주제를 폭넓게 다루었다. 이는 칼빈과 자신의 친구들에게도 동일한 질문이었고 이해할 수 없는 방식으로 일하시는 하나님에 관한 것이었다. 다른 길을 가고 싶은 유혹이 빈번하게 몰려왔지만 칼빈은 하나님의 길에서 떠나는 것만큼 나쁜 일은 없다고 생각했다. "뒤로 물러나 있고 싶었다"는 말은 인생의 모든 굽이에서 다양한 방식으로 고백했던 칼빈의 심정이었다. 이전처럼 칼빈은 하나님이 이끌어 가시는 길에서 벗어나지 않도록 눈가리개를 하고 하나님의 마차에 이끌려 갔다. 그리고 그 상태에서 하나님의 인도하심을 신뢰하며 앞으로 나갔다. 이런 맥락에서 예정의 의미는 믿음을 상실할 수 없는 것이고 길을 잃어버릴 수 없는 상태를 말한다.

앙굴렘

1534년 5월 4일까지, 칼빈은 공식적인 로마 가톨릭 성직자 회원으로 있었다. 그는 앙굴렘에 있는 동안 라틴어로 설교하도록 여러 차례 요청을 받았다. 나머지 시간에는 몸조심을 하며 때를 기다렸다. 교회의 관점에서는 자신이 그토록 싫어했던 니고데모처럼 공개적으로 믿음을 고백하지 않는 가운데 있었다. 1534년 1월에 칼빈은 성경과 교부학에 깊이 몰두하기 시작했다. 앙굴렘 성에 있는 듀 틸레 가의 도서관에서 그와 관련한 자료들을 찾았다. 칼빈은 1534년, 친구인 프랑수아 다니엘에게 "실제로 아무것도 안 한 것 같지만 연구에 진보가 있었다"라고 편지를 보냈다. 하지만 칼빈은 너무 많이 변하는 것을 원하지 않았다. 하나님은 사람이 원하거나 기대하는 것과는 반대로 일하시는 경우가 많다고 생각했기 때문이다. 칼빈은 "조용한 안식처"를 찾으리라고는 전혀 기대하지 않았다. 앙굴렘의 성은 칼빈에게 작은 둥지이자 바르트부르크 성과 같은 요새였다. 아마 루터가 머물렀던 아이제나흐 성보다는 웅장하지 않았겠지만 칼빈에게는 소중한 곳이었다. 이곳에서 칼빈은 하나님 안에서 안정감을 경험했다. 경건해 보이는 칼빈의 고백은 평안과 고요 속에서 책에 몰두하면서 경험한 만족감과 큰 관련이 있을 것이다. 많은 책을 읽으면서 얻는 만족감은 칼빈과 그를 따른 사람들의 큰 특징이다.

개혁파 그리스도인들은 오직 말씀에만 관심을 갖기 위해서 교회에서 다른 모든 것을 없애 버리고 서재에서 책 외의 불필요한 것들을 치워 버렸다. 칼빈은 믿음과 경험이 지식을 함께 포함한다고 생각했다. 이 때문에 공부하지 않는 사람은 회심할 수 없다고 믿는 개혁파교회에는 강력한 독서 문화가 생겨났다. 칼빈은 책에 둘러싸여 늘 한 손에 책을 들고 있는 사람으로 항상 그려진다. 앙굴렘과 페라라에서 칼빈은 이렇게 책을 읽으며 시간을 보냈다. 책을 쓰기도 하고 사기도 했던 칼빈은 책을 팔아야 할 때의 심정을 그의 서신에 고백했다.

제네바에 있는 칼빈의 아카데미에 매우 훌륭한 도서관이 생겼는데, 도서관 건립은 모든 개혁파 교육기관의 두드러진 특징이 되었다. 따라서 17세기의 초등학교 교육에서 개혁파의 자녀가 루터파나 로마 가톨릭 교도들의 자녀들보다 성적이 우수할 수밖에 없었다. 개혁파의 자녀들은 교회에 앉아 있을 때 듣거나 읽는 것 외에는 할 일이 없었다. 한눈 팔 것들이 교회에 없었기 때문이다. 이는 가정에서도 마찬가지였다.

귀 기울이는 습관을 권장하기 위해 칼빈은 그 지역 개혁파 성향을 가진 사람들이 소리 내어 읽을 수 있는 설교 여섯 편을 작성했다. 예를 들어 11월 1일, 성도에 관한 설교를 성화에 대한 설교로 대체했다. 동정녀 마리아 축일에는 마리아에 대한 설교 대신 예수에 대한 설교를 했다. 칼빈은 무엇보다 자신을 위해 책을 펴냈다. 칼빈은 몸이 죽으면 영혼은 어디로 가는지 항상 궁금해했다.《영혼 수면론》(Psychopannychia)이라는 책에서 이 질문을 다루었다. 이 책 제목은 문자적으로는 '깨어 있는 영혼'이라는 의미다. 실제로 책 내용은 당시 재세례파가 가르치던 영혼 수면을 반박하기 위한 것이었다.

이 책에서 칼빈은 죽음 후에 영혼이 수면 상태에 들어간다는 개념에 반대했다. 칼빈은 영혼은 '즉시로' 깨어 있는 상태에서 그리스도와 함께 거한다고 주장했다. 이는 하이델베르크 교리문답에서도 발견된다. 칼빈은 어떤 재세례파들이 가르치는 영혼수면설보다 자신의 생각이 연옥설(Purgatory)을 대체할 수 있는 좋은 대안이라고 생각했다. 1534년에 칼빈은 이 책을 출판하려 했다. 하지만 자신이 아버지처럼 따랐던 사람의 설득 때문에 출판하지 못했다. 이것은 칼빈의 인생 습관대로다. 스트라스부르에 있는 부서의 동료 볼프강 카피토도 칼빈에게 책을 출판하지 말라고 조언했다. 프랑스의 종교개혁자들 사이에서 많은 논란이 생길까 봐 염려했기 때문이다. 이 때문에 칼빈은 책을 출판하지 않았다. 하지만 1545년에 자신의 책을 시장에 내놓을 수 있는 길이 열렸다.

파리

세느 강변에 있는 파리는 칼빈이 순례를 실제로 시작한 곳이다. 파리를 떠나기 전에 칼빈은 프랑스 안에서만 여행할 수 있었다. 이런 일은 당시 학생들에게는 흔하지 않은 일이었다. 16세기 학생들은 유럽 전역을 여행하면서 외국의 여러 대학을 방문해 교수들을 만났다. 이를 통해 견문을 넓히며 많은 경험을 하며 국제적인 교류를 쌓았다.

칼빈이 프랑스를 떠나야 했던 것은 자신에게는 큰 변화였다. 처음으로 외국으로 나가게 되어서가 아니라 떠날 수밖에 없었던 상황 때문이다. 떠날 수밖에 없는 상황은 잠시 동안 어떤 곳에 여행을 다녀오는 것과는 전혀 다른 문제였다. 칼빈은 자신에게 큰 모범이었던 아브라함을 예로 들면서 종착지도 모른 채 하나님이 자신을 이런 길로 부르셨다는 큰 확신 가운데 조국인 프랑스를 떠났다. 당시의 확신은 나중에 그가 느끼고 믿었던 확신보다는 덜한 것이었다. 이것이 순례자로서의 칼빈의 삶의 시작이었으며 앞에서 밝혔듯이 자신의 신학과 영성에 큰 역할을 하는 주제로 발전이 되었다. 칼빈은 이 세상에는 영원한 땅이 없다고 말하는 히브리서 말씀을 경험을 통해 깨달았다. 그리고 이런 경험은 나중에 순례자의 삶을 살아가는 사람들에게 가장 의미 있는 방식으로 설교할 수 있는 밑거름이 되었다. 그 경험은 하나님이 그런 삶으로 부르시고 성경에 나오는 모든 순례자처럼 그들도 계속 도우실 것이라고 믿었던 사람들을 위한 설교의 초석이 되었다.

순례자라는 주제는 프랑스를 떠나라는 칼빈을 부르시는 하나님의 반복된 부르심의 배경도 된다. 칼빈은 하나님의 특별한 계시를 주장하지는 않았다. 하지만 선한 양심과 함께 몸과 영혼으로 하나님을 예배하려는 사람들은 "아비 집을 떠나라"(창12:1)는 말씀을 단순히 듣기만 해서는 안 된다고 생각했다. 한편 교황의 통치 밑에 계속 있기로 한 사람들은 종교적 광신도처럼 행동해서는 안 되었다. 칼빈은 강단에 오르거나 미사를 위해 행진할 필요가 없었다고 했다. 그리스도인은 단순히 자신의 상황에서 살아야 했다. 즉 교황을 숭배하지 않고 믿음으로 말하고 행동해야 했다. 하지만 가톨릭교도의 손에서 유골을 빼앗아 오물에 던져서는 안 되었다. 다른 사람의 모범으로 살아야 하지만 하나님을 공개적으로 예배할 수 없는 상황에서는 마음속으로 예배해야 했다. 이것이 칼빈의 또 다른 모습이다. 칼빈은 자신을 비판하는 사람들이 "제네바에 있게 되어서 그곳의 설교를 계속 듣는다면 그리스도인이 될 수밖에 없다"라고 말한다는 것을 알고 있었다. 칼빈에게는 자신의 속사람이 겉에서도 확실히 나타나기만 한다면 어디에서 그리스도인이 되느냐는 중요하지 않았다.

하지만 칼빈이 자신의 조국에서 이제 가능하지 않다고 생각한 부분이 바로 이 부분이었다. 다르게 말하자면 프랑스에서는 하나님이 이제 거하시지 않기 때문에 하나님을 위해 산다는 것이 불가능했다. 칼빈이 프랑스 왕을 바로에 비유했을 때 믿는 사람들이 할 수 있는 일은 출애굽을 준비하는 것뿐이었다. 칼빈은 늘 일관된 관점으로 프랑스를 바라보았다. 26년간 외국에서 살았던 1561년, 프랑스는 수많은 외국인들을 매혹시켰던 좋은 기후를 가진 나라였다. 하지만 칼빈은 그곳을 떠난 것을 후회한 적도 없고 돌아가고 싶지도 않다고 기록했다. 하나님의 진리와 참된 경건과 영원한 구원이 떠나 버린 나라에서 어떻게 살 수 있겠는가? 칼빈의 관점에서 영원한 구원이 존재하지 않는 곳에서 계속 산다는 것은 진리를 놓쳐 버릴 위험을 늘 감수하는 삶을 사는 것과 같다. 칼빈은 조국을 어쩔 수 없이 떠난다고 말했다. 복음의 진리와 참된 경건과 하나님을 순전히 예배하는 모습을 프랑스에서는 찾아볼 수 없었기 때문이다. 참된 믿음을 발견할 수 없는 곳에서 칼빈은 살고 싶지 않았다. 그 반대의 경우도 마찬가지다. 어디에 있든지 참된 믿음의 세 가지 요소는 있어야 했고, 적어도 그런 방향으로 가야 했다. 이런 것들을 프랑스에서 할 수 없다면 칼빈은 그것들이 존재하는 곳이 어디에 있든 그곳으로 갔을 것이다.

이런 고백과 함께 순례하는 개혁자가 태어났다. 칼빈은 피난자 교회의 어머니였고 순례자들의 아버지였다. 하나님은 프랑스에 거하시지 않았지만 나중에 엠덴에 거하셨다. 그리고 해방된 네덜란드에서 오렌지 가 사람들과 함께 계셨다. 다음에는 미국, 남아프리카, 타스마니아에서도 계셨다.

에라스뮈스는 이 세상을 수도원이라고 말했다. 수도원에 있는 것처럼 세상에서 살아야 한다는 의미였다. 칼빈은 에라스뮈스와 비슷하지만 약간 다른 관점을 갖고 있었다. 세상은 수도원이 아니라 약속의 땅이었다. 다시 말해서 말씀이 선포되는 곳에서는 약속의 땅을 발견할 수 있다. 그렇게 약속의 땅은 항상 이동한다. 하나님은 그냥 앉아 계시지 않고 늘 일하시기 때문이다. 하나님은 늘 일하시며 자리를 옮기시기도 한다. 이전에는 구름 기둥을 사용하셨지만 지금은 옮겨다니는 강단을 사용하신다. 하나님의 말씀을 선포하고 하나님의 말씀을 듣고 하나님의 말씀을 실천하는 곳에는 늘 약속의 땅이 있다. 사실 그곳이 이 땅의 천국이다.

바젤

바젤(Basel)은 1529년에 망했다. 칼빈이 1535년에 루이 뒤 틸레(Louis Du Tillet)와 함께 바젤에 도착했을 때, 바젤은 로마 가톨릭을 유일한 교회로 생각하지 않는 사람들의 중심지가 되어 있었다. 칼빈에게 바젤은 많은 이점이 있었다. 출판의 중심지였고 프랑스와 매우 가까워서 프랑스가 어떤 상황인지 계속 접할 수 있었다. 또한 니콜라스 콥도 있어서 언어 훈련을 계속 할 수 있었다. 칼빈은 헬라어 전문가인 시몬 그리나에우스와 함께 공부했다. 베자에 따르면 세바스티안 뮤엔스터가 하는 히브리어 강의를 들었다고 한다. 바젤에서 칼빈은 하인리히 불렁거, 레오 쥬드, 피에르 비레와 같은 다른 종교개혁자들과 친분을 쌓았다. 그리고 그들과 일생 동안의 작업을 해나갔다. 에라스뮤스도 1535년에 이 도시에 정착했다. 그러나 칼빈이 그를 만났는지는 알려지지 않았다. 안전을 위해서 칼빈은 마르티누스 루시아누스(Martinus Lucianus)라는 가명을 사용했다. 여기서 성의 철자를 약간 바꾸면 칼비누스(Calvinus)가 된다.

칼빈은 조용하게 학자의 삶을 살고 싶었다. 그 당시에 칼빈은 루터보다는 에라스뮤스 쪽에 가까웠다. 교회와 갈등이 있어서 충돌을 피하고 싶었다. 칼빈은 자신에게 방해가 되는 것들을 피하면 충돌을 피할 수 있다고 생각했다. 하지만 이는 불가능하다는 것이 입증되었다. 이미 바젤에서부터 칼빈의 일생의 과업이 될 설교와 가르침이 시작되었기 때문이다. 설교에 관련해서 칼빈은 자신의 사촌 올리베탕(Olivetan)이 출판한 프랑스어 성경 서문과 함께 신약성경을 소개하는 글을 썼다.

1535년 7월에 성경 전권이 출판되었는데 이는 주목할 만한 사건이다. 당시 로마 가톨릭은 각 나라 말로 번역된 성경은 혼란을 가중시킬 뿐이라고 믿었다. 칼빈은 이런 의견에 직접적으로 반대하며 하나님은 모든 계급과 지위에 제자들을 두셨다고 썼다. 하지만 칼빈은 교회의 질서를 뒤엎지 않았다. 칼빈은 영적 · 정치적 지도자들에게 평신도가 성경을 읽을 수 있다고 해서 교회나 사회가 위험에 처하지 않는다고 확신시켰다. 칼빈은 이런 식으로 사촌의 작업을 도움으로써 성경을 가능한 가장 우아하고 읽기 쉽게 번역하기 위해 최선을 다했을 것이다. 나중에 칼빈은 제네바 성경의 서문에서 올리베탕의 번역이 어색하고 현재 사용하는 프랑스어와 동떨어져 있다고 밝혔다. 칼빈이 이렇게 본문을 세심하게 읽었던 이유는 하나님의 말씀을 완벽하게 번역하기 위해서였다. 아울러 신학적 동기를 떠나 인문주의자로서 명확성을 기했기 때문이었다. 또한 프랑스 사람인 칼빈은 프랑스어가 야만인의 언어라고 생각하지 않도록 노력했다.

올리베탕의 신약성경에 쓴 칼빈의 서문은 간결한 조직신학이라고 부를 수 있을 만큼 특별하다. 그는 몇 개의 문장 속에 그리스도의 의미와 믿음의 필요성을 잘 정리해 놓았다. 물론 그 서문 안에는 조직신학을 간추려 놓은 칼빈에 관한 특별한 내용이 없다. 칼빈은 1535년에 끝마치고 1536년에 출판한 어느 소책자에 이미 이와 비슷한 작업을 해놓았다.

소책자

이 소책자는 1559년에 균형과 완성의 경지에 이를《기독교강요》의 다소 간결한 원형이다. 이 소책자는 이름과 주요 특성을 간직해 나가면서도 경험과 크기와 무게는 늘어만 갔다. 이 책이 칼빈의 직업적 포부에 전혀 미치지 못했던 것을 감안하면 이 특별한 책이 시장에서 성공을 거둔 것은 좀 이상하다. 그런 출판물은 학문 세계에서 존경을 받지는 못했다. 사실 프랑스의 핍박받는 개혁파 성도를 노골적으로 지지한 것 때문에 칼빈은 학문계의 엘리트 집단에서 완전히 밀려날 수 있는 위험에 처하게 되었다. 당시에 루터와 그의 사상에 편향된 학자들이 있었지만 아직은 자신의 생각을 공공연히 말하거나 글로 출판하기를 꺼렸다. 아마도 세네카의 주석을 완전히 실패했기 때문에 칼빈은 자신을 되돌아보고 초기에 자신이 품었던 야망에 대해 후회했던 것 같다. 어쨌든 칼빈은 1535년에 프랑스의 개혁교회 성도들에게 성경 교리를 개괄적으로 알리기 위해 이 소책자를 만들었다. 칼빈의 표현에 따르면 그들은 그리스도를 향한 목마름과 굶주림이 있었다. 그러나 성경에 대해서는 아는 것이 거의 없었다. 이 책자는 프랑스에서 일어나는 박해에 대한 칼빈의 반응이기도 했다. 그들이 겪는 고난 앞에서 침묵하고 맞서지 않는다면 이는 정당화할 수 없는 배신이라고 칼빈은 생각했다. 바젤의 한 설교자는《기독교강요》를 언급하면서 "어느 프랑스 사람이 국왕에게 전한 교리문답의 출현"이라고 말했다. 종교 교과서로서 이 책은 당시에 출간된 다른 책들과 비슷하다. 칼빈의 교리 문답은 루터와 많은 부분에서 유사하다. 양쪽 모두 율법, 믿음, 기도를 가장 중요한 주제로 다루었고 십계명, 사도신경, 주기도문을 설명했다.

칼빈은 이 책을 통해서 유명해졌다. 칼빈은 1536년부터 1559년까지 본문의 상당 부분을 첨삭하고 재배열했다. 중간에 여러 증보판이 나왔지만 칼빈이 만족한 것은 최종판뿐이었다. 1559년 판이 나왔을 때, 내용이 열 배로 늘어났다. 그 결과 대단한 찬사를 받았다. 그러나 거의 읽히지는 않았다. 수세기 동안 칼빈의 사상은 거의 《기독교강요》만을 기초로 이해되었다. 칼빈이 저술한 유일한 책이 《기독교강요》이고 다른 저작들은 거의 중요하지 않은 것처럼 생각될 정도다. 이런 사실 때문에 어떤 이들은 칼빈을 지나치게 교리에 집착하는 사람으로 생각한다. 그래서 학자들은 칼빈이 쓴 주석, 서신, 다른 소규모 저작들을 연구하기 시작했다. 이렇게 해서 그들은 칼빈과 그의 다양한 측면의 사상들을 발견하게 되었다. 이런 발견은 그리 오래되지 않았다. 칼빈은 자신의 주석에는 "뻔뻔스러워져야만 이야기할 수 있는 내용을 담고 있다"고 풍자적으로 고백했다. 이런 새로운 연구를 통해 밝혀진 칼빈도 그리 다르지 않은 모습이다. 《기독교강요》가 지나치게 교리적이라고 이미 못 박은 사람들은 나머지 저작에서 자신들이 원하는 내용을 거의 발견하지 못할 것이다. 선택에 대한 가르침과 이에 대한 비판은 색채가 더해지고 상황이 달라지기는 했지만 내용은 여전히 동일하다. 결국 칼빈이 《기독교강요》가 자신의 가장 중요한 저작이라고 말한 것은 놀랄 일이 아니다.

개혁파 2세대

칼빈의 책이 성공할 수 있던 이유는 그가 개혁파 2세대라는 것이다. 그 까닭에 칼빈은 초기 개혁파의 저작들을 알고 있었다. 독일어를 몰랐기 때문에 칼빈은 적어도 라틴어나 프랑스어로 번역된 책들을 읽었을 것이다. 결과적으로 칼빈은 초기 개혁파의 기본적인 신학적 주제들과 진행 상황을 살펴보고 또 이용할 수 있었다.

예를 들어 성찬식을 둘러싸고 루터와 츠빙글리 사이에 벌어진 논쟁과 루터와 에라스뮈스의 자유의지에 관한 이견, 세례 문제, 언약, 구약의 가치, 교회와 국가 사이의 관계에 대한 재세례파와의 격론 등을 생각해 볼 수 있다. 칼빈은 이런 토론의 열매를 취할 수 있었고 막다른 골목으로 이어지는 여러 길에 들어서는 것을 미연에 방지할 수 있었다. 《기독교강요》에서 명백하게 나타난 칼빈 작품의 또 다른 특징은 그가 공식적으로 신학교육을 받은 적이 없다는 사실이다. 그래서 칼빈은 교과 과정에서 요구하고 보통의 신학자들이 공부하는 책들과 연구 과제에서 자유로울 수 있었다. 이런 자유로움을 통해서 칼빈의 인문주의는 더욱 진보하게 되었다. 또한 칼빈은 가능한 명확한 글을 쓰기 위해 원전을 통해 작업했다. 칼빈이 사용한 자료 중에는 루터, 부서, 츠빙글리, 오에콜람파디우스와 같은 종교개혁자들의 자료도 있었다. 그 밖에 여러 공의회를 포함한 초대교회사, 아우구스티누스와 같은 교부들의 자료도 있었다. 가장 중요한 자료는 성경이었다. 《기독교강요》의 다양한 판들을 비교해 보면 칼빈의 성경 해석이 점점 열매를 맺어 가는 것을 볼 수 있다. 즉 《기독교강요》는 성경에 대한 칼빈의 지식이 확장되면서 함께 성장해 나갔다고 말할 수 있다.

하지만 이 책의 가장 중요한 부분은 내용 자체가 아니다. 여러 판들을 거치면서도 동일하게 남아 있던 한 부분이다. 그것은 "가장 기독교적이고, 가장 위대하고 큰 높임을 받는 프랑스 왕 프랑수아 군주"를 위한 공개적인 편지다.

이 편지에서 칼빈은 종교개혁자들이 혁명을 꾀하는 위협적인 자들이 아니라 가장 성경적인 그리스도인 신하라는 것을 명확하게 말했다. 칼빈은 프랑스 내에 개혁 교리가 들어설 자리가 있어야 나라에 큰 유익이 될 것이라고 힘주어 말했다.

이 편지에서 법학 공부를 했던 칼빈의 특징들을 살펴볼 수 있다. 친구와 적들이 동시에 프랑스 문학의 걸작이라고 평했던 이 저작에는 웅변가, 변호사, 학자, 설교자로서의 칼빈의 모습이 동시에 나타나고 있다. 이런 훌륭한 작품을 프랑스 왕이 무시했다는 것은 참 유감스런 일이다.

니고데모주의자

《기독교강요》를 통해 칼빈은 명백한 선택을 했다. 그러나 모든 사람들이 그와 같은 선택을 해야 하는지에 관한 질문이 남아 있었다. 바젤 혹은 그 후 제네바에서 '개혁'을 말하고 행동하는 데는 어려움이 없었다. 그러나 근처에 개혁교회가 전혀 없던 렝스나 리용에서는 어떠했을까? 칼빈은 이 문제에 대해 여러 번 생각했다. 개혁교회 신도가 계속 미사에 참석할 수 있을까? 만약 참석하지 않으면 무슨 일이 일어날까? 이 질문은 16세기를 산 사람에게는 중요했던 문제였다.

그러나 지금 이 시대 사람들은 이해하기 어려운 문제다. 당시에는 적어도 1년에 한 번은 미사에 참석해야 한다는 것은 어린아이도 다 아는 일이었다. 그러나 이마저도 하지 않을 때 겪게 되는 영구적인 결과는 명확했다. 그러나 칼빈은 이 세상은 잠시지만 그 후의 결과는 훨씬 더 두렵고 즉각적이라고 보았다. 종교개혁을 위한 내적 선택이 외적으로 나타날 때 공동체, 이웃, 가정, 심지어는 손님과의 관계마저 단절되었다.

니고데모는 그런 질문과 애초부터 씨름한 사람이었다. 성경에서 그리스도의 제자로 알려진 니고데모는 사람들이 두려워서 예수님과의 관계를 공개적으로 드러내지 못했다. 성경은 이런 사실을 부정적으로 언급하지는 않는다. 비슷한 상황(요 19:38~42)에 있었던 아리마대 요셉과 함께 니고데모는 예수님의 장례를 책임졌다. 하지만 '니고데모주의자'라는 말은 부정적 의미가 있다. 칼빈조차도 니고데모가 불공평한 평가를 받고 있다고 생각했다. 칼빈은 니고데모가 나중에 자신의 믿음을 공개적으로 나타냈다고 지적했다. 칼빈은 미사에 계속해서 참석하지만 마음은 이미 거기에서 떠난 사람들에게 '니고데모주의자'라는 이름을 붙였다. 옛 친구인 니콜라스 듀 슈맹이 미사 문제를 제기했을 때 칼빈은 가능한 빨리 바빌론의 배교에서 떠나야 한다고 역설했다. 복음을 부끄러워하지 말라는 성경의 가르침은 두려움이나 수치감이 아닌 인생의 방향을 정하는 원리여야 한다. 칼빈은 자신의 입장이 비판을 야기한다는 것을 알았다. 그래서 자신의 관점은 조용한 묵상에서 나타난 것이 아니라 십자가와 화형과 압력에 굴하지 않은 순교자들을 통해서 형성된 것이라고 덧붙였다. 혹자는 칼빈의 이런 생각 때문에 칼빈을 광신주의나 급진주의로 여길 수 있을 것이다. 그러나 일관되게 명확한 선택을 한 것으로 생각하는 편이 16세기 상황에 잘 맞을 것이다. 옳다고 생각해도 실천에 옮기지 못한 사람들이 많지만 칼빈은 행동으로 옮겼다.

루셀

파리의 개혁적 사고를 가진 사람들 중에서 제라르 루셀은 칼빈의 좋은 친구였다. 칼빈은 로마 가톨릭과 단절했지만 루셀은 남아 있었다. 그 까닭에 칼빈은 루셀과 갈라서야 한다고 생각했다. 루셀이 주교가 될 기회가 찾아 왔을 때, 골치 아픈 문제에 부딪치게 되었다. 칼빈은 루셀이 주교가 되어 교회를 개혁하기를 바랐지만 동시에 자신이 지지할 수 없는 일을 해야만 하는 것도 알고 있었다.

칼빈은 가톨릭교회에서 어떻게 빠져나오는지를 보여 주는 것으로 친구를 도와줄 수 있다고 생각했다. 칼빈은 그리스도인이 경건하지 못한 관례와 관점이 수용되는 제도에 재정적으로 의존할 수 없다고 믿었다. "당신이 맡은 직분 중에는 죽은 자들의 죄를 사하는 미사를 집전하는 것이 있다." 칼빈은 이런 관례가 그리스도가 단번에 이루신 사역의 완전성을 훼손한다고 보았다. 따라서 자신의 친구가 그리스도의 사역과 영광의 가치를 떨어뜨리는 일을 하는 것을 이해할 수 없었다.

사실 가톨릭에서 통용되는 돈은 피로 얼룩진 것이다. 사제들은 그리스도의 피 흘리심을 경시하는 일을 하면서 사례를 받았기 때문이다. 루셀이 어떤 변명을 하든 상관없었다. 칼빈에게는 그리스도와 사탄 사이에서 선택을 하는 문제였기 때문이다. 칼빈은 자신의 친구를 격렬하게 공격했고 확고한 선택을 해야 한다는 것을 다음처럼 분명히 했다. "적그리스도의 군사로 행하면서 하나님의 백성에 속해 있다고 생각하는 것은 자신을 기만하는 것이다." 칼빈은 루셀이 권력과 특권과 명예 때문에 주교 자리를 원한다고 책망했다. 자신의 이익 때문에 주교를 원한다고 나무란 것이다. 무엇보다 칼빈은 루셀이 프랑스의 주교로서 자신의 조국과 개혁파 그리스도인을 향해 전쟁을 벌이면서 한 가지 사실을 잊고 있다고 믿었다. "그것은 바로 하나님을 향한 전쟁이오." 루셀 주교가 사람들을 우상숭배에 빠지게 한다면 밑에 있는 사제들과 함께 그들도 멸망에 이를 것이다.

칼빈은 이 모든 말을 근심스럽고 신랄한 어투로 전하고 있다. 칼빈에게 중간지대는 없었다. 칼빈은 모든 일에 있어 양자택일을 해야했다. 그래서 루셀이 가톨릭에 남기로 결정했을 때, 칼빈은 이제 그와 친구가 될 수 없다고 생각했다. 칼빈은 중세 말기에도 미사를 비판했다. 이런 관점에서 칼빈은 어떤 새로운 것에 기여한 것은 아니었다. 하지만 칼빈의 비판을 통해 새로운 결과가 나타났다. 칼빈의 관점에서 루셀은 그리스도를 팔고 못 박은 배신자요 반역자였다. 칼빈은 둘 중에 하나를 선택해야 한다고 말했다. 바로에게 남아 있거나 모세를 따라가야 했다. 이와 같은 일관성이 칼빈주의의 특징이다. 개혁파는 자신의 모든 것을 바쳤다. 그들은 최선을 다해 모든 일을 했다. 반면 그런 선택을 하지 않은 사람들은 멀찍이 서서 거리를 유지하며 상관없는 자로 살아갔다. 이는 고립된 채 권력을 좇는 노선을 취하는 사람들을 배제시킬 위험이 있었다.

루셀은 주교가 되어 그 자리가 주는 혜택을 누렸다. 하지만 진퇴양난의 상황에 빠져 대가를 치러야 했다. 루셀은 주교로 있으면서 결실을 맺었고 오랫동안 교회가 나갈 방향에 영향력을 끼쳤다. 하지만 1550년 성인 축일을 비판하는 설교를 하다가 귀족 출신의 가톨릭 교도가 찌른 칼에 사망했다.

우회

칼빈은 일생 동안 고향인 프랑스에 마음을 쏟았다. 칼빈은 말년까지 프랑스 교회를 개혁하기 위해 최선을 다했다. 칼빈은《세네카의 관용론에 대한 주석》에서 조국을 '우리의 갈리아'로 불렀다.《기독교강요》의 첫 번째 판이 1536년에 출간되었을 때, 칼빈은 듀 틸레와 함께 페라라의 공작부인이자 루이 12세의 딸인 르네를 만나기 위해 길을 나섰다. 그녀는 종교개혁 운동에 동정적이었다. 그때만 해도 가명을 사용해야만 했던 칼빈은 샤를 데스페빌(Charles d'Espeville)이라는 이름을 써서 누아용 근처로 갔다. 공작부인을 방문하기에 어울리고 칼빈의 외모와도 잘 어울리는 가명이었다.

당시 아노라는 화가가 그린 그림을 살펴보면 칼빈은 귀족 복장을 하고 금반지를 낀 손을 들고 있는 영주의 모습이다. 칼빈과 듀 틸레는 그녀의 궁전에 불과 몇 주만 머물 수 있었다. 그 이유는 이름을 알 수 없는 어떤 사람이 공개적으로 십자가를 찬양하며 큰 소리로 항의하면서 예배당을 떠났을 때 예배당에 있던 개혁파 성향의 사람들에게 다소 예상하지 못한 즉각적인 조치가 내려졌기 때문이다.

칼빈은 페라라에 오래 있지 않았지만 프랑스의 개혁을 도울 수 있는 몇몇 유력한 인물을 만났다. 칼빈은 일생 동안 르네와 만났다. 르네가 1560년에 프랑스로 돌아왔을 때, 개신교도들은 르네의 궁전으로 피난을 왔다. 칼빈은 죽음이 목전에 왔을 때에도 르네에게 편지를 썼을 정도로 그녀를 존경했다. 바젤로 돌아온 후 듀 틸레와 칼빈은 각자의 길을 걸어갔다. 듀 틸레는 제네바로 갔고 칼빈은 우리가 알지 못하는 어떤 문제를 해결하려고 파리로 향했다. 그 후 칼빈은 바젤이나 스트라스부르로 가기 위해 자신의 형제자매와 함께 파리를 떠났다. 인문주의와 개혁의 중심지였던 두 곳은 프랑스 국경과 가까운 곳이었다. 두 곳 중 한 곳이 앞으로의 일을 위한 이상적인 전초기지가 될 것을 기대했다. 칼빈은 바울과 같은 회심을 하지 않았지만 베드로와 같이 자신이 원치 않는 곳으로 가게 되었다. 바젤과 스트라스부르에 이르는 길은 프랑수아 1세와 카를 5세 사이에 벌어진 전쟁 때문에 로렌에 주둔한 군대로 막혔다. 이런 위험 때문에 칼빈은 목적지로 계속 가기 위해 남쪽으로 우회하는 길을 선택했다. 남쪽으로 우회하려면 제네바를 지나야 했는데 칼빈은 제네바를 들르고 싶어 하지 않았다.

또 다른 아버지

격변지였던 프랑스를 떠나 자유롭게 되고 스트라스부르의 평화를 찾는 가운데 칼빈은 다시 한 번 하나님이 자신의 삶을 힘들게 만드신다는 사실을 깨달았다. 칼빈은 무척이나 유명해지고 싶었던 적이 있었는데 이제는 그런 교만의 대가를 치르게 되었다. 이제는 제네바에서 평범한 사람으로 단 하룻밤도 보낼 수 없게 되었기 때문이다. 제네바에 온 루이 뒤 틸레가 그때까지 칼빈과 친구였다는 것을 기억할 것이다. 유명한 칼빈이 도착했다는 것에 무척 고무된 루이 뒤 틸레는 이 사실을 파렐(Farel)에게 즉시 알렸다. 뒤 틸레는 그러지 말았어야 했다. 도피네 출신으로서 스위스 개혁에 가장 강력하고도 열정적인 선구자였던 기욤 파렐은 제네바를 위해 칼빈이 할 수 있는 완전한 역할이 있다고 생각했기 때문이다.

칼빈이 도착하기 전에 제네바는 사보이 공작의 정치적 지배와 그곳 주교의 영적인 통치에서 벗어난 상태였다. 로마 가톨릭과 개혁파의 대표들은 논쟁을 계속 했고 결국 1536년 5월에 '복음에 따라' 살아야 한다는 결정을 내렸다. 사실 이 결정은 개혁파 도시를 만들기 위한 전초를 마련한 것이었다. 시민과 의회가 내린 이 결정은 전폭적인 지지를 받아서 결국 주교는 제네바를 떠나게 되었다. 제네바 사람들은 여전히 자신의 욕구를 실현해 줄 유능한 사람이 필요했다. 그래서 칼빈과 같은 인물이 제네바에 왔을 때 하늘에서 칼빈을 선물로 보냈다고 생각했다. 칼빈은 제네바에서 프랑스 왕과 같은 경험을 할 수 있었다. 어느 날 잠에서 깨어나 보니 세상이 달라져 있었던 것이다.

칼빈은 제네바에서 자신을 위협하는 한 남자를 만났다. 바로 파렐이었다. 칼빈이 어느 곳에 머무는지 알게 된 파렐은 칼빈에게 하나님이 칼빈을 제네바로 보내셨다며 제네바에 꼭 머물러야 한다고 위협했다. 칼빈은 이 말을 기뻐하지 않았다. 만약 칼빈이 제네바에 머문다면 자신이 애써 찾으려 한 평안한 삶을 살 수 없다는 것을 알았기 때문이다. 이런 면에서 그는 선지자와 같은 사람이다. 그럼에도 불구하고 제네바에 머물지 않으면 영원한 평안을 얻지 못할 것이라고 파렐이 말했을 때, 칼빈은 그의 말을 따르기로 했다. 일시적인 평안보다는 영원한 평안이 훨씬 중요하다는 것을 알았기 때문이다.

나는《기독교강요》의 저자라는 사실을 밝히지 않았다. 제네바에 머물러야 했을 때까지 그런 식으로 비밀을 유지할 생각이었다. 숙고나 설득에 의해서가 아니라 기욤 파렐의 끔찍한 위협 때문이었다. 마치 하나님이 하늘로부터 직접 그 사람의 손을 통해 나를 짓누르는 것 같았다.

부모님을 여읜 칼빈은 제네바에서 이런 길을 선택하게 만든 연장자 파렐를 통해 또 다른 지상의 아버지를 발견하게 되었다. 칼빈은 제네바에 머무르고 싶은 마음이 전혀 없었다. 우연히 제네바로 왔던 칼빈은 가능한 빨리 다른 곳으로 떠나길 원했다. 하지만 파렐의 견해에 따르면 칼빈의 도착은 우연이 아니었다. 칼빈이 제네바를 떠나는 것은 하나님의 뜻에 어긋나는 것이었다. 파렐은 칼빈에게 니느웨와 같은 도시를 떠나면 요나와 같은 운명에 처할 것이라는 위협적인 말을 했다. 그때 파렐은 분노하는 하나님 아버지 같았다. 제네바 호수에는 칼빈을 구해줄 큰 물고기가 없었다. 파렐의 요나에 대한 비유는 만약 칼빈이 그의 청을 거절해 제네바를 떠난다면 이미 몸이 좋지 않은 칼빈에게 하나님의 심판이 확실히 임할 징조 같이 느껴졌다.
이 결정적인 사건은 하나님의 섭리였다. 칼빈은 이에 관해 말하고 쓸 내용이 넘쳤다. 칼빈은 그동안 자신이 겪었던 경험을 통해 우연한 일은 없다는 것을 알았다. 일관되게 이런 생각을 갖고 있던 칼빈은 독자와 청중에게 맞섰다. 물론 하나님의 섭리를 받아들이는 것이 늘 쉽지는 않았다. 때때로 불편하다는 것도 칼빈은 경험을 통해 알고 있었다.

파렐과의 만남은 복잡하면서도 오래 지속될 신뢰 관계를 위한 첫 출발이었다. 아버지와 아들과 같은 역동성은 서로 협력하는 관계로 발전했는데 칼빈이 지배적인 역할을 했다. 필요하다면 파렐에게 한두 번의 강의를 해줄 수 있는 자리를 마련할 수 있는 위치에 있었다. 20년 동안 파렐과 칼빈은 개인적으로 만났다. 적어도 한 달에 한 번은 편지를 주고받았다.

처음에 칼빈은 어떤 일을 마무리하기 위해 바젤에 가게 해달라고 파렐에게 허락을 받았다. 바젤에 있는 동안에도 그곳에 있는 성도 몇 명이 칼빈에게 바젤에 더 머물러 달라고 부탁했다. 이런 사실을 보면 당시에 칼빈이 유명했던 사람이라는 것을 알 수 있다. 또한 유명인으로서 이제 자신만의 계획을 추구할 수 없었다는 것도 확실하다.

대학의 학문적 분위기 속에서 평안하게 있으려던 칼빈의 소망은 이제 이루어지지 않았다. 그는 세상살이의 근심에서 멀리 떠나 연구에 몰두하면서 학자로서 이상적인 삶을 살기를 바랐지만 세상을 떠날 때까지 쉼을 얻지 못했다. 오히려 칼빈은 이런저런 격변 속에서 생을 마감했다.

칼빈이 재정적으로 불안정하게 살았다는 것은 파렐이 칼빈을 위해 시의회에 방문해 칼빈에 대한 소정의 수입을 요청한 데서 잘 나타날 것이다. 담당 비서는 이 요청을 기록했는데 칼빈의 이름을 기억할 수 없어서 '그 프랑스인'으로 칼빈을 지칭했다. 칼빈은 세상을 떠나기 4년 전에 비로소 시민권을 취득했다. 취득하기 전까지 그는 여전히 제네바의 이방인이었다. 그때까지 칼빈은 공식적으로 임시 체류 허가증을 소지한 피난민이었다.

문제

칼빈의 상황을 더욱 불안정하게 악화시킨 문제가 생겼다. 당시 제네바에서 있던 혼란이다. 칼빈의 이야기를 이해하려면 스위스 영토의 정치적 상황을 살펴보아야 한다. 당시 제네바는 스위스에 속하지 않은 이른바 자유도시였다. 제네바 사람들은 자유를 지키기를 열망했다. 또한 도시의 순수성을 유지하고 싶어 했다. 그래서 1490년 유대인 식민지를 금지했다. 또한 1495년에 마녀사냥으로 한 사람을 화형했다. 1531년까지 12명의 사람들이 마녀로 몰려 죽음을 당했다. 바젤의 대도시인 베른과 취리히는 이미 1년 전부터 종교개혁 노선을 걸고 있었다. 이 도시에서 나타난 구체적인 결과는 정부가 교회를 통제하고 목사는 설교 외의 다른 사안에 관심을 가질 수 없게 된 것이다. 일종의 국가 교회가 1532년에 베른에서 탄생한 것이다. 이 도시는 영향력을 확장하기 원했고 그 목적에 헌신한 파렐을 일종의 선교사로 보냈다. 처음에는 실패했지만 나중에는 제네바에 교두보를 마련할 수 있었다.

1533년, 종교적이라기보다는 정치적 성격의 혁명이 일어난 후에 가톨릭 주교는 도시를 떠났다. 2년 후에는 개혁파의 입지가 많이 강화되었다. 교회는 성상을 제거했고 시의회는 미사를 금지했다. 또한 주교에게 동전을 주조할 수 있는 권리도 받았다. 시의회는 동전에 "어둠 뒤에 빛이 오다"라는 문구를 새겨 넣었다. 이전 감독제도 기간에 만든 동전에는 어둠 뒤에 빛을 원하는 그들의 희망이 문구 속에 담겨 있었다. "어둠 뒤에 빛을 보기 원하네"가 그것이다. 새로운 문구는 이런 희망이 성취되었다는 것을 보여 주었다. 어둠은 가고 1536년 5월 21일, 시민들은 서광이 비치는 가운데 하나님의 도우심과 말씀에 따라 살 수 있기를 바라며 투표했다. 공공의 적과 대치한 상태에서 고무적인 일이었다. 하지만 하나님의 법에 따라 사는 것이 무엇인지 구체적으로 표현할 필요가 있었을 때에는 각기 다른 여러 의견들이 나타났다. 하나님의 법은 교회의 영역에만 국한된 것인가? 아니면 시민의 전 영역까지 미치는가? 어느 선까지 작업이 가능한가?

개혁을 자신의 의지대로 할 수 있는 해방으로 생각한 사람이 생겨났다. 그에 반해 많은 사람들은 개혁을 하나님의 법에 순종하도록 요구할 수 있는 기회로 간주했다. 어쨌든 성직자들이 지나치게 많다는 사실을 그들은 알고 있었다. 1536년 이전에 그 도시에는 1만 명이 살고 있었는데 성직자는 무려 400여 명이었다. 곧 성직자 중 97.5퍼센트가 감소해 10명의 설교자만 남게 되었다. 이렇게 된 배경에는 일종의 반성직주의가 있었다. 칼빈도 이런 경향에 맞서야 했다. 종교개혁으로 많은 부분이 바뀌었다. 그 한 예가 공식 문서에 쓰이는 언어가 라틴어에서 프랑스어로 바뀐 것이다.

컨시스토리

더 중요한 변화는 컨시스토리(consistory 상담 및 교육, 권징기관)라는 새로운 기관이 출현한 것이다. 칼빈은 개혁교회 컨시스토리를 만들었다. 이 제도는 제네바에서 전 세계로 퍼져 나갔다. 컨시스토리는 독립적인 교회 기관을 의미했는데 칼빈은 몇 가지 이유 때문에 이를 실현할 수 없었다. 가장 중요한 이유는 칼빈이 이른바 '제네바의 자녀들'(Children of Geneva)이라 불렀던 오랜 가문들, 특히 베델리에 가문과 파브르 가문과 끊임없이 충돌했기 때문이다. 그들은 주교에게 자유를 얻은 상황 가운데서 외국인이 자신들의 법을 지정해 준 것이 마음에 들지 않았다. 칼빈이 그들의 삶의 방식에 변화를 주려 하는 것을 깨닫자 더욱 불쾌해 했다. 베른이라는 도시가 영향력이 있던 것도 한 원인이었다.

제네바는 주교와 사보이의 거리를 유지하기 위해서 베른을 보호해야 한다고 생각했다. 제네바가 개혁을 실현하는 데 도움을 준 베른은 제네바를 통제하고 싶어 했다. 이 모든 상황 때문에 칼빈과 컨시스토리는 여러 가지 제한에 부딪쳤다. 컨시스토리는 매주 목요일에 3~4시간의 모임을 가졌다. 제네바에서 통용되는 성경적 삶에 대한 규범을 위반한 사람들은 이 시간에 출두해야 했다. 위원회는 이런 사람에게 주의 만찬에 참여하는 것을 한 차례 금지시킬 수 있는 권한이 있었다. 이것은 하나님과 교회 모두에게서 멀어져 있다는 것을 상징했다. 이런 조치는 심각한 결과로 이어질 수 있었다. 일시적이거나 영구적인 출교가 뒤따를 수 있기 때문이다. 영구적인 파문은 기독교 공동체, 즉 도시 생활에서 제외되는 것을 의미했다. 베른은 이런 조치가 가혹하다고 여기는 분위기였다. 베른에 사는 사람들은 파문의 개념에 그리 민감하지 않았고 교회를 섬기는 사람들에게 권력이 집중되면 안 된다고 생각했다.

이와 같이 상황은 다소 단순했다. 자유를 원했던 사람들은 베른과 좋게 지내고 싶어 했다. 한편 성경을 엄격하게 지키는 사람들은 베른에 사는 사람들의 말에 귀 기울이지 않았다. 제네바 사람들은 베른과의 관계와 자유를 중요하게 여겼지만 칼빈의 지지자들은 베른의 의견에 영향을 받지 않았다.

조직

칼빈의 이야기를 이해하려면 주교가 떠난 후의 제네바 정부의 구조가 어떠한지 염두에 두어야 한다. 본질적으로 제네바는 여러 단계로 구성된 자치정부가 있는 독립된 도시가 되었다. 가장 낮은 단계는 총회로, 모든 시민과 부르주아 계층으로 구성되었다. '시민'은 제네바에서 출생한 사람들이었고 부르주아는 이런 요건을 충족시킬 의무는 없지만 20세 이상으로 토지나 건물을 소유하거나 결격 사항 없는 직업을 가진 사람이어야 했다. 상당한 액수의 돈을 지불하거나 특별한 방식으로 도시를 섬길 때에만 이 계층에 속할 수 있었다. 일반 의회는 매년 2월에 모여서 다른 여러 의회와 위원회를 위한 투표를 했다. 1536년에 종교개혁을 찬성하는 투표를 했던 것과 같이 아주 특별한 경우에만 모임을 추가로 가졌다.

일반 의회 위에는 200인 의회가 있었고 그 위에는 60인 의회가 있었다. 200인 의회의 주된 임무는 도시의 최고 기관인 소의회에 대한 상고 문제를 다루는 것이었다. 25명으로 구성된 소의회는 일상적인 통치를 행사했다. 소의회는 '이사회'로 알려진 4명의 의장이 있었다. 이들은 매년 소의회가 임명을 했고 시 행정장관 역할을 했다. 60인 의회는 다른 도시나 영토와 관련한 문제로 바빴다. 이런 모든 의회는 해마다 사람들을 선출했다. 대개 현직자가 재선출되었다.

소의회의 책임 아래에 있는 기관이 있었는데 집사 직분을 가진 칼빈이 설계한 종합병원과 컨시스토리였다. 칼빈은 소의회가 교회 의회로서 기능을 하기 원했지만 실제적으로는 준정부적인 기관이 되었다. 의장은 이사회 중의 한 사람이 맡았다. 컨시스토리 방에는 긴 의자가 두 개 있었다. 하나는 도시의 통제를 받는 여러 마을의 설교자를 위한 자리였다. 칼빈은 목사들의 의장으로서 상석에 자리했다. 다른 긴 의자에는 장로들이 앉았다. 시의회가 이들을 선출했기 때문에 사실상 시공무원이었다. 해마다 이들을 선출했는데 대부분 반복되는 재선으로 직위를 유지했다. 보통 12명의 장로가 있었는데 소의회의 2명, 60인 의회의 4명, 200인 의회의 6명으로 구성되었다. 컨시스토리는 2명의 보좌역을 두었고 그중 1명은 비서로서 날마다 상세한 보고를 했다. 초기 규모는 작았지만 컨시스토리는 결국 20~25명의 규모로 성장했는데 대부분이 목사였다.

전쟁

죽음을 눈앞에 두었을 때, 칼빈은 자신이 제네바에 처음 도착했을 때의 상황을 생각했다. "처음 이 교회에 왔을 때는 아무것도 없는 것과 같았다. 설교가 끝나면 그들은 성상을 찾아 내 불태우려고 나갔다. 그러나 그런 행동 속에 개혁은 없었다. 모든 게 혼란스런 상황이었다." 칼빈은 혼란을 참을 수 없었지만 하나님은 질서 있게 창조 사역을 해나가셨다. 모든 일이 적합하게 진행되었다. 다만 죄로 인한 타락 때문에 모든 일이 궤도에서 벗어난 것이다. 따라서 혼란과 죄는 서로 연관이 있다. 그리스도인의 삶과 질서도 마찬가지다. 그러나 기독교는 자유를 의미하기 때문에 설교 외에 고려할 것이 없다고 생각한 사람들도 있었다. 따라서 분쟁이 일어났고 일들이 잘못 진행되었다.

하지만 다른 측면도 있었다. 제네바는 교회적이라기보다는 정치적인 내부 분열 문제가 있었다. 기예르맹(Guillermins)과 아티큘랑(Articulants)이라는 두 집단이다. 첫 번째 집단은 기욤 파렐의 이름을, 두 번째 집단은 제네바와 베른의 유대 관계를 언급한 동맹 조항을 따서 붙인 이름이다. 감독제도라는 멍에에서 제네바를 해방시킨 도시는 베른이었다. 해방자가 보통 그렇듯이 베른은 제네바를 간섭할 결정권이 있다고 생각했다.

베른이 압력을 행하는 것을 원하지 않은 사람들이 있었지만 어떤 사람들은 프랑스의 위협적인 힘에 대항하는 데 필요한 도움을 받고 있다고 생각했다. 프랑수아 1세와 카를 5세는 전쟁을 치르고 있었다. 이렇게 도시는 의견이 나누어졌다. 그들은 무슨 일을 할 수 있었는가? 독립 상태로 있거나 베른의 편을 들어 입지를 강화할 수 있었을까? 지리적으로 볼 때 중요한 곳인 제네바는 한층 압력이 더 심해졌다. 개신교도의 도시인 제네바는 가톨릭으로 구성된 남부 유럽을 자극하는 창끝과 같았다. 제네바는 모든 이들이 원하는 곳이었다. 게다가 꾸준하게 들어오는 난민 때문에 인구가 늘어났다. 1540년경에 1만 2천 명에서 1560년경에는 2만 명으로 늘어났다. 이로 인해 인종 문제와 함께 주택, 직업, 음식 문제가 생겨났다. 간단히 말해서 제네바는 활기찬 도시였지만 긴장의 시기를 통과하고 있었다.

몇 년 뒤에 칼빈은 제네바가 내부적으로 불협화음을 내고 있다는 정곡을 찌르는 글을 썼다. 이 일은 개혁 전에 이미 발생한 문제였다. 주교의 권위를 기쁘게 인정하는 사람들도 있었지만 주교가 사라지기를 원하는 사람들도 있었다. 그때에도 제네바는 서로 쫓고 싸우는 당파가 있었다. 칼빈은 바로 이런 와중에 외국인인 프랑스인으로서 제네바에 도착한 것이다. 제네바와 베른 사이의 관계뿐 아니라 제네바 안에서도 논의해야 할 사안들이 많았다. 앞으로 보게 되겠지만 그런 논제들은 오랜 기간 묻혀 있지 못했다.

이방인

(1536~1538)

또 다른 사람

운명을 믿지 않은 칼빈은 하나님이 자신의 인생 항로를 결정하셨다고 생각했다. 우회로를 택하여 바젤이나 스트라스부르로 가려 했던 칼빈은 다시 한 번 변화를 경험했고 새로운 사람으로 제네바에서 일하게 되었다. 그는 하나님의 공의만을 구했고 이 일을 감당하는 것을 전혀 부끄러워하지 않았다. 또한 어떤 것에도 이끌리지 않았다.

칼빈은 하나님과 천사들이 원한다면 웃음거리가 되는 것도 개의치 않았다. 이런 열정은 회심을 하고 죽음에 이를 때까지 주님을 경외했던 마음 때문이다. 불굴의 정신, 자신을 희생할 준비, 타협을 거부하는 태도를 가진 칼빈의 성품도 어려움을 이기는 데 도움이 되었다. 더구나 그의 가르침은 성공에 필요한 모든 요소를 갖췄다. 성경적 기초, 간결성, 명확성 때문에 많은 사람들이 칼빈의 가르침에 관심을 가졌다. 또한 칼빈은 일관성 있는 사람이었다. 1548년에 서머셋의 공작에게 보낸 편지의 내용을 1536년에 이미 가르치고 있었다. 그 가르침은 1564년까지 이어졌다.

다시 말해 우리는 하나님을 우리 영혼의 유일한 주로 인정하고 그의 율법을 우리의 양심을 지배하고 영적으로 교훈하는 척도로 바라보아야 한다. 이는 어리석은 인간의 잣대에 따라 주님을 섬기지 않기 위해서다. 아울러 하나님은 우리가 깨끗한 영과 마음으로 주님을 섬기기를 원하신다. 한편 우리 안에는 아무런 의가 없고 생각하고 행동하는 모든 것이 부패해서 우리의 마음은 악의 심연뿐임을 인정해야 한다. 그러므로 우리는 자신을 의심해야 한다. 우리에게 지혜와 선한 일을 할 수 있는 가치나 능력이 있다고 말해서는 안 된다. 우리는 모든 선의 원천이신 예수 그리스도에게 나아가서 고난과 죽음을 통해 우리에게 주시는 상을 받아야 한다. 이를 통해 우리는 하나님과 화평할 수 있다. 우리는 그분의 피로 정결해졌기 때문에 우리의 죄가 하늘 보좌로부터 내려오는 은혜를 막을 것이라는 두려움에 사로잡힐 수 없다. 예수님의 희생을 통해 죄가 사해졌다고 확신할 수 있으므로 구원의 확신과 안식을 찾을 수 있다. 또한 성령을 통해 성화되어 공의의 하나님께 헌신적으로 순종하게 된다. 은혜의 능력으로 마귀와 세상과 육체와 싸워 승리할 수 있다. 결국 그리스도의 몸의 지체인 우리는 하나님의 자녀이고 하나님 아버지께 담대하게 나아갈 수 있다. 교회에서 행하고 말한 모든 일들은 세상과 분리된 우리의 머리이자 구원자이신 분과 함께 하늘로 들어 올려진다는 사실로 귀착된다.

칼빈은 더욱 방대한 작업을 통해 수천 쪽의 글을 써 내려갔다. 그 많은 양을 위의 내용으로 압축할 수 있다. 이상주의에 가까운 낙관주의가 그의 노력을 뒷받침해 주었다. 칼빈은 교회와 세상에 관해서 다소 낙관적이어서 많은 일을 이룰 수 있다고 생각했다. 이는 유럽의 칼빈주의자에게서는 거의 찾아 볼 수 없는 특징이다. 반면 대서양 저편에서는 낙관성이 여전히 남아 있다. 칼빈이 "기독교의 모든 것이 폐허가 되어" 유럽은 재앙에 직면하게 될 것이라 말했던 때에도 그는 이런 낙관적인 태도를 가지고 있었다. 하지만 열정에 사로잡혀 있던 칼빈은 가만히 앉아서 그리스도의 재림을 기다리거나 모든 것이 무너지기만을 기다릴 수는 없었다. 충분히 일하고 기도한다면 교회를 재건하고 유럽을 회복할 수 있다고 생각했기 때문에 일하기 시작했다.

새로운 하나님

칼빈은 새롭게 변화된 사람으로서 새로운 신학을 가지고 제네바에 왔다. 칼빈은 이전과 다르게 하나님을 이해했다. 로마 가톨릭은 은혜에 이를 수 있는 길을 제시하지 않고 '하나님을 두려워하라'라는 긴 설교를 통해 사람들을 기겁하게 했다. 로마 가톨릭은 "불쌍한 영혼들이 의심에 사로잡혀 있게" 했다. 그래서 사람들은 하나님을 피하고 주님을 극도로 두려워하게 되었다. 칼빈은 교황제도가 만들어 낸 하나님의 모습을 이와 같이 간결하고 직접적으로 이야기했다. 하지만 칼빈의 하나님은 완전히 다른 하나님이었다. 로마 가톨릭이 사람들을 두려움에 몰아넣었을 때 칼빈은 그들을 자유롭게 해주고 싶었다. 하지만 몇 세기에 걸쳐 많은 사람들은 칼빈이 그런 면에서 과연 성공했는지에 대해서 회의적이었다. 칼빈이 표현하던 대로 성경적이기보다는 로마 가톨릭적인 설교 때문에 영적으로 희생된 사람들이 개혁파 전통에서도 많이 나타났기 때문이다. 이 문제는 이 정도 선에서 마무리 짓고 칼빈의 이야기로 돌아가자.

칼빈은 로마 가톨릭이 죄를 가볍게 여기고 1년에 한 번 부활절 같은 때에 우체국에 소포를 맡기듯이 교회에 가서 자신의 죄를 던져 놓게 한다고 말했다. 그 결과 현실은 '죄의 심연'이 되었다. 죄가 너무 많아 측량할 수도 없고 고백할 수도 없다는 것이다. 로마 가톨릭은 죄를 유한하다고 보고 셀 수 있는 개념으로 보았다. 이에 반해 칼빈에게 죄는 헤아릴 수도 없고 측정할 수도 없는 무한한 것이었다. 하지만 하나님의 은혜가 무한하기 때문에 죄를 완전히 덮을 수 있다고 보았다.

칼빈은 하나님을 아버지라고 계속 불렀지만 하나님이 분노로 심판하시지 않는다고 믿었던 것은 아니었다. 그는 죄와 벌 사이의 확연한 관계를 설정했다. 황실의 군대로 인해 개신교도들의 삶이 어려워지자 칼빈은 브렌츠에게 편지를 보내 겸손하게 하나님의 자비를 구할 수밖에 없다고 전했다. "하나님께 죄를 범해서 믿지 않는 사람들에게 통치권이 넘어갔다." 고난이 닥쳐 왔다고 해서 분노해서는 안 된다. 오히려 겸비해야 한다. 우리의 죄와 하나님의 징벌을 확연히 연관시키지 않는다면 우리는 고난을 통해서 아무런 유익을 얻을 수 없다. 하지만 칼빈은 "벌하시는 하나님의 손길에 주목하는 사람이 1백 명에 하나도 없다"고 기록한다. 사람들이 자신을 책망하고 자신에게서 원인을 찾으려 하기보다는 그런 고난이 왜 나에게 닥쳤는지 원망하기 때문이다. 칼빈은 자신의 문제에 몰입하지 말고 하나님께 나가라고 사람들을 권면했다. 칼빈은 죄와 벌에 관해 "심판자로서의 하나님을 찾는 사람들은 결국 아버지로서의 하나님을 발견하게 될 것이다"라는 관점이었다.

정리

칼빈이 하나님에 대해 새로운 개념을 갖게 된 것은 당연한 일이다. 변화를 좋아했던 칼빈은 인생 막바지까지 무수한 변화를 겪었다. 그래서 죽기 직전에는 모든 것을 바꾸지 말고 내버려 두라고 말할 정도였다. 하지만 그전까지 칼빈은 자신과 교회, 그리고 사회에 큰 변화를 이루기 위해 애썼다. 칼빈은 보수 작업에는 관심이 없어서 전체를 허물고 새롭게 짓는 개혁적인 일에 몸담았다. 옛 재료와 양식을 이용해 새로운 결과를 얻었다. 이런 과정을 통해 칼빈은 인본주의적인 상아탑을 완전히 무너뜨렸다. 한때 그토록 머무르고 싶어 했던 이상 세계는 평범한 사람들 가운데서 실현되어야 했다. 제한된 삶의 영역에서만 하나님을 섬겨서는 안 되고 개인적이며 사회적인 삶까지도 주님의 영화를 위해 드려야만 한다.

어쨌든 칼빈은 믿음으로 정리 작업을 시작해야 했지만 믿음이 거론되는 방식에 불만을 가졌다. 가장 중요한 중세 신학자들은 하나님이 특별계시를 허락하지 않으시면 누구도 영원한 구원을 확신할 수 없다고 주장했다. 다메섹 도상의 바울과 같은 경험이 없는 사람은 최선의 결과가 나올 것이라는 희망을 가질 수 없었다. 그저 그리스도인으로서 합당한 삶을 이어 나갈 뿐이었다. 더 나은 희망이 없기에 대부분의 그리스도인들은 연옥에서 시간을 보낼 필요가 있다고 믿었다.

하지만 칼빈에게 영생은 '희망'의 문제가 아니었다. 영생은 확실한 것이었다. 연옥이 존재할 이유는 전혀 없다. 믿음에 의심이 닥칠 수 있지만 구원은 의심할 필요도 없고 해서도 안 되는 것이다. 사람은 시련을 경험하고 때때로 하나님의 임재를 두려워하지만 이는 확신이 흔들리지 않고 예정된 범위 안에서 일어난다. 칼빈은 심판자이시며 죄와 악을 보응하시는 하나님을 알고 있었다. 그러나 믿음은 하나님의 자비를 바라보게 하고 자비로우신 하나님으로 인해 의심할 필요가 없어진다.

그렇다고 해서 독선적이 되거나 자기만족에 빠지지 않는다. 오히려 고통스러울 정도로 자신의 죄를 깨닫게 되어서 겸손해진다. 믿음은 하나님을 아는 지식을 토대로 주님을 신뢰하는 것이다. 믿음은 단순히 지적 혹은 이성적인 지식이 아니다. 믿음은 아버지가 자식을 알고 자식이 아버지를 아는 지식과 같다.

새로운 형태의 교회

하나님에 대한 새로운 개념을 갖고 새로운 사람으로 태어난 칼빈은 새로운 교회를 생각했다. 칼빈은 그리스도의 통치와 민주주의가 결합된 형태의 교회를 구상했다. 유일한 주인이신 그리스도는 성령을 통해 교회 안에 명백하게 임재 하시기 때문에 교황은 필요 없다. 그리스도는 사람들을 사용하시는데 특별히 목사, 장로, 집사를 도구로 쓰신다. 목사는 하나님이 말씀하시는 것 외에는 말해서는 안 된다. 장로는 천국 입구에 서서 문을 열고 닫는 일만 할 뿐이다. 집사는 재정적인 일만 담당한다. 하나님이 사용하는 이 사람들은 동일한 발언권을 갖는다. 그런데 이와 같은 민주적인 원리로 다툼과 분열이 일어났다. 그렇다고 이 모든 책임을 칼빈에게 돌릴 수는 없다. 누구나 말할 권리와 성경을 읽을 권리가 있다. 성경이 그 누구에게라도 배타적이지 않다면 누가 옳으냐의 문제로 다툼이 생겨날 위험성은 항상 있을 것이다.

그럼에도 불구하고 칼빈은 의무와 자유 사이에 균형을 잡으려고 끊임없이 노력했다. 교회와 교회 질서 문제에 대해서는 더더욱 그랬다. "각각의 교회는 상황에 적합하고 유용하게 자신의 교회를 세울 자유가 있다. 주님께서 이 문제에 대해 구체적인 지침을 주시지 않았기 때문이다." 칼빈과 칼빈주의에서 나타나는 교회관의 장점은 교회 구성원은 누구나 똑같은 권리와 의무를 갖는다는 것이다. 남녀 상관없이 성도라면 누구나 소명과 의무가 있고 섬기기 위한 준비와 책임을 갖추어야만 한다. 따라서 여자도 섬김의 직분을 받을 수 있었다. 비록 성경에서 여자를 목사나 장로에 앉힐 근거를 찾을 수는 없었지만 말이다. 칼빈에 따르면 여자는 집에서 개인적으로 가족을 가르칠 수 있었다. 그러나 교회에서 공적으로 가르쳐서는 안 되었다. 이것이 하나님이 주신 자연 질서다. 우리는 칼빈이 교회에서 여성의 역할을 말하는 성경 본문과 씨름했던 것에 주목해야 한다. 칼빈은 이전 사람들이나 동시대 사람들보다 이 부분에 대해 훨씬 더 많이 고민했다.

어쨌든 칼빈은 로마 가톨릭보다 형태는 단순하지만 루터보다는 더 많은 직분을 갖는 교회를 구상했다. 칼빈은 이런 형태의 교회에서 잠시 동안 동등한 자들 가운데 맏형(primus inter pares) 역할을 했다.

목사

칼빈은 얼마 전까지 주교가 일했던 옛 도시의 아름다운 성 피에르 교회의 목사가 되었다. 이것은 실제로 진보가 아니라고 칼빈은 말했다. 주교가 목사로 바뀌었을 뿐이기 때문이다. 물론 칼빈은 공식적으로는 주교가 아니었다. 그러나 제네바의 실질적인 지배자였다고 이야기할 수 있다. 어떤 이는 칼빈이 제네바의 폭군이었다고 쉽게 결론을 내릴지 모르겠다. 당시 상황을 감안하지 않았기 때문이다. 예를 들어 제네바는 학생이었던 칼빈이 이 도시에서 멀리 떨어져 살고 있었을 때, 이미 시를 정화하고 황제의 법(이단을 사형시키는 것을 포함한)을 채택하기로 결정했다. 따라서 폭군으로서의 칼빈의 오랜 이미지는 잘못된 것이다. 이후 몇몇 종교개혁자들과 함께 칼빈의 거대한 조형물이 도시 전체가 올라가 있는 듯한 벽의 일부를 구성하게 되었다. 실제로 칼빈은 말년을 제외하고는 제네바에 대해 할 말이 많지 않았다. 유럽 나머지 지역과 마찬가지로 제네바의 수많은 정치가들은 개혁을 위한 기회와 교회를 통제할 수 있는 명분을 놓지 않았다. 만 명이 거주하던 이 도시의 사안들은 25명으로 이루어진 소의회가 다루었다. 소의회는 매년 1월 4명의 시 행정장관을 선출했다. 소의회는 도시의 일상사를 다스렸고 일주일에 세 번 모임을 가졌다. 시민은 중요 문제에 대해 발언하기 위해 1년에 두 차례 모였다. 이런 모임에서 목사가 할 수 있는 일은 없었다. 그들이 할 수 있는 일은 오직 교회에서 설교하는 것이었다. 칼빈은 이런 제한된 역할을 감당하는 데 익숙하지 않았다.

교수

칼빈은 목사가 되기 전에 '성경 강사'로 임명되었다. 그래서 칼빈은 자기 자신을 '제네바의 성경 교수'라고 불렀다. 공식적으로 임명되기 전인 1536년 8월 말에 칼빈은 바울서신을 주석하는 강의를 시작했다. 강의는 분명 성공이었다. 바젤의 인쇄업자며 출판인이었던 오포리누스가 칼빈에게 강의한 내용을 책으로 출판할 수 있는지 물었기 때문이다. 그런데 그해 10월에 칼빈이 출판에 착수하려고 했을 때, 칼빈은 그 지역의 설교자인 피에르 비레가 마련한 로잔에서 열린 토의에 참가하게 되었다. 이 토론의 목적은 가톨릭교도들에게 그들이 행하는 일이 성경적이지 않다는 것을 알리기 위해서였다. 늘 그랬듯이 권위에 순복하던 칼빈은 처음에는 토론에 참여하지 않았다. 겸손이나 불편함 때문일 수도 있지만 토론과 거리를 두면 둘수록 더 빨리 집으로 돌아갈 수 있겠다고 생각했을 수도 있다. 그러나 누군가 교부를 잘못 인용하면, 칼빈은 침묵을 깨고 수많은 교부들의 글들을 그 자리에서 인용하여 참석한 사람들을 놀라게 했다. 그달 말에 칼빈은 베른에서 열리는 컨시스토리에도 참석해야 했다. 비텐베르크 협약에 관한 토의를 위해서였다. 루터와 부서, 그리고 다른 신학자들이 주의 만찬에 대해 함께 선언한 내용에 스위스도 동의하기를 칼빈은 바랐다. 스위스가 이 컨시스토리에 참석해서 얻은 것은 아무것도 없었다.

1536년 12월 1일, 칼빈은 스트라스부르의 개혁자인 부서와 카피토의 초청을 받아 바젤, 베른, 제네바의 교회 문제를 논의하게 되었다. 정신없이 한 달이 지나가면서 칼빈은 자신의 노력이 학문 세계보다는 교회를 염두에 둔 것임을 깨달았을 것이다. 그는 개혁성은 강화되고 인문주의적인 경향은 약화되었다. 칼빈은 쉼을 찾을 수 없었다. 마치 엉뚱한 배를 타고 있는 것 같았다. 하지만 대장이신 분을 경외하며 복종했기 때문에 감히 배 밖으로 뛰어내리려 하지 않았다. 그 대신 칼빈은 미지의 목적지를 향한 여정을 떠나기로 결정했다.

소명

칼빈은 목사가 되고 싶어 한 적이 없었다. 제네바에 간 이유도 목사가 되기 위해서가 절대 아니었다. 그렇다면 그의 의지는 무엇과 상관이 있는가? 여기에서도 칼빈이 구상했던 방식과는 전혀 다르게 일이 진행되었다. 교수로 임명되고 1년 후에 칼빈은 목사로 선출되었

다. 비록 대학에서 신학 학위를 받지도, 목사 시험도 치른 적이 없었
지만 공식적인 목사가 되었다. 칼빈은 이 두 가지 요건을 지극히 중
요하게 여겼다. 칼빈을 따르게 될 사람들은 이에 관한 모든 규정을
곧 만들었다. 하지만 칼빈의 상황은 어떤 문제도 일으키지 않았다.
그의 추종자들은 개혁을 대수롭지 않게 여겼고 기존 교회의 연장이
라고 생각했기 때문이었다. 목사를 포함한 기존 교회의 직분들은 이
미 유효했기 때문이다. 따라서 칼빈이 목사 직분에서 오는 수입을
이미 거절했지만 사람들의 눈에 칼빈은 경험 많은 실제 직분자의 모
습으로 비춰졌다. 칼빈이 교회 직분을 취할 수 있는 가장 중요한 요
건은 하나님의 부르심이었다. 이 부르심은 어떻게 이해해야 할까?

칼빈은 여러 면에서 자신을 다윗에 비유했다. 칼빈과 다윗은 시
인이자 피난자이자 목자였다. 칼빈은 다윗이 취했던 여러 길 가운데
자신과의 유사성을 발견했다. 물론 칼빈은 밧세바 사건은 생각할 수
도 없었다. 또한 그는 지극히 좋은 내용에만 시선을 고정했을 것이
다. 칼빈은 소명의 측면까지 확장해서 다윗과 자신을 비교했다. 자신
도 갑작스럽게 더 높은 직분으로 부르심을 받았기 때문이다. 제네바
의 기록들을 살펴보면 칼빈은 왕이 아니라 선지자였다. 칼빈은 늘 구
약 선지자로서의 기품을 유지했다. 칼빈은 구약 선지자의 모범을 따
라가면서 부정직한 제사장들과 거짓 선지자들을 대상으로 싸웠다.

하나님의 소명은 칼빈에게는 무척 근본적인 문제였다. 그래서 칼
빈에게 상처를 주려고 했던 사람들은 이 문제를 공격하려고 애썼
다. 로마 가톨릭으로 회귀한 후 칼빈과 멀어진 루이 듀 틸레(Louis du
Tillet)는 이 점을 잘 알고 있었다. "당신이 진짜로 하나님의 소명을 받

았는지 의심스럽다. 당신은 사람의 부르심을 받았을 뿐이기 때문이다."12월에도 루이 뒤 틸레는 똑같은 말을 했다. "하나님은 당신에게 교회 직분을 허락하지 않았다고 결론 내릴 수밖에 없다."

루이 뒤 틸레의 말이 사실이라면 칼빈은 완전히 잘못된 것이다. 아울러 칼빈이 하는 일의 기초는 이제 존재하지 않을 것이다. 하지만 칼빈은 자신의 소명에 대해 전혀 의심하지 않았다. 그 때문에 두려움 없이 자신감 있게 일하고 사람들을 위로하고 권면했다. 그는 선지자로서 자유롭게 말할 수 있는 권리와 의무가 있다고 생각했다. 이런 일은 그에게 매우 잘 어울렸다. 이런 상황에서 칼빈이 자신과 루터의 관계에 대해 불링거에게 했던 말은 상당히 중요하다. 그는 루터를 치켜세우지 않을 것이라고 역설했다. 다른 사람들은 종종 두려워서 루터를 치켜세웠다. 칼빈은 루터를 두려워하지 않으며 오히려 그로부터 자유하다고 덧붙였다. 칼빈은 두려움이 없는 것보다 자유하다는 것이 훨씬 더 중요했다. 칼빈은 이런 자유 때문에 지상의 아버지를 대신해 하늘의 아버지를 가질 수 있었다.

말씀

칼빈은 분명 말씀의 은사가 있었다. 그의 날카로운 풍자와 말과 글에서 비치는 목회적 자질을 보면 명백하게 알 수 있다. 그는 어려운 신학적인 개념을 매우 간단하게 설명하는 재능이 있었다. 또한 간단한 성경적 주제를 갖고 복잡한 추상적 신학 논쟁에 참여할 수 있었다. 평범한 사람뿐 아니라 엘리트와도 대화가 되었다. 그는 구약의

선지자와 닮은 철인십종 경기 선수와도 같았다. 칼빈은 자신감과 소
명 의식을 갖고 자신을 선지자처럼 생각하며 일할 수 있었다.

파수꾼은 항상 깨어서 악에 대해 경고하고 악과 맞서 싸울 수 있어
야 한다. 하나님이 조롱받는 것을 보면, 잠자는 자를 깨우는 나팔이 되
어야 한다. 보라. 성경은 선지자를 파수꾼이라고 부르는데 거기에는
이유가 있다. 파수꾼의 임무는 다른 사람들을 살피는 것이었다. 오늘
날도 하나님의 말씀을 전하는 자들을 파수꾼이라 부른다. 그들은 늘
주위를 잘 살펴서 악에 대항하고 죄 가운데 잠자는 자에게 외쳐서 하
나님을 비웃는 일이 생기지 않도록 해야 한다.

칼빈은 시온의 벽 위에 서있는 파수꾼의 임무가 자신의 역할이라
고 생각했다. 실제로 이런 관점에서 그의 행동을 이해할 수 있다. 그
는 자신의 임무를 조금도 의심하지 않았다. 칼빈은 르네 페라라에게
보낸 편지에서 주님이 성경을 통해서 자신이 맡을 직분을 계시하셨
으며 그 직분에 맞는 여러 계획도 허락하셨다고 밝혔다. 칼빈은 이
렇게 일을 해나갈 수 있었다. 교수이자 성직자인 칼빈은 늘 성경에
파묻혀서 성경을 전기처럼 읽어 나갔다. 물론 자서전으로서는 아니
다. 성경이 자서전이 된다면 그것은 하나님의 말씀이 아니기 때문이
다. 성경을 쓰신 분은 자신도 아니고 어떤 인간도 아니었다. 칼빈은
하나님께서 사람을 선택해서 자신의 메시지를 기록하도록 비서나
서기로 사용하셨다고 보았다. 이런 사람들은 자신이 쓴 글의 성격이
나 문체 속에 그들의 특징이 남아 있다. 하지만 그 메시지의 내용은

전적으로 하나님에게서 온 것이다. 그렇기 때문에 하나님 말씀은 믿을 만하며 확실하다.

칼빈은 성경에 매달렸다. 칼빈은 성경을 지상에서 유일하게 변하지 않는 실체로 보고 성경 속에서 자신을 발견했다. 로마 가톨릭은 천국과 이 땅을 연결시켜 주는 지점을 제단으로 보았지만 칼빈은 성경이 그 역할을 한다고 보았다. 하지만 이 모두는 교회에 있다. 칼빈은 하나님이 말씀을 성경에 기록하셨다는 사실을 붙들었다. 인간은 하나님을 쉽게 잊어버린다. 그래서 여러 방향으로 멀리 흘러가 버려서 이런저런 종교를 새롭게 찾는다. 이런 이유들 때문에 하나님의 가르침을 기록해야 했다. 하나님께서 이 일을 완성하셔서 우리에게 성경이 있는 것이다.

애굽

성경은 그리스도인은 미사에 참여할 수 없다고 분명히 가르친다. 칼빈은 로마 가톨릭과 단절하고 나서 미사와 성상, 니고데모주의자들을 매우 혐오했다. 다음 고백을 통해 알 수 있다.

믿음의 본질이 무엇이고 진리가 무엇으로 구성되어 있는지를 묻는다면 두 가지로 압축할 수 있다. 이는 가장 중요한 부분이다. 이런 개념을 발전시키면 기독교의 본질을 나타낼 수 있다. 첫째는 하나님을 올바르게 예배할 수 있는 지식이고 둘째는 어디에서 구원을 얻을 수 있느냐는 것이다. 이 두 가지를 포기한다면 이름만 그리스도인이 되고 우리의 고백은 무익하고 헛된 것이 된다.

이 고백은 미사나 성상과는 전혀 어울리지 않는다. 하지만 성상에 익숙해진 사람들에게 그들이 잘못되었다는 것을 깨닫게 하기는 매우 어려웠다.

화장실을 청소하는 사람은 자신 때문에 코를 틀어막는 사람들을 비웃는다. 더러운 곳에 오래 있었던 탓에 악취를 맡지 못하기 때문이다. 마찬가지로 성상을 숭배하고 이런 습관으로 더러움에 무감각해진 사람들은 자신들이 장미꽃 가운데 있다고 생각하며 자기들이 깨닫지 못하는 악취 때문에 고통받는 사람들을 조롱한다.

피난자였던 칼빈은 안락함과는 거리가 먼 삶을 살았다. 프랑스의 개신교도들도 큰 고통을 겪었다. 이들은 가톨릭 환경 속에서 어떻게 개혁을 할지에 대한 문제에 직면했다. 칼빈은 이른바 1537년에 쓴 두 편지에서 자신의 견해를 피력했다. 20년 후에 칼빈은 이 편지를 '비상한 글'이라고 불렀다. 두 편지는 위협적인 인상을 주었다. 이 편지에서 칼빈은 가톨릭 안에서의 개혁 운동을 영원히 부정했다. 루터가 에라스뮈스를 일축했던 것과 같다. 칼빈은 이 상황을 애굽이라는 한 단어로 정리했다. 칼빈은 프랑스를 애굽으로 생각했다. 프랑스가 애굽이라면 칼빈은 프랑스를 떠나야 했다. 칼빈은 무엇보다 미사를 반대했다. 칼빈은 개혁을 꾀하는 사람이 미사에 참여해서는 절대 안 된다고 생각했다. 미사는 우상숭배의 가장 악한 형태가 아닌가? 모든 악한 일이 그 안에서 일어나지 않는가? 그리스도의 희생이 한 번으로 충분하지 않고 매일 반복되어야 한다고 말하는 것은 십자가의 가치를 부정하는 것 아닌가? 작은 빵 조각을 갖고 저지르는 우상숭배를 생각해보라. "제사장이 제단에서 바쁘게 움직이는 것을 하늘은 허락하지 않았다. 오히려 오븐에서 꺼낸 빵과 같은 것으로 연출된 것이라고 할 수 있다." 이런 신성모독에 참여해서는 안 된다. 칼빈은 죽을 때까지 이 관점을 바꾸지 않았다. 1540년경 로마 가톨릭과 개신교 사이의 대화가 단절되었을 때, 칼빈은 〈복음을 아는 충성스런 사람이 교황 절대주의자 사이에서 해야 할 행동〉이라는 소논문에서 자신의 관점을 피력했다. 하나님이 "아비 집을 떠나라"고 짧지만 확실하게 말씀하셨다면, 아브라함처럼 떠나야 했다.

칼빈은 자신의 글에서 아브라함 이야기를 반복해서 했다. 열왕기상 18장 21절에서 이스라엘 백성들은 하나님과 바알 중에서 분명하게 선택해야 했다. 그렇게 하지 않으면 둘 사이에서 흔들릴 수밖에 없었다. 그와 같이 간단한 문제였다. 급진적인 선택을 해야 했다. 프랑스에 충실한 신자는 이제 없었다. 칼이나 불이 무서워서가 아닌 깨끗한 양심으로 하나님을 더 잘 섬기기 위해 다른 곳으로 떠나야 했기 때문이다. 프랑스의 개혁파 그리스도인이 직면한 실제 문제는 믿음으로 고난받거나 죽음을 당해서가 아니라 우상숭배를 행한 죄의 대가를 치러야 한다는 것이었다. 이를 피하기 위해서 떠나는 수밖에 없었다.

비판

이런 관점에 대한 비판이 상당히 있었다. 칼빈은《엄격한 것을 싫어
하는 니고데모주의자들의 불평에 대한 존 칼빈의 변명》이라는 책자
에서 그런 비판을 간단히 다루었다. 실제로 이 책에서 칼빈은 어떤
변명도 하지 않았다. 칼빈의 관점이 엄격해서가 아니었다. 그는 성
경과 관련한 것을 적었다. 그는 1548년에 비슷한 질문을 했던 어느
프랑스인과 몇 명의 사람에게도 같은 말을 했다. 주의 만찬은 하나
님이 제정하신 것으로 교황의 미사와는 물과 기름처럼 섞일 수 없는
것이다. 미사는 주의 만찬을 무너뜨리기 위한 사탄의 작품이다. 미사
는 우상숭배이며 하나님께서 성도에게 주신 선물을 왜곡한 것이다.
사탄은 거기다가 미사를 하나님께 드리는 제물처럼 만들었다. 미사
는 모든 것을 뒤엎는다는 의미에서 악마적이었다. 로마 가톨릭으로
회귀하는 것은 도저히 생각할 수 없는 일이었다. 이것은 "그리스도
인의 믿음과는 양립할 수 없는 범죄"와 같았다.

주교

두 편지에서 다루었던 또 다른 문제는 내부적으로는 로마 가톨릭과
이미 결별한 교회가 주교를 둘 수 있느냐 하는 것이었다. 이 또한 실
존적인 문제였다. 특히 1536년 2월 2일에 주교로 선출된 제라르 루
셀에게 보낸 편지에서는 특히 그랬다. 처음에 칼빈이 주교직에 대한
성경적 기초를 놓고 그 범위, 중요성, 본질을 강조했을 때는 아무런
문제가 없어 보였다. 주교의 본질은 제사장을 돌보는 목자라고 정의

했다. 그리고 제사장들은 믿는 자들을 돌본다. 칼빈은 제라르가 이 직분이 주는 권력과 특권과 영화만을 사모한다고 말했다. 그러나 그 직무 자체는 무엇인가? 칼빈은 루셀에게 자신은 오직 하나님과의 문제만을 다루고 있다고 강조했다. 따라서 루셀처럼 제사장들이 미사를 통해 우상숭배를 한다면 성도를 멸망에 빠뜨리는 것이다.

칼빈은 주장의 수위를 천천히 높이면서 최종적으로 루셀과 대결했다. 루셀은 배신자이며 악한 사람이다. 조국을 상대로 전쟁을 벌이고 우상숭배를 조장하기 때문이다. "당신을 배신자요 살인자로 부르는 것은 결코 심한 말이 아니다." 칼빈은 루셀을 그리스도를 팔고 못 박고 있는 사람으로 생각했다. 칼빈은 주교가 우상숭배와 싸우지 못하는 이유는 자기 이익과 나태함과 두려움 때문이라고 보았다. 루셀은 주교직을 내려놓든지 다른 어떤 결단을 해야 했다. 상황은 명백하게 애굽과 같았다. 바로와 함께 애굽에 있든가 모세를 따라 애굽을 떠나야 하는 것이다. 칼빈에게 중간지대는 없다. 중간지대가 있다 해도 그곳은 결국 빠져 죽을 수밖에 없는 홍해와 같은 곳이다. 이제 칼빈이 할 수 있는 유일한 질문은 루셀이 여전히 그의 형제인가 하는 것이다. 이 질문과 함께 칼빈은 로마 가톨릭과 단절했다.

그대들은 가난한 자들을 약탈하고 착취하면서 그 피를 마시고 붓고 흘리고 있다. 목자의 직분을 가졌다면서 양들을 가장 악한 변절 행위로 몰아가고 있다. 그대들은 그리스도가 교회를 약탈하는 피에 굶주린 강도라고 칭하셨던 자들 중의 하나이다. 자신을 원하는 대로 생각할 수 있지만 내가 보기에 그대들은 선한 사람도 아니고 그리스도인도 아니다.

칼빈과 로마 가톨릭과의 관계는 회복 되지 않을 것이다.

약속의 땅

프랑스가 애굽이라면 제네바는 약속의 땅이어야 한다. 적어도 칼빈은 제네바에 대해 그렇게 말하고 설교했다. 물론 그는 레만 호수에 있는 약속의 땅이 새 예루살렘과는 전혀 비슷하지 않다는 것을 잘 알고 있었다. 실제로 그는 제네바를 예루살렘에 비교하는 것을 반대했다. 제네바가 약속의 땅이 되려면 아직 멀었다. 또 그렇게 될지도 의문이었다. 칼빈이 한 말대로라면 제네바 사람들은 오래전 이스라엘 사람들처럼 행동하고 있었다. 하나님은 해방을 주셨지만 이스라엘 백성들이 그 은혜를 망쳐버렸다. 바로 이런 이유 때문에 칼빈이 행동에 나선 것이다. 칼빈은 마치 구약 선지자와 같았다. 칼빈은 자기 직분을 목사라고 생각했고 그런 확신 가운데서 설교하고 사역했다. 제네바에서 일하고 나중에 정치적 상황이 자신에게 유리하게 전개되었을 때, 칼빈은 위로와 권면의 설교를 계속했다.

칼빈의 설교는 가톨릭교도만을 겨냥하지 않았다. 그는 개신교도에게도 초점을 맞추었다. 칼빈은 설교에서 이같이 질문했다. "하나님이 크고 부유한 다른 여러 도시는 지나치시면서 우리에게는 복음의 비를 쏟아 부으시고 있다. 하나님의 자비와 우리가 누리는 특권을 정말로 이해하는가?" 옛 이스라엘처럼 제네바 사람들은 그들이 하는 선택이 쉼과 여유를 의미한다고 생각하기 쉬웠다. 하지만 이는 책임에 대한 것이었다. 선택은 목표가 아니라 하나님을 영화롭게 하기 위한 수단이었다. 그리고 선택은 늘 문제가 되었다. 사람들이 그리스도의 멍에를 지고 싶어 하지 않았기 때문이다.

하나님이 이스라엘을 다시 불쌍히 여기셨던 것처럼 하나님은 제네바도 자비로 대하셨다고 칼빈은 생각했다. 1536년과 1555년에 칼빈의 적들에게 상황이 불리하게 돌아갔을 때 하나님의 긍휼하심이 나타났다. "이 도시는 폐허로 변할 운명이었다. 하지만 하나님이 손을 펴시자 믿을 수 없는 변화가 일어났다. 하나님은 이곳에 복음을 심으시고 보좌를 만드셔서 자신이 거하시는 장소이자 성소로 삼으셨다." 칼빈은 하나님이 제네바를 보호하신다고 확신했다.

율법

하나님은 이스라엘이 약속의 땅에 도달했을 때 율법의 내용을 다시 말씀하셨다. 율법은 무엇보다 하나님을 사랑하고 이웃을 자신처럼 사랑해야 한다고 말한다. 칼빈에게 율법은 예수님의 복음이 전해진 후에는 원래 위치로 돌아가서 이제는 그리스도인의 삶의 지침을 제시하는 역할을 하고 있다. 율법은 '경건하고 거룩한 삶을 위한 영원한 규범'이었다. 이는 수도원에서와 같이 변하지 않는 규칙이어서 칼빈은 개혁파의 질서에 관한 규범을 작성했다. 변하지 않는다는 말은 율법이 지속된다는 의미다. 그리스도는 새 율법을 가지고 오신 것이 아니라 옛 율법을 우리 가슴에 새기셨던 것이다. 율법과 복음, 칭의와 성화의 관계는 율법으로부터의 자유와 율법에 매이는 것 사이에 복잡하지만 지극히 흥분되는 긴장을 가져왔다. 하나님은 우리를 자유롭게 하셨지만 노예 상태로 되돌아가지 않기 위해서 우리는 율법에 거의 노예처럼 얽매여야만 한다. 칼빈주의자 중에 이런 긴장은 주일 성수 문제에서 가장 뚜렷하게 나타난다. 사람은 주일에 일에서 자유롭지만 율법은 주일에 일하지 말라고 요구한다. 교회에 가야만 하는 것은 아니지만 교회에 갈 수 있는 특권이 있다. 가지 않으면 곤란한 문제가 생기지만 교회에 가게 될 때 풍성함을 경험한다. 이것이 칼빈주의자들이 느끼는 자유와 얽매임이다.

어쨌든 이런 것들은 성경이 보증하는 것에서 벗어난다고 생각된 율법에 대한 관점이나 그런 사람들을 다루느라 칼빈이 힘든 시간을 보냈음을 의미한다. 어느 정도 차이는 있겠지만 칼빈은 이런 사람들을 '자유주의자'(Libertines)라고 불렀다. 칼빈이 생각하기에 이들은 율법 폐기론자들에 가까웠다. 비록 그들이 단정하게 살고 가톨릭교도나 개신교도보다 성경에 대한 관점이 덜 규범적이어도 말이다. 칼빈은 제네바 안팎에서 그런 사람들을 자주 마주쳤다. 네덜란드에서는 디에르크 볼케르츠 코른헤르트라는 사람이 글을 써서 자유주의적인 교리를 퍼뜨렸다. 코른헤르트는 소수의 교회 예식을 위해 자신의 삶을 위험에 빠뜨려서는 안 된다고 말했다. 또한 예수님은 실제로 자신을 따르는 자들에게 순교자가 되라고 말한 적이 없다고 역설했다. 니고데모주의자들을 지지하는 이 주장은 원죄 교리를 받아들이면서 생겨난 문제를 야기했다. 이런 상황에서 칼빈은 '어떤 네덜란드 사람에게 보내는 응답'이라는 글을 쓰게 되었다. 자유주의는 경계가 없었기 때문에 칼빈은 자유주의를 반대할 수밖에 없었다.

재세례파

'재세례파'라고 불리는 모임이 몇 개 있었다. 이 모임은 1533년에 뮌스터에 새 예루살렘을 건설하려는 시도 후에 생겨났다. 그들은 천국을 목적으로 일했지만 지옥과 같은 결과를 낳았다. 그럼에도 불구하고 많은 재세례파들은 폭력과 일부다처제와는 전혀 관계가 없는 사람들이었다. 이들은 단순히 유아세례와 서원과 전쟁을 반대했을 뿐이었다. 칼빈도 다른 종교 개혁파들과 비슷하게 재세례파를 바라보았다. 하지만 접근법은 달랐다. 칼빈은 재세례파들이 성화된 삶, 예수를 닮는 것, 헌신과 복종을 강조하는 것은 일리가 있다고 생각했기 때문이다. 그들은 유아세례의 위험성을 분명히 알았다. 유아세례는 한번 세례를 받으면 다 된 것이라 생각할 수 있었다. 그들은 성령이 성도를 그리스도와 교제하도록 이끌어 주고 성도를 주님의 형상으로 변화시킨다는 것을 이해했다. 분명 제세례파에게 배울 점이 있었다. 또한 칼빈은 그럴 준비가 되어 있었다. 그들이 왜 개혁파들을 불편해하는지도 이해했다. "그들이 분노하는 것은 옳다. 우리가 그런 빌미를 제공하고 있다. 또한 우리가 이렇게 느리게 변하는 것에 대해 변명할 수 없다. 주님은 반드시 책망하실 것이다." 칼빈은 교회에서의 권징을 호소했는데 이 또한 재세례파의 관점과 일치한다. 재세례파는 그리스도인의 삶과 세례가 시작이지 끝이 아니라는 관점을 갖고 있었다.

칼빈은 재세례파에 깊이 관여했고 재세례파 출신 미망인과 결혼까지 했다. 이는 칼빈이 신학적으로 그들을 어떻게 다루었는지를 상징적으로 보여 준다. 칼빈은 재세례파를 설득해서 그들을 받아들여야 한다고 생각했다. 교회 관점에서는 그들에게 있는 신학적 장점을 취하고 그들과 하나가 될 수도 있었다. 칼빈은 이런 부분을 능숙하게 다루었다. 개혁파 그리스도인이 복음주의적 형제자매로부터 배울 수 있는 것처럼 이미 칼빈도 500년 전에 똑같은 주장을 펼쳐 나갔다. 칼빈은 복음주의 진영에서 발견할 수 있는 장점들이 개혁파의 삶과 사상에도 나타나야 한다고 역설했을 것이다. 마르틴 루터와 메노 시몽을 합칠 수 있다면 칼빈과 재세례파는 완벽한 조화를 이룰 것이다. 칼빈은 성경에 대한 해박한 지식과 능란한 화술을 겸비한 성령의 신학자였다. 하지만 재세례파는 극단적으로 나아갔다. 불가능한 것을 요구했다. 하나님도 하시지 않는데 왜 우리가 해야 하나? "극단적이라는 의미에서 그들은 죄를 지었다. 주님은 겸손을 요구하시는데 그것을 저버리고 무절제할 정도로 지나쳤기 때문이다." 그리스도인의 삶과 교회와 관련한 완벽주의는 비성경적이었다. 칼빈은 죄인으로서 구속된 자라는 루터의 관점이 개인뿐 아니라 교회에도 적용된다고 재세례파를 설득하려 했다. 우리는 그리스도인으로서 완전하게 살기 위해 최선을 다하지만 그런 단계에는 결코 도달하지 못한다는 것을 알고 있다. 이런 사실을 알고 있기 때문에 사소한 일들이 잘못될까 염려하지 않고 최선을 다하게 된다.

질서

재세례파와 자유주의자들 가운데 정돈되고 조직화된 사상이 없다는 사실은 칼빈에게는 또 하나의 문제였다. 칼빈은 무질서한 것을 참을 수 없었다. 이는 칼빈의 개성이기도 했지만 하나님이 질서의 하나님 이시라는 신학적 확신에서도 기인했다. 질서는 창조에도 명확히 나타났고 출애굽과 그 이후의 모든 사건 속에서도 나타난다. 그리스도를 통해서 하나님이 이루신 구원은 질서 있게 성취된다. 또한 부르심에서 회개와 구원으로 이르는 구원의 과정에도 질서가 있다. 간단히 말해서 하나님은 질서 있게 일하신다. 그런 점에서 질서는 선하다. 혼돈과 무질서는 죄로 인해 생긴 것이므로 배격해야 한다. 이런 관점에서 칼빈은 자신의 생각을 이루려고 했다. 손대야 할 일들이 많았다고 생각했기 때문이다.

1536년에 교회 질서를 확립하는 데 칼빈의 법률적 배경이 많은 도움이 되었다. 첫 번째 교회 질서는 교회 조직과 예배에 관한 조항으로서 교회 권징이라는 주제를 즉각적으로 도입했다. 이로 인해 칼빈은 명성을 얻었다. 질서를 확립하고 이를 유지하기 위해서는 어떤 형태의 권징이 필요했다. 칼빈은 이를 위한 권징을 마태복음 18장에서 예수님이 몸소 제정하셨다고 말했다.

교회 권징은 세 가지 목적이 있다. 그리스도의 영광을 보호하고 질서를 어지럽힌 자를 회개하게 하며 사람들을 죄인의 영향력에서 보호하는 것이다. 이를 위해서 도시는 행정 구획을 나누고 각각의 구역에 본래적인 의미에서의 주교를 배치한다. 즉 감독이나 장로를 통해 사람들이 좁은 길을 걸어가게 하고 그들을 훈계한다. 극단적인 경우에는 기독교 질서를 어지럽힌 사람들을 의회에 보고한다. 질서를 무너뜨린 사람은 마땅히 처벌을 받아야 했다. 또한 그런 사람들은 주의 만찬에 참석해서는 안 된다. 성찬에 참여하는 것은 하나님의 뜻에 따라 사는 것을 의미하기 때문이다. 성찬에 참여하지 못하게 함으로써 하나님의 뜻을 따르지 않은 사람들은 경각심이 생겨서 죄의 결과를 보게 한다. 결국 회개하지 않는 사람은 도시에서 추방될 수도 있다. 간략하게 말하자면 제네바에 살도록 누구도 강요하지 않지만 제네바에 계속 살고 싶다면 확립된 규정을 따라야 했다.

고백

칼빈이 생각한 규율의 목적은 경찰국가와 같은 것도 아니고 시민적 표준과 가치를 법으로 강요하는 것도 아니었다. 오히려 마음에 영향을 주려는 것이었다. 하지만 당시의 모든 사람이 칼빈의 이런 의도를 이해하지는 못했다. 또한 이후의 칼빈주의자도 이런 목적을 명확하게 알지 못했다. 이런 이유로 칼빈은 질서정연하게 젊은이들에게 기독교 신앙을 가르치기 위해 교리문답을 출판했다. 이것은 칼빈에게 있어 매우 당연한 일이었다. 세 번째 출판에서는 간단한 신앙고백을 자연스럽게 추가했다. 신앙고백과 함께 자발적으로 교회 규율에 복종했던 것을 감안하면 제네바 사람들은 규율대로 행하는 것에 동의했다. 이 자체는 특별한 게 아니었다. 다른 도시도 통상적으로 시민적 선서를 했기 때문이다.

칼빈은 이미 성경에 충실한 도시를 만들려는 비전이 있었다. 하지만 칼빈과 다른 시각을 갖고 있는 사람도 있었다. 수많은 개정을 거친 뒤에 소의회와 대의회가 신앙고백에 대한 제안을 승인했다. 결혼식은 시 행정장관 앞에서 하는 것으로 결정했다. 정부가 아닌 교회가 규율을 집행하는 것은 받아들일 수 없는 것으로 생각해 거부되었다.

도시에 있는 수많은 이단 때문에 처음에는 공적으로 믿음을 고백할 수 없었다. 하지만 1537년 7월 29일, 많은 사람들이 성 피에르 성당에서 신앙고백을 했다. 하지만 신앙을 고백하지 않은 사람들도 많았다. 마음속으로는 가톨릭의 강한 영향력에서 빠져 나온 사람들이었다. 이들은 이제 칼빈이라는 폭풍 속으로 걸어 들어갈 수 있었을까? 칼빈을 따랐을 경우 곧 또 다른 뇌운이 몰려올 것은 확실했다. 의무적으로 신앙고백에 동의해야 한다고 주장하는 목사들로 인해 하늘은 어두워졌다. 동의하지 않으면 시에서 추방당할 것이다.

의회는 이 요구에 굴복했다. 1537년 11월 12일에 시의 방침을 따르지 않는 사람들은 도시를 떠나야 한다고 결정했다. 하지만 시의 방침을 따르지 않는 사람들이 너무 많아서 의회는 이 결정을 실행하기를 꺼려했다. 이런 상황은 칼빈과 추종자들에게 곤란한 상황을 만들어 줄 게 뻔했다. 그래서 칼빈과 그 추종자들은 강단에서 의회를 평가절하하는 설교를 했다. 이런 비판적인 설교로 인해서 사람들은 제네바가 막 쟁취한 자유가 의회로 인해 설교자들에게 팔아넘겨진다는 생각을 하게 되었다. 200인 의회는 사람들의 이런 목소리를 듣고 자신들의 결정을 번복하는 것이 정치적으로 현명하다고 생각했다. 그 결과 1538년 1월 4일, 주의 만찬에서 제외되는 사람이 있어서는 안 된다는 결정을 내렸다.

지옥문이 열리는 상황이었다. 한 가지 질문으로 귀착되었기 때문이다. 성례를 교회가 통제하느냐 국가가 통제하느냐의 문제였다. 앞으로 살펴보겠지만 주의 만찬을 거행하는 일을 두고 폭풍이 휘몰아쳤다.

그리고 수많은 사람들이 강제적으로 제네바를 떠나게 되었다. 하지만 칼빈과 그 추종자들은 그런 사람들을 별로 염두에 두지 않았다.

이단

이단으로 판정되면 부끄럽고 힘든 상황에 처하게 된다. 특히 이단에 대처하고 그들을 처단하는 규정을 만든 직후에 더욱 그렇다. 죄명이 단순한 오류상의 문제가 아니라 삼위일체의 하나님을 부정하는 것이라면 긴장은 더욱 고조된다. 1537년 3월, 로잔의 목사인 피에르 카롤리는 삼위일체를 부인한다는 혐의로 칼빈을 고소했다. 카롤리는 피에르 비레가 잠시 자리를 비운 동안 로잔의 지도자가 되어서 많은 지원을 받았다. 당시에 카롤리는 칼빈이 가톨릭 소속인지 개신교 소속인지 확신하지 못해서 일종의 중재자로서 자신을 내세웠다. 그러나 그의 역할은 거의 인정받지 못했다.

비레가 로잔으로 돌아왔을 때 카롤리는 다시 자기 자리로 돌아가야 했다. 자기 자리로 다시 돌아갈 마음이 없었던 카롤리는 파렐과 비레와 칼빈이 삼위일체의 교리를 부인한다고 비난했다. 이 사람들이 쓴 책들이 1세기에 이 교리를 정형화하려 했던 초대교회의 용어와 개념을 따르지 않는다는 판단에서였다. 따라서 칼빈과 그 동료들은 아리우스파라는 혐의를 얻게 되었다. 아리우스의 추종자들은 그리스도가 완전한 하나님이 아니라고 믿었던 사람들이었다. 그들은 교회와 복음의 적이었다. 제네바에서 삼위일체를 부인하면 그 벌로 세르베투스(Servetus)의 경우와 같이 사형이었다. 칼빈은 세 개의 공의회 고백에 동의해 간단히 대응할 수도 있었다. 하지만 칼빈은 고집이 있어서 쉬운 길을 택하지 않았다. 칼빈은 공의회 고백에 전혀 반대하지 않았다. 그러나 성경에서 찾아볼 수 없는 개념으로 하나님에 대해 말하는 것을 거부했다. 이 부분에 있어서 주의해야 했다. 이모든 일을 하는 데 있어서 또 다른 동기는 카롤리와 같은 사람에게 휘둘리기를 칼빈이 거부했기 때문이다.

칼빈은 자신을 적절하게 변호하고 싶어 했다. 그래서 니콜라스 데 갈라와 함께 며칠 동안 제네바 외곽에 있는 형제의 집에 있었다. 그런데 그곳에서 칼빈의 문서가 분실되었다. 파렐이 칼빈에게 보낸 변호를 위한 모든 자료가 사라진 것이다. 칼빈은 도난당했다고 생각했고 분노했다. 물론 칼빈이 부주의해서 분실했을 수도 있었다. 그런데 어쨌든 큰 문제가 곧 해결되었다. 카롤리가 물러난 것이다. 카롤리가 물러나면서 칼빈은 이단이라는 혐의를 벗게 되었다.

칼빈은 카롤리를 무척이나 혐오했고 카롤리는 칼빈을 계속적으로 자극했다. 칼빈은 이런 도발에 반응하지 않으며 카롤리의 글에 신경 쓰지 않는다는 인상을 주려 애썼다. 칼빈은 카롤리가 돼지 같은 인간이라며 그런 동물과 편지를 주고받을 필요가 없다고 말했다. 1545년에 칼빈은 카롤리를 공격하는 글을 출판했다. 카롤리는 여전히 칼빈을 괴롭히는 가시 같은 존재였고 칼빈은 그의 이미지답지 않게 냉정하지 못했다. 칼빈이 취한 행동은 옳지 못했다. 왜냐하면 칼빈은 자신이 일을 진행시키지 않았고 감정에 지배되지 않는 태도로 일관했다는 인상을 주기 위해 출판된 책의 저자로 갈라의 이름을 적어 놓았기 때문이다. 나중에 칼빈은 자신이 칭찬받는 일을 피하기 위해 갈라의 이름으로 출판을 했다고 주장했다. 하지만 그 작품의 숨은 저자인 칼빈은 파렐과 비레와 자기 자신을 찬양했고 카롤리를 혹평했다. 우리는 이 점에 주목해야 한다. 이런 행동은 결단력도 없고 현명하지 않은 일이었다. 왜냐하면 비록 갈라가 이 글을 받아 적었지만 독자들은 이 책이 칼빈의 작품이라는 것을 금세 알아차렸기 때문이다. 앞에서 언급된 세 명의 인물은 과다하게 칭찬을 한 반면 카롤리는 심하게 비평했다고 비레는 지적했다. 칼빈은 이런 지적이 말이 안 된다고 생각했다. 비레는 실제로 칼빈이 너무나 어리석어서 스스로를 칭찬해 칼빈 자신을 비판할 또 하나의 구실을 적들에게 제공했을 뿐이라고 생각했을까? 칼빈은 책 안에서 자신이 많이 알려졌다고 밝힌 것을 제외하고는 자신과 관련된 어떤 언급도 하지 않았다. 실제로 칼빈은 유명했기 때문에 그것은 자기 선전이라고 할 수 없다.

식탁의 손님

칼빈이 제네바에서 축출된 충돌의 원인은 주의 만찬에 있다. 칼빈은 일주일 단위로 주의 만찬을 하고 싶어 했다. 성례는 말씀의 상징과 보증으로서 말씀을 듣고 나서 하는 것이 보통이었다. 이는 오랜 세기 동안 확립된 전통이었다. 그런데 이것을 왜 바꾸어야 할까? 시의회는 칼빈의 이런 바람이 베른과 취리히의 관습에서 급진적으로 이탈한 것으로 생각했다. 의회는 칼빈의 주장이 지나치게 로마식이라고 생각했고 사람들도 같은 인상을 받을까 봐 염려했다. 칼빈은 지혜롭게도 4주에 한 번씩 제네바의 네 개의 교회에서 돌아가면서 주의 만찬을 하자고 제안했다. 이 제안을 살펴본 제네바의 이사와 위원들은 1년에 네 번이면 충분하다고 결정했다. 이런 관습을 지속해 오고 있는 전 세계 수백만의 개혁파는 칼빈의 노선에서 벗어나 있는 셈이다. 또한 실제로 이 노선은 덜 개혁적인 16세기 제네바 정치인들의 입장과 일치하는 것이다.

믿는 자들을 그리스도와 더욱 연합할 수 있도록 제정한 것이 주의 만찬임에도, 시간이 지나면서 주의 만찬에 대한 견해는 그리스도인들을 분열시켰다. 분명 주의 만찬은 단순한 사회적 모임이 아니다. 주의 만찬은 그리스도, 성령, 믿음, 교회, 훈계, 종말의 교리와 같은 여러 신학적 지점이 모이는 성례다. 성례가 이루어지는 식탁은 사회가 구체적으로 어떤 모습이 되어야 하는가를 보여 주는 소우주다. 주의 만찬을 통해 평등하지만 동일하지 않은 사람들이 하나님이 주시는 은혜에 의존한다. 또한 하나님의 말씀에 순종함으로 연합된다.

따라서 복음에 따라 살기 원했던 도시는 엄격한 규율이 없고 전혀 다른 방식으로 일들이 운영되길 바라는 사람들과 당연히 충돌할 수밖에 없었다. 이런 문제들이 주의 만찬에서 가시화되었다. 무엇보다 주의 만찬에 참여한다는 것은 선한 삶을 고백하는 것을 의미했다. 따라서 입술로 고백하고 실제 그렇게 살지 못하는 사람은 주의 만찬에서 제외되어야 했다. 이것이 칼빈의 관점이었다. 그래서 다른 곳처럼 제네바에서도 문제가 생긴 것이다. 평범한 사람을 주의 만찬에서 제외하는 것은 그렇다 치더라도 신분이 높은 사람을 제외한다면 문제가 발생하기 마련이다. 하지만 칼빈은 차별을 두지 않았다. 모든 사람이 평등하기에 어떤 사람이 다른 사람보다 우월하다고 보지 않았다.

길

1538년에 새로 선출된 네 명의 이사는 칼빈의 정책에 진절머리가 난 정당 출신이었다. 따라서 상황은 결코 나아지지 않았다. 이들은 목사들과 막판까지 가서 교회까지 자신들의 관할로 만들려고 했다. 이사들은 친 파렐 성향에서 반 파렐 성향의 이사들로 교체되었다. 제네바의 목사들에 대한 반감은 교회가 독립적인 권한을 갖지 못한 다른 스위스 지역의 상황과 연관된다. 이사들은 이제 제네바가 그 선례를 따르길 원했다.

칼빈과 파렐이 정부의 명령을 받아 1538년 3월 말에 로잔회의에 참여해야 했을 때 이런 상황이 벌어졌다. 로잔회의에서 제네바는 베른의 예배 의식을 채택하기로 결정했다. 베른의 교회 예전은 여전히 가톨릭 냄새가 났다. 주의 만찬 때 성체로서 무교병을 사용하고 몇 차례의 축일을 도입했기 때문이다. 의도적으로 제네바 교회의 권력을 약화시키고 베른의 영향력을 강화하려는 시도가 아니라는 인상을 주었다면 그러한 일은 토론에 붙일 수도 있었을 것이다.

앞에서 살핀 바와 같이 주의 만찬을 기념함으로써 분명 교회의 권위 문제를 해결할 수 있다고 생각했다. 칼빈은 토의할 이유가 없다고 생각했다. 그는 선한 양심으로 어떤 사람에게 빵과 포도주를 나누는 것을 거부했을 것이다. 왜냐하면 죄인을 잠에서 깨우고 성례를 보호하는 것이 교회의 권한이기 때문이다. 심지어 이것이 교회의 의무라고 생각했기 때문이다. 하지만 상황은 그 정도까지 악화되지 않았다. 엘리 코로라는 목사가 강단에 올라가 의회의 금지를 무시하고 큰소리로 항의해 체포된 후에 목사들은 부활절에 주의 만찬을 집전하지 않겠다고 선언했다. 이 때문에 그들도 설교를 할 수 없게 되었다.

논쟁의 정점은 부활절에 다가왔다. 위원회가 금지했음에도 불구하고 칼빈과 파렐은 각각 성 피에르와 성 게르베의 강단에 올라갔다. 그들은 강단에서 설교도 하지 않고 주의 만찬도 집전하지 않겠다고 선포했다. 그런 상황에서 그리스도와의 교제를 기념하는 만찬을 합당한 방식으로 진행할 수 없었기 때문이다. 바로 다음날 소의회와 대의회는 권위에 순종하지 않은 칼빈과 다른 목사들에게 사흘 안에 도시를 떠나라고 명령했다. 실제로 칼빈은 이제 원하는 게 없는 것 같았다. 칼빈은 다른 일행과 함께 다음날 아침에 즉시 떠났다. 위원회가 내린 추방 결정에 대해 칼빈은 다음과 같은 반응을 보였다. "우리가 단지 사람을 섬기고 있는 것이라면 추방은 참으로 보잘것없는 보상일 것이다. 하지만 우리는 상 주실 전능하신 하나님을 섬기는 것이 아닌가?"

문제없음

그들은 상황을 설명하기 위해 제네바에서 베른까지 함께 갔다. 그리고 어떤 상황에서 돌아갈 수 있는지를 분간하기 위해 다시 취리히로 갔다. 그들이 세워 놓은 가장 중요한 조건은 교회 권징이었다. 제네바는 이를 전혀 원하지 않았다. 그들은 칼빈을 만나고 싶어 하지도 않았다. 칼빈이 개인적 이유로 제네바에 갔을 때, 칼빈은 출입을 거절당했다. 칼빈은 할 수 있는 모든 일을 했지만 아무것도 얻지 못했다. 제네바는 이제 과거의 일이 되었고 칼빈은 제네바에 관여하지 않게 되어 오히려 기뻤다. 출입을 거절당한 칼빈은 바젤로 떠나 그리니우스에 거주했다.

실제로 상황은 이상했다. 칼빈은 이단과 싸우겠다고 고백했다. 하지만 자신이 이단으로 정죄받게 된 것이다. 사람들을 성찬에서 제외시키고 필요하면 시로부터 추방하는 교회 질서를 확립한 사람이 칼빈이었는데 바로 자기 자신이 그 도시에서 축출된 것이다. 하지만 이 모든 것은 칼빈에게 문제가 되지 않았다. 하나님이 원하시는 일과 의회가 처음에 의도했던 일을 할 뿐이라는 확신 때문이다. 결과적으로 칼빈은 1536년에 원했던 곳으로 되돌아왔다고 말할 수 있다. 학문에 몰두할 수 있는 자유를 얻게 된 것이다. 물론 교회를 섬기기 위한 학문이었지만 그래도 교회 구성원과의 논쟁에서 자유로울 수 있었다.

개

세상을 떠날 때 칼빈은 자신은 늘 쫓기며 살아 왔다고 말했을 것이다. 개처럼 쫓기는 상황 속에서 칼빈 자신이 늘 비난의 대상이 되었다는 것을 칼빈은 어떻게 받아들였을까? 우리는 이것에 대해 살펴볼 필요가 있다. 칼빈은 그 상황으로 인한 어떤 죄책감도 없었다. "우리에게 약간의 죄의식이라도 안겨 줄 사람은 아무도 없다."

부서는 칼빈이 지나치게 완고하고 성급하다고 생각했다. 하지만 칼빈은 주의 만찬을 매주 (적어도 한 달에 한 번은) 기념해야 한다고 주장한 것이 왜 이치에 맞지 않는다고 말하는지 이해할 수 없었다. 또

한편으로 칼빈은 제네바 교회가 경험 부족과 부주의, 실수로 인해 고통을 겪었다며 그에 대해 하나님이 자신을 벌하시는 게 옳다고 기꺼이 인정했다. 이런 식으로 칼빈은 하나님과 사람들 앞에서 갖는 죄의식을 제네바에 있는 자신의 적들 앞에서의 죄의식과 구별했다. 칼빈은 남은 생애 동안 조롱받을 것이 두려워서 적들이 옳다는 것을 인정하는 일을 절대 하지 않았다.

하지만 하나님의 벌을 언급한 것을 보면 칼빈이 죄의식을 느꼈다는 것을 알 수 있다. 듀 틸레가 이 점을 지적하자 칼빈은 꼭 그렇지는 않다고 대답했다. "당신의 편지에 담겨 있는 훈계와 책망은 이미 오래 전부터 주님이 제 속사람 깊은 곳에서부터 느끼게 하셨던 것입니다."

칼빈은 자신이 제네바에서 추방당한 것은 경험이 부족하고 단점이 많은 자신을 하나님이 훈련시키신 것이라고 공개적으로 몇 번 고백했다. 칼빈은 다시 한 번 거주지를 옮겼다. 평생 동안 계속된 피난 생활이었다. 이는 신학적으로도 이해할 수 있다. 1554년 칼빈은 취리히에 있는 영국인 피난자들에게 편지를 보냈다. 칼빈은 그 편지에서 조국에서 추방당하는 것은 매우 고통스런 일이지만 또 다른 측면이 있다고 밝혔다.

"하나님의 자녀는 이 세상의 상속자라는 것을 알고 있다. 따라서 추방당하는 것을 담담하게 받아들일 수 있다. 사실 추방은 우리에게 유익할 수도 있다. 추방을 통해 이 땅에서 나그네로 살아가는 법을 배울 수 있기 때문이다."

정치적 문제

이 모든 과정 속에서 1538년에 일어났던 사건들의 실제 문제는 칼빈이 아니었다는 사실은 매우 흥미롭다. 사람들이 칼빈의 윤리적 규정에 염증을 느낀 것도 문제는 아니었다. 이것은 칼빈이 오기 전부터 존재했고 떠난 후에도 계속 남아 있던 문제였다. 이는 교회 권력에 대한 것도 아니었다. 왜냐하면 이 문제의 근저에는 제네바와 베른 사이의 관계가 있었기 때문이다. 실제적인 문제는 제네바가 어느 정도까지 베른에 의존하느냐에 관한 논의였다. 칼빈을 힘들게 했던 것은 당시의 정치적 권력이 어떤 희생을 치르더라도 베른과 강력한 유대 관계를 유지하기 원했던 사람들의 수중에 있다는 사실이었다. 그들은 칼빈을 포함해서 베른과의 관계를 방해하는 모든 것을 제거할 준비가 되어 있었다. 개혁 전에도 다수의 제네바 사람들은 외국에서 온 사역자들이 도시의 권력을 빼앗으려 한다고 느꼈기 때문에 그들에게 반감을 가졌다. 이런 상황 속에서 칼빈은 손쉬운 표적이 되었다. 간단히 말해서 1538년의 사건들은 윤리나 교리의 문제가 아니라 정치적인 문제였다.

피난자

(1538~1541)

새로운 아버지

칼빈은 두 번이나 타의에 의해 자기가 사는 곳에서 떠나야 했다. 한 번은 프랑스에서, 다른 한 번은 제네바에서였다. 이제 칼빈은 생애 두 번째로 어쩔 수 없이 새아버지를 만나야만 했다. 칼빈은 바젤에서 제네바를 거쳐서 스트라스부르로 갔는데 제네바에서 파렐에게 붙들렸다.

부서는 여전히 칼빈을 원했다. 부서가 칼빈을 원한 것은 거의 기적에 가까웠다. 부서라면 편지에서 자신을 함부로 대하는 칼빈을 내버려 두지 않았을 것이기 때문이다. 1538년 1월 초에 부서는 편지를 받았다. 부서의 글이 장황하고 로마 가톨릭에 대한 관점이 부드럽고 별로 급진적이지 않다는 이유로 호되게 비난하는 편지였다. 그 편지는 프랑스의 젊은 신학자인 칼빈이 보낸 것이었다. 칼빈은 길게 쓴 편지 한 줄 한 줄에서 부서를 공격하고 그의 자세를 비판했다. 그러나 막상 부서를 만났을 때, 칼빈은 부서의 강요로 스트라스부르에 더 머물렀다. 무례했던 이전의 칼빈의 모습은 사라졌다.

부서는 칼빈이 바젤에 있었을 때 초청장을 보냈다. 칼빈이 바젤에 도착하자 부서는 이 젊은 동료가 프랑스 난민 교회의 목사가 될 것이라고 장담했다. 이는 칼빈이 전혀 의도하지 않았던 것이다. 왜냐하면 스트라스부르에서 칼빈에게 설교나 목회적 책임보다 훨씬 매력적인 제안을 했기 때문이다. 만약 칼빈이 그곳에 머물지 않았다면 부서는 요나가 설교자의 직무를 저버렸을 때 닥쳤던 운명을 이야기하면서 칼빈을 저주했을 것이다. 요나의 이야기는 칼빈에게 무척 친숙하게 들렸다. 2년 전에 파렐의 말을 거스를 수 없었던 것처럼 칼빈은 이번에도 강제에 가까운 부서의 초청을 어쩔 수 없이 받아들였다. 어쨌든 이 초청으로 두 사람은 좋은 관계를 맺기 시작했다. 1538년부터 젊은 칼빈은 부서를 아버지 같은 존재로 생각하고 그의 말에 귀 기울였다. 1541년 10월에 제네바로 돌아간 칼빈은 "아버지가 아들에게 해주는 일"인 훈계와 훈련을 받기 위해 부서를 초청하기도 했다.

우리가 아비와 어미를 공경하라는 명령을 지킬 때, 우리는 "너의 하나님 나 여호와가 네게 준 땅에서 네 생명이 길리라"라고 약속하신 말씀이 이루어지는 상을 받는다. 이 말씀은 칼빈에게 현실이었다. 부서에게 순종하면서 칼빈은 즉시 일에 착수했고 스트라스부르에서 인생 최고 전성기를 보냈다. 부서는 칼빈에게 파렐을 멀리하라고 제안했다. 두 사람은 성격이 급해 서로를 자극할 수 있기 때문이었다. 칼빈은 자신을 잘 알고 있는 부서의 말을 잘 따랐다. 이렇게 칼빈은 부서를 통해 좋은 영향을 받은 듯하다.

앞에서 언급한 무례한 편지를 쓴 지 1년이 지난 후, 칼빈은 부서에 대한 어떤 부정적인 이야기도 듣지 않겠다고 했다. 부서에 대한 반대 의견이 있어도 말이다. "하지만 개인적인 편견으로 치우치게 되면 안 된다. 서로의 말을 듣고 진리에 도달하고 나서 결정 내려야 한다."

스트라스부르

칼빈이 태어난 곳은 스트라스부르라 할 수 있다. 물론 그곳은 칼빈의 실제 고향이 아니다. 그러나 칼빈은 그곳에서 신학자이자 교회 지도자로서의 자신을 형성했다. 그런 점에서 스트라스부르는 칼빈의 고향이라고 할 수 있다.

몇 세기에 걸쳐 많은 사건이 이 도시에서 일어났다. 오늘날 우리가 알고 있는 칼빈(칼빈주의)을 형성한 거의 모든 신학적 영향력이 합쳐진 곳이 스트라스부르다. 칼빈도 스트라스부르에서 자신의 작업과 신학의 깊이가 더해졌다는 것을 나중에 깨달았다. 칼빈은 스트라스부르와 부서 덕분에 결혼을 했다. 이른바 자유 도시라 불리던 스트라스부르는 개혁을 선택하고 1529년에 미사를 금지했다. 이 결정은 교회는 개혁을 따르지만 정치가가 교회에 대한 통제권을 갖는다는 것을 의미했다.

이 도시 정부를 훌륭하게 생각한 에라스뮈스는 스트라스부르를 아테네의 지혜와 스파르타의 도덕성과 로마의 규율이 합쳐진 곳이라고 말했다. 이와 더불어 다른 여러 요소들로 인해 스트라스부르는 유럽의 거대한 피난처가 되었다. 다른 의견을 가진 사람이라도 지나치게 반역적이거나 이단적이지 않으면 그곳에 살 수 있었다. 아울러 스트라스부르는 중세까지 거슬러 올라가는 설교자들의 역사로 유명한 곳이다. 특히 마르틴 부서와 마티아스 젤은 개혁파의 대표 주자다.

스트라스부르에서 칼빈은 다른 도시에서는 할 수 없는 일을 교회에서 하게 되었다. 이는 굉장히 놀라운 기회였다. 즉 성경에 따라 모든 일을 규정하게 된 것이다. 칼빈은 1538년 9월 8일에 설교를 시작했다. 주일에 두 번 설교하고 주중에 네 번 설교했다. 그는 성 니콜라이 교회에서 목회를 시작했고 다음엔 막달레나 교회, 마지막으로는 500여 명 규모의 피난자들이 다니던 도미니칸 교회의 성가대에서 사역했다. 피난자 교회 성도가 된다는 것은 그 도시에서 소규모 고립 집단으로 살아가야 한다는 것을 의미했다. 이를 통해 칼빈은 자신의 비전에 따라 실험적인 교회를 세워 나갈 수 있는 자유를 얻게 되었다.

칼빈은 1538년 9월부터 교회 치리를 시작했다. 그리고 한 달 뒤에는 주의 만찬을 처음으로 기념했다. 스트라스부르의 예전에서 규정한 대로 한 달에 한 번 주의 만찬을 거행했다. 처음에는 누구나 만찬에 참여했다. 그러나 1540년 부활절 직전에 칼빈은 너무 많은 사람들이 주의 만찬에 참여하는 것은 도덕적으로 해이해졌기 때문이라고 말했다. 칼빈이 그렇게 말한 다음부터 사람들은 칼빈에게 미리 알린 다음 성찬에 참여할 수 있었다.

모든 프랑스인 피난자가 이 발표에 만족한 것은 아니다. 어떤 이들은 이런 방식이 고해성사의 멍에를 지는 것 같다고 말했다. 이에 대해 칼빈은 어떻게 응답했을까? 그의 응답을 살펴볼 필요가 있다. 오늘날에도 세상의 많은 사람들이 심방을 하기 때문이다.

칼빈은 심방을 제대로 해야만 고해성사가 사라질 것이라고 말했다. 다른 대안이 없는 한 고해성사는 사라지지 않을 것이라 했다. 이를 위해 칼빈은 주의 만찬에 참여하기 전에 대화하자고 제의했다. 칼빈은 만찬을 기념하는 날이 가까워 올 때 주의 만찬에 참여하길 원하는 사람들이 자신을 만나러 오는 모습을 상상했다. 이렇게 칼빈은 주의 만찬의 의미를 잘 모르는 사람들을 교육하고 권면했다. 또한 양심의 가책을 느끼는 사람들을 위로했다. 그래서 심방 제도가 생겼다. 여러 개혁교회는 적어도 1년에 한 번, 가능하면 주의 만찬을 하기 전에 성도의 가정을 방문하도록 규정하고 있다. 심방은 고해실이 사라진 것이 아니라 고해실을 거실로 옮긴 것이다. 목자는 양이 자신을 찾아오기를 기다리기보다는 자기가 직접 움직여서 양들을 방문하게 되었다.

칼빈은 심방을 통해 사람들을 지도하고 권면하며 위로하려 했다. 하지만 이것은 고해성사라는 관습과 큰 차이가 없었다. 둘 다 하나님과 인간 사이의 관계가 어떠하며 주의 만찬에 참석할 만큼 선한 삶을 사는가에 관심을 갖기 때문이다.

권징

칼빈은 마르틴 부서의 방식을 통해 규율을 배웠다. 칼빈과 대조적으로 부서는 교회뿐 아니라 도시 전체를 책임졌다. 따라서 부서는 약간 독창적인 방법을 사용해 일종의 가정 모임을 도입했다. 몇 명의 양심적인 그리스도인들을 통해 전체 구역을 돌볼 수 있다고 생각했기 때문이다. 부서는 사람들이 하나님 안에 거하며 하나님을 위해 살도록 돕는 장로 직분을 만들었다. 그는 헌금을 거두고 그리스도의 자비를 실천하는 책임을 집사에게 부여했다. 칼빈은 예전(liturgy)을 개혁해 큰 유익을 얻는 변화를 갖고 왔다. 미사를 폐지하면서 제단은 강단으로 대체되었다. 주의 만찬이라는 성례는 이제 회중이 하나님께 드리는 제물이 아닌 하나님이 회중에게 주시는 선물이 되었다.

주의 만찬에 관한 교리 문제가 대두되었을 때 칼빈은 스트라스부르에 있었다. 여러 해 동안 부서는 츠빙글리와 루터의 견해를 통합하려고 노력했다. 1536년에 부서는 부분적이기는 하지만 츠빙글리의 생각을 일부 수용할 수 있도록 한 비텐베르크와의 협정을 발효시켰다. 그해 부서는 최초의 개혁파의 목회 지침서를 출판했다. 책 제목은 《영혼을 진정으로 돌보는 것에 관하여》였다. 칼빈은 독일어를 몰랐지만 부서와 개인적으로 만나서 이 책을 공부했다. 부서의 또 다른 통찰력은 책의 내용과 관련이 있었다. 재세례파들이 유아세례를 거부하는 것은 완전히 잘못되었지만 징계와 성화를 강조하는 것은 옳다고 보았다. 칼빈은 이러한 비전에서 유익을 얻었다. 부서는 예전에 더 많은 변화를 주어서 회중이 자신의 언어로 찬양할 수 있도록 했던 것이다. 성가대가 라틴어로 찬양하는 것을 듣기만 했던 옛날 방식과는 큰 차이가 있다. 더 많은 이야기를 할 수 있지만 이 책은 부서나 스트라스부르를 다루는 것이 아니기 때문에 여기서 멈추려 한다.

칼빈은 이 책을 읽고 교리, 교회 정치, 예전, 설교, 목회에 관한 거의 모든 것을 배웠다. 이를 통해 오늘날 우리가 알고 있는 칼빈의 모습이 형성된 것이다. 칼빈은 스트라스부르에서 큰 성공을 거두었다. 하나님은 선하지 않은 것에서 선을 이루어 내시는 분이라고 믿은 칼빈의 관점은 맞았다. 칼빈은 뜻하지 않게 제네바를 떠나서 스트라스부르에 왔지만 이곳에서 성공했다. 이 모든 것이 하나님의 섭리였다. 그런 점에서 칼빈에게 있어 섭리란 "결국 모든 일이 합력하여 선을 이룬다"는 것을 의미했다.

교회

칼빈은 로마 가톨릭이 하나님의 뜻을 좇는 교회가 아니라고 생각하고 로마와 단절했다. 하지만 스트라스부르에 도착할 때까지 교회가 어떤 형태가 되어야 하는지는 잘 몰랐다. 칼빈은 스트라스부르에서 교회를 재발견했다.

교회를 무척 중요하게 생각한 칼빈은 교회를 언제나 '어머니'라고 불렀다. 칼빈주의는 회중의 독립성뿐 아니라 성도 개개인의 독립성도 강조한다. 교회에 대해 칼빈이 갖고 있는 관점은 때때로 지나치게 가톨릭적이다. 칼빈은 자신의 견해를 반대하는 사람들이 많다는 것을 잘 알고 있었다. 혼자 힘으로 기도하고 성경을 읽을 수는 없

을까? 그것 때문에 교회에 나갈 필요가 있을까? 칼빈이 제기한 문제
는 새로운 게 아니었다. 칼빈은 사람들이 제기한 문제들을 정리했을
뿐이다. 칼빈은 하나님이 성경 말씀대로 직분을 제정하신 것에 이유
가 있다고 말했다. 바로 믿는 자들이 교회 품으로 향하게 하기 위해
서라고 말했다. 공동체를 벗어난 믿음에 대한 이야기와 교회에 대
한 설교를 통해서 칼빈은 날개, 즉 교회 없이 자신이 하늘을 날 수 있
다고 생각해서는 안 된다고 역설했다. 사람은 오직 교회와 함께 비
상한다. 교회가 사람을 위축시킨다고 생각할 수 있지만 실제로는 그
반대다. 교회가 없다면 믿음은 곧 추락해 사라진다.

노래하기

교회는 사람을 새처럼 자유롭게 한다. 스트라스부르에서 노래에 대
해 배운 칼빈은 사람이 노래하는 새처럼 자유롭게 말할 수 있다고
보았다. 칼빈은 스트라스부르에서 목격한 예전에 감명을 받고 즉시
자기 교회에 노래를 도입했다. 우리에게 잘 알려진 '제네바식 예전'
은 실제로 스트라스부르에 기원을 둔다.

칼빈은 프랑스인 회중이 프랑스어로 노래한 시편의 운을 달기 위
해 많은 시간을 들였다. 프랑스어로 시편의 운을 다는 작업은 어려
워서 칼빈은 프랑스인 동료에게 자문을 구했다. 독일의 개혁파들도
성경 메시지를 운율화하면서 예전에 사용한 찬양을 개정하려 했다.
하지만 차이가 있었다. 칼빈과 동료들은 가능한 한 성경 본문과 비
슷하기를 원해서 하나님이 주신 찬양인 시편만 사용하기로 했다. 한

편 독일 사람들은 단호할 정도로 성경적이긴 했지만 성경을 근거로 한 찬송가라면 괜찮다고 생각했다.

1539년에 최초의 시편 책인《시편가》와《칸티쿰》(Aulcuns pseaulmes et cantiques mys en chant)이 출판되었다. 이 책에는 시편 열여덟 편과 찬송가 세 곡이 들어 있었다. 찬송은 운율화된 두 개의 성경 본문(시몬의 노래와 십계명)과 사도신경으로 되어 있었다. 이 작품에 가장 큰 공헌을 한 사람은 클레망 마로였다. 그는 칼빈이 1536년에 페라라에서 만난 사람이다. 자기 자신이 음악에 뛰어나지 못하다는 것을 알고 있었기에 칼빈은 첫 번째 판에 약간의 도움을 주고 그 이후에는 전혀 관여하지 않았다.

칼빈과 스트라스부르 사람들, 제네바의 교회 성도들은 시편을 매우 좋아했다. 시편에서 자신을 발견했기 때문이다. 칼빈은 다윗에게서 자신과 많은 유사점을 발견했다. 칼빈은 프랑스에서 피난 온 회중과 함께 광야에서 떠돌며 많은 좌절을 했다. 하지만 여전히 하나님의 돌보심 가운데 있었던 이스라엘과 자신을 동일시했다. 시편은 실존적인 순례자의 노래이면서 운율이 있는 함성이었다. 하지만 이스라엘과 동일시하는 것은 가톨릭교도, 재세례파, 루터파교도뿐 아니라 개혁파에게도 문제가 될 수 있었다. 자신들에게도 그렇고 다른 사람과의 관계에서도 문제가 되었다. 개혁파나 다른 집단 중 누구라도 자신을 선택된 나라로 여긴다면 다른 사람들은 애굽 사람이나 블레셋 사람이 되기 때문이다.

예전

칼빈은 스트라스부르에 머물면서 예전에 관해 중요한 영향을 받았다. 1540년에 칼빈은 세례 형식에 대한 글을 썼고 세례의 의미와 유아세례의 성경적 근거에 대해서 성도들을 가르치려 했다. 재세례파 출신들이 자녀에게 세례를 주기 위해 칼빈을 찾아 왔기 때문에 칼빈은 세례 형식에 대한 글을 썼다. 가르침의 요소와는 별도로 칼빈은 예전에서 어떻게 세례를 해야 하는지도 생각했다. 칼빈은 공중예배 중에 자녀들이 세례를 받아야 한다고 생각했다. 정식 성도가 되게 하는 엄숙한 의식은 여러 증인 앞에서 하는 것이 옳기 때문이었다.

"가능하면 부모는 세례 문답에 참여하기 위해 조부모와 함께 나와야 한다."

그리고 대부와 대모는 신앙고백이 같은 남자와 여자에서 뽑아야 했다.

같은 때에 칼빈은 주의 만찬을 위한 양식을 작성한 다음 제네바로 돌아가 스트라스부르에서 경험한 이점을 살려서 결혼에 대한 양식을 추가했다. 하지만 칼빈의 예전에 대한 관점은 이후의 개혁파 추종자들과는 조금 달랐다. 칼빈은 매주 성찬을 갖도록 권면하고 성찬 탁자 뒤에서 예배 시작을 알린 다음 강단으로 올라왔다. 그리고 나면 회중이 하나님의 길을 걷겠다는 고백으로 십계명을 노래했다. 목사는 성도의 죄를 드러내는 십계명을 읽지 않았다. 칼빈은 무릎 꿇고 기도하는 것을 지지했다. 그런데 오늘날 개혁적인 교회조차도 의자를 놓느라 무릎을 꿇을 만한 충분한 공간이 없다. 무릎을 꿇은 상태에서 떡과 포도주를 받는다는 것은 가톨릭의 미사와 같은 인상을 줄 수 있기 때문에 안 된다는 것이 그들의 변명이다.

부서는 칼빈을 '믿음의 공적인 고백'을 고안한 사람으로 생각했다. 그러나 칼빈도 세례와 주의 만찬 사이에서 결단해야 하는 결정적인 순간이 있어야 한다는 것을 알았다.

"믿음을 고백하지 않은 사람은 그리스도의 성찬에 참여할 수 없다."

이를 위해 칼빈은 자녀들의 믿음이 자라고 있는지 1년에 네 번 정도 확인하라고 했다. "어떤 면에서 그들은 매주 주일 교리문답을 할 때 실제 믿음을 고백한다. 하지만 그들이 믿음의 주요 지점에 충분히 도달했는지를 목사가 확실히 알고 나서야 성찬에 참여시켜야 한다."

정리하면 칼빈의 관점은 하늘을 날기 위해서는 나는 법을 배워야 한다는 것이다. 칼빈의 교회에서 최종 시험은 10대에 치를 수 있었다.

회당

칼빈이 구약과 히브리어와 랍비 주석을 어떻게 이해했는지는 잘 알려져 있다. 그렇다면 칼빈은 유대인을 어떻게 이해했을까?

이미 1536년에 칼빈은 《기독교강요》에서 무력으로 유대인을 개종시키는 선교를 반대한다고 밝혔다. 무력적인 개종은 비인간적이며 하나님의 예정에도 어긋나기 때문이다. 믿음은 하나님이 선택을 통해 허락하시는 선물이기 때문에 그 누구도 강요할 수 없다. 강제한다고 해서 천국에 가는 것이 아니다. 또한 거부하는 사람들 중에 누가 하나님의 선택을 받았는지 알 수 없다. 유대인 중에는 하나님의 선택을 받은 사람들이 있을 것이다. 칼빈은 로마서를 읽으면서 유대인의 상당수는 버림받았지만 하나님은 여전히 남은 자를 두셨다고 믿었다. 칼빈은 유대인과 가깝게 지낸 적이 거의 없다. 프랑크푸르트, 하게노, 웜즈에 머무르면서 칼빈은 꽤 규모가 큰 유대인 공동체와 접촉했다. 하지만 어느 정도까지 관계가 발전했는지는 모른다. 칼빈은 처음에는 유대인을 매우 부정적으로 바라보았다.

"유대인들과 이야기를 한 적이 있었는데 그들에게서 경건함, 믿음, 정신적 힘을 손톱만큼도 찾아볼 수 없었다. 정상적인 인간으로서의 지성조차도 발견할 수 없었다."

그럼에도 칼빈은 반유대적인 글을 쓰지 않았다. 이 점에서 칼빈은 몇몇 종교개혁자들을 포함한 동시대 사람들과 다르다. 칼빈이 유대인에 대해 쓴 내용은 신학적인 성격으로, 유대인에게 해당되는 것은 모든 사람에게 동일하게 적용된다. 그리스도 없이는 유대인도 잃어버린 영혼일 뿐이다. 칼빈은 유대인만큼이나 그리스도인도 예리하게 다루었다.

그리스도가 모든 것의 중심이었던 칼빈은 성막과 성전 제도에 대해서 깊은 경외심을 갖고 있었다. 성막과 성전은 그림자와 같다. 그러나 그리스도가 완전하게 오셨기 때문에 교회는 이런 외적인 제도가 필요 없게 되었다. 이런 이유 때문에 칼빈은 가톨릭의 예전과 교회 구조가 구약으로 회귀한다고 보았다. 이런 점에서 개혁교회는 다소 단순한 성격을 가졌다. 이 때문에 칼빈은 오해를 받기도 했다. 칼빈이 이끈 개혁파가 교회 건물과 예배에서 사용되는 모든 형태의 시각적인 예술품을 상대로 '오직 성경으로'라는 주장을 내세우며 사실상의 십자군 전쟁을 시작했다고 했다. 그러나 이것은 오해다. 칼빈의 동기는 전혀 그렇지 않았다. 칼빈은 진리는 단순하다고 보았다. 여기에 무엇을 더하는 것은 메시지의 명확성을 해치며 사람들을 세우는 데 도움이 되지 않았다고 보았다. 칼빈은 "예배하는 데 있어서 순수하고 단순한 형태를 추구할 자유가 있는 상황에서" 불필요한 전통과 관습을 유지하는 것은 소용없는 일이라고 생각했다.

하지만 칼빈은 이 문제에 있어서 그리 까다롭지 않았다. 언젠가 베젤(Wesel)의 프랑스인 성도가 칼빈에게 이렇게 물었다. "만약 시 정부가 가톨릭적 색채가 강한 루터파 예배를 강제적으로 도입한다면 어떻게 해야 하는가?" 이때 칼빈은 분명하게 대답했다. "시키는 대로 하라. 예전적 관습을 거부해서 교회가 무너지는 것을 그냥 보고만 있는 것이 좋겠는가?"

주의 만찬

주의 만찬은 예수님이 제정하셨다. 주의 만찬은 그리스도와 더불어 다른 성도와 하나가 되는 성례다. 그런데 이때쯤 거의 산산조각이 났다. 상황이 이렇게 되었기에 칼빈은 당연히 무언가를 해야 한다는 강한 의무감을 느꼈다. 그래서 스트라스부르에서 〈우리 주 예수 그리스도의 성 만찬〉이라는 짧은 논문을 썼다.

칼빈은 성례의 신비는 이해할 수 없다고 보았다. 루터는 빵과 포도주에 주님이 실제로 임재하신다는 믿음에서 전혀 물러나지 않았다. 구원이 자기 자신이 아닌 바깥에서 온다고 믿었기 때문이다. 한편 츠빙글리는 구원은 외부적인 것이 아니라고 보았다. 그는 구원은 영적이며 내면적인 문제라고 결론지었다. 따라서 츠빙글리는 루터의 관점을 인정하지 않았다. 루터도 츠빙글리의 관점을 의심했다. 루터의 관점은 1525년의 농민 전쟁과 1534년과 1535년에 재세례파들이 뮌스터에서 했던 일들을 연상하게 했다. '영적'이라는 말에 초조해진 루터는 즉시로 그것을 폭력적이고 흉악한 농민들과 급진주의자들과 연결시켰다. 이런 논쟁에 직면한 칼빈은 루터와 츠빙글리가 주장했던 요소를 결합해 문제를 해결하려 했다. 그 결과 성령을 통해 그리스도가 실제로 임재하신다는 믿음에 도달했다. 이 믿음은 비텐베르크 사람들과 스위스 사람들을 어느 정도 연합하게 했다. 불행히도 세 사람은 의견 일치를 보지 못했다. 칼빈은 성찬에 나타나는 그리스도의 임재를 완전하게 이해하지 못했다고 정직하게 인정했다. "누군가 임재의 방식에 대해 내게 질문한다면 나는 주저하지 않고 그 신비를 깨달을 수도 없고 말로 표현할 수도 없다고 말할 것이다. 솔직히 말하면 임재를 이해하기보다는 경험으로 더 많이 접했다."

칼빈은 가능하면 상황을 단순하게 만들려고 했다. 그래서 루터나 루터파 교인을 만족스럽게 해줄 설명을 부서처럼 끝없이 찾아 헤매지 않았다. 루터는 빵과 포도주에 주님의 몸이 임재한다고 강력하게 주장했다. 따라서 그에 대한 설명을 위해 그리스도의 몸이 편재한다고 단호하게 제안했다. 이 교리는 그리스도가 영적으로만 아니라 몸으로도 어느 곳이든 존재한다는 것을 의미했다.

그러나 이는 칼빈에게 있어 하늘과 땅을 혼돈케 하는 교리였다. 그리스도는 하늘에 올라가신 후에 마지막 날에 재림하실 것이다. 당분간은 하늘과 땅을 왕래하시지 않는다. 칼빈은 작은 천국이 지상에 임할 준비가 되지 않았으며 이런 식으로 고안된 교리는 비성경적이고 실패한 해결책이라고 생각했다. 그렇다고 해서 츠빙글리의 문제를 끝내 버리기 위해 성찬의 제정에 관한 그리스도의 말씀을 왜곡하고 싶지도 않았다. 칼빈은 토론을 통해서 간단하게 설명할 수 있기를 원했다. 그리스도는 그분의 영을 통해서 임재하신다. 이 내용은 이 정도로 해두는 것이 좋겠다.

돈

앞에서 살펴본 것처럼 부서는 집사 직분을 중요하게 생각했다. 칼빈도 그랬다. 스트라스부르에서 칼빈은 가난하게 살았다. 칼빈이 목사로서 처음 받은 월급은 친구들이 모아 준 것이다. 그런데도 생계를 유지할 수 없자 칼빈은 자기가 갖고 있던 책을 팔아야 했다. 사택을 제공받았지만 칼빈은 여전히 가난했다. 그래서 학생들을 가르쳐 돈을 벌었다. 가난하게 살면서도 그는 학생들을 설득해 돈과 거리가 먼 사역의 길로 들어서게 했다. 스트라스부르에 있는 학교에서 일하게 되었을 때, 다행히 어느 정도 경제가 나아졌다. 여기서 칼빈은 1년에 52길더를 받았다.

스트라스부르의 제이콥 스툼 시장은 칼빈에게 목사 월급을 주기 위해 최선을 다했다. 하지만 칼빈은 이런 식으로 재정 문제를 해결하고 싶지 않아서 월급을 받지 않으려 했다. 실제로 칼빈은 돈에 관심이 없었다. 칼빈주의와 자본주의가 연관이 있다고 말한 논문이 있는데 이는 어느 정도 사실이다. 하지만 칼빈은 경제적 이론의 실제에 대해서는 잘 몰랐다. 이후 제네바에서도 칼빈은 여전히 가난했다. 형편이 가장 좋았을 때에도 돈을 아끼며 살아야 했다. 상황이 더 어려워졌다면 아마 빚을 졌을 것이다.

칼빈은 가난한 상황에 대해 불평하지 않았다. 하나님이 필요한 것을 충분히 공급해 주신다고 생각했기 때문이다. 부자가 되고 싶은 마음이 없던 칼빈은 돈을 소유하는 것을 혐오했다. 부주의하게 돈을 쓴다는 인상을 조금도 주지 않으려고 어떤 사람이 죽기 전에 칼빈에게 남겨준 돈도 받지 않았다. 칼빈은 단 한 푼의 유산도 받지 않기를 바랐다.

칼빈이 큰돈을 주고 제네바에 약간의 땅을 사두었다는 소문이 났을 때, 칼빈은 이에 대해 해명했다.

"제네바와 인근 지역 사람들은 내가 손바닥만큼의 재산도 없다는 것을 알고 있다. 나는 그 정도로 성공한 사람이 아니다. 사실 내가 쓰는 가구는 다른 사람 것을 빌린 것이다. 식탁과 침대도 빌린 것이다."

그래도 칼빈이 의심스럽다면 그가 죽었을 때를 보면 된다. 그는 죽었을 때 무일푼이었다. 수신자 부담으로 편지를 보내야 할 정도로 칼빈은 가난했다. 칼빈은 가난했기 때문에 다른 사람에게 폐를 끼치고 불편하게 했지만 그런대로 자신의 경제적 상황에 만족했다.

이런 사실은 그가 빚진 자의 심정을 정말 잘 알고 있었다는 것을 보여 준다. 부유한 귀족 여인이 칼빈에게 청혼을 한 적이 있는데 칼빈은 이를 거절했다. 하지만 무례하게 행동한 것 같아서 그녀에게 사과했다. 1560년에 약간의 돈이 생겼을 때 칼빈은 마음이 불편해졌다. 그래서 그 즉시로 어릴 적 친구인 프랑수아 다니엘에게 편지를 썼다. 다니엘이 자신에게 베푼 것이 너무 많아 큰 신세를 졌다고 설명하면서 자신에게 생긴 모든 돈을 보내겠다는 내용이었다. 그리고 다니엘의 두 딸을 위해 동전 두 개를 넣어 보냈다.

학교

1538년 정부의 지시로 세워진 스트라스부르 아카데미는 대학으로 발전했다. 칼빈은 스트라스부르 아카데미에서 얻은 직책을 통해 생활에 필요한 수입을 해결했다. 또한 이곳에서 지식과 경험을 향상시키고 프랑스어 공부도 했다. 칼빈을 부정적으로 이야기하는 사람들이 있는데 이는 칼빈이 프랑스어에 끼친 중요한 공헌을 잊고 있기 때문이다. 칼빈은 우아하게 프랑스어를 사용했다. 하지만 이것을 아는 사람들은 프랑스인뿐이다. 예를 들어 〈우리의 구원자 예수 그리스도의 성만찬에 관한 소고〉를 읽어 본 사람은 그 내용뿐 아니라 언어와 문체가 얼마나 수준 높은지 인정할 것이다. 칼빈의 문체는 훌륭했다. 그의 능력은 프랑스어가 사용되지 않는 환경에서 오히려 발현되는 것 같다. 칼빈은 《기독교강요》의 두 번째 판 번역도 스트라스부르에서 했다. 이 두 번째 번역은 1541년 제네바로 돌아온 직후에 출판되었는데 프랑스어에 오류가 전혀 없었다.

1539년 1월에 칼빈은 신약성경에 관한 강의와 토론을 이끌게 되었다. 요한복음으로 시작해서 바울의 고린도전서, 빌립보서, 로마서를 이곳에서 강의했을 것이다. 칼빈은 1539년에 로마서 주석을 편찬했다. 그러나 다른 사람들의 주석이 이미 나와 있어서 머리말에서 멜란히톤, 부서, 불링거의 주석을 언급했는데 그것은 또 다른 주석의 출판을 합리화하기 위해서였다. 《세네카의 관용론에 대한 주석》에서도 칼빈은 이런 식으로 자기를 합리화했었는데 이번에도 그는 다시 한 번 자신이 빚을 진 사람들을 비판한 셈이다. 《세네카의 관용론에 대한 주석》에서는 에라스뮈스를 비판했는데, 이번에는 부서를 비판했다. 부서의 주석에 대해서 칼빈은 장황한 문체를 지적했다. 그렇지만 칼빈은 부서를 통해 교훈을 얻기도 했다. 부서만큼 양심적이고 근면하게 성경을 설명한 사람이 없다고 그는 말했다.

어쨌든 스트라스부르 아카데미에서 칼빈은 해설자와 주석가로서의 길을 걷기 시작했다. 그리고 거의 모든 성경에 대한 해석을 썼다. 그 덕에 수세기 동안 많은 목사들이 설교 준비를 할 때 칼빈의 주석을 참조했다. 특히 시편과 로마서의 주석을 많이 참조했다.

시편은 가슴을 위한 책이고, 로마서는 머리를 위한 책이라고 말할 수 있다. 칼빈은 시편이 마음에 일어나는 모든 일들을 보여 주는 책이라고 생각했다. 한편 로마서는 신실한 자를 위한 지식의 보물창고라고 보았다. "이 서신서의 내용을 잘 알면 성경의 위대한 보물을 찾을 수 있는 문이 열린다." 이 두 권의 책이 머리와 가슴을 위한 것이라고 한 칼빈을 통해 우리는 그가 어떤 사람이고 무엇을 생각하는지 알게 되었다.

주석

칼빈은 다른 사람이 말한 것을 그대로 받아들일 수 없는 사람이었다. 그래서 주석에 항상 무언가를 덧붙였다. 칼빈은 루터와 멜란히톤과 부서가 한 주석 작업에 대해 경의를 표했다. 자신이 그들과 필적할 수 없고 그들의 명성에 흠집을 낼 생각이 없다고 쓰기까지 했다. 이는 매우 적절한 말로 겸손하게 들린다. 그리고 나서 바로 칼빈은 그들의 작품이 뛰어나다고 해서 자신을 비롯해서 뒤를 좇는 다른 학자들이 추가할 것이 전혀 없지는 않다고 말했다. 칼빈은 정중하면서도 간략하게 개혁파 동료가 쓴 주석이 완벽한 것은 아니라고 했다. 이는 성경 공부를 철저히 하면 항상 새로운 보물을 발견할 수 있다는 이전의 확신과는 다른 것이었다. 칼빈은 다른 사람의 작품을 가치 있게 보았지만 그보다 더 앞서기를 원했다. 그런 점에서 칼빈의 뒤를 잇는 사람들은 그의 주석에 만족하거나 안주하지 말아야 했다.

칼빈은 거의 모든 성경을 주석했다. 다만 계시록에 대해서는 주석하지 않았다. 그 이유에 대해서는 밝히지 않았다. 이에 대해 학자들이 몇 가지 가설을 제시했는데 의견은 제 각각이다. 하지만 계시록을 읽어 본 사람이라면 그 이유를 충분히 이해할 수 있을 것이다.

칼빈은 주석을 할 때 교리적인 설명으로 빠져들지 않았다. 수세기 동안 신학자들은 해당 본문의 주제에 대해 교리적 담론으로 빠지는 경향이 있었다. 칼빈은 그런 교리적 담론에 빠져 본문에서 이탈하는 것을 원하지 않았다. 칼빈은 주석서와 함께 볼 수 있는 일종의 참고서로서 《기독교강요》를 저술했다. 그래서 교회나 창조와 같은 신학적 주제를 강의할 때, 더 많은 것을 알고 싶고 본문 해석을 계속하기를 원하는 학생들이 있다면《기독교강요》를 참조하게 했다.

칼빈은 굉장히 많은 책을 저술했다. 어떻게 그런 방대한 작업을 할 수 있었는지 놀랄 정도다. 대개 사람들은 다른 사람들보다 더 많은 것을 성취하고 싶어 한다. 하지만 그 희망을 이루는 것은 어려운 일이다. 그러함에도 칼빈은 다른 사람들보다 조금 더 성취한 게 아니라 비교할 수 없을 정도로 많이 성취했다.

칼빈은 스트라스부르에서 엄청나게 많은 업적을 이뤘다. 그런데도 칼빈은 자신의 나태함에 대해 자책하는 편지를 썼다. 그러나 칼빈의 노동 윤리를 고려한다면 이 부분에 대해 수긍이 간다. 하루 8시간을 일하고 쉬는 것을 사람들은 합리적이라고 보지만 칼빈은 하루를 24시간이라는 관점으로 보았기 때문이다. 그런 점에서 칼빈은 한 시간 반의 휴식도 게으르다고 여겼다.

연합

유럽 연합(European Union)이 탄생한 이후 스트라스부르는 유럽에서 꾀하던 단합의 상징이 되었다. 근세기에 걸쳐서 이 도시는 한 때는 프랑스어권에 속하기도 하고 다른 때에는 독일어권에 속하기도 했다. 양쪽 나라에서 다 사용하거나 두 나라가 전혀 사용하지 않는 언어를 가질 때도 있었다. 이 도시는 오랫동안 여러 다양한 사람들의 피난처가 되었다. 또한 칼빈이 로마와 접촉을 시작해 유럽 교회를 연합시키기 위한 전초 기지가 되기도 했다. 세월을 거치면서 많은 사람들은 교회가 다시 연합할 수 있다고 확신했다. 서로와의 단절로 조만간 이어질 다양한 주제에 관한 교회적 선언은 아직 나타나지 않았다. 대화조차도 불가능하게 만들어 버린 트렌트 공의회와 개혁파의 가르침에 대한 저주가 있기 전이었다. 변경할 수 없는 교리적 입장을 체계화한 개신교의 신앙고백문이 있기 전이었다. 회복할 가능성은 아직 있었다. 루터는 다소 회의적이었지만 부서와 멜란히톤은 꽤 낙관적이었다. 칼빈은 그 중간 정도에 있었다. 하지만 스트라스부르 사람들은 칼빈이 로마 가톨릭과 대화할 수 있는 사람이라고 확신했다.

세월이 지나면서 전해 내려온 칼빈의 이미지는 격렬하게 교리적 싸움을 벌여온 용과 같았다. 칼빈은 다른 관점을 가진 사람, 특별히 로마 가톨릭과 대화하는 사람의 이미지였다. 그러나 당시 사람들은 칼빈을 그렇게 생각하지 않았다. 칼빈은 성경과 전통에 대한 지식이 있고 여러 그룹의 사람들을 하나가 되게 할 교의를 만들어 낼 만큼 독창성이 있는 사람으로 보았다. 또한 변호사 교육과 훈련을 통해 논쟁과 설득에 뛰어난 사람으로 보았다.

사돌레토

칼빈의 이런 자질은 자코포 사돌레토에게 보낸 편지에 잘 드러나 있다. 카펜트라스의 주교인 사돌레토는 1539년 3월에 주교 대회를 위해 제네바 정부와 사람들에게 공개 서한을 썼다. 칼빈이 추방되자 가톨릭교도는 로마 가톨릭이 제네바를 되찾을 수 있는 완벽한 기회라고 생각했다. 사돌레토는 교회의 현재 상황을 개선하는 데 온힘을 다한 학식 많고 곧은 사람이라고 알려져 있었다. 많은 이의 존경과 신뢰를 받고 있던 그는 이를 통해 제네바 사람들의 마음에 호소해서 교회의 연합을 회복하고 친숙하면서도 유서 깊은 가톨릭의 길로 돌아가야 한다고 강조했다. 그는 '이신칭의' 교리가 도덕성을 훼손하고 시민을 분열시킨다며 이런 문제는 개혁파 때문이라고 했다. 따라서 로마 가톨릭으로 회귀하는 것이 모든 면에서 최선이라고 역설했다.

사돌레토 주교는 여기서 한 가지 실수를 했다. 칼빈이 자기 이익을 위해 행동한다고 비난한 것이다. 이는 성난 황소 앞에서 빨간 망토를 펄럭이는 것과 같았다. 하지만 칼빈은 즉각적으로 사돌레토를 비난하지 않았다. 사돌레토에게 치명타를 가할 수 있는 공개 서한을 작성하라고 사람들이 강요하자 그때서야 칼빈은 대응했다. 편지의 내용에 동의 유무를 떠나서 칼빈의 적과 친구들은 이구동성으로 그가 문학적으로 완전한 걸작품을 만들어 냈다는 사실에 고개를 끄덕였다. 칼빈은 많은 고통 끝에 교회 연합의 꿈을 다지기 시작했고 로마 가톨릭이 하나님의 진리에서 떠남으로써 통일은 깨져 버렸다고 결론을 내렸다. 연합은 교회에서 비롯되는가? 그리스도인이 믿음으로 하나될 때 연합되는 것이 아닌가? 교회의 외적이고 가시적인 측면은 그리스도와의 내적이며 영적인 연합이 있을 때만 존재하는 게 아닌가? 칼빈이 편지를 통해 증거한 것에는 개인적인 측면 또한 있다. 그는 자기 이익을 위해 행동한다는 비난으로부터 자신을 변호할 때 하나님께 호소했다. 그때 하나님은 심판자로서의 하나님이었다. 로마 가톨릭이 칼빈의 관점에 대해 비난했을 때 칼빈은 심한 상처를 받았다. 심한 상처를 받고 쓴 편지에서 하나님의 법정에 서서 하나님께 직접 호소하는 한 인간으로서의 칼빈의 모습을 적나라하게 볼 수 있다. 칼빈은 제네바를 두려워하지 않았다. 사돌레토도 두려워하지 않았다. 하지만 칼빈은 자신의 영원한 구원에 대해서는 두려워했다. 사돌레토에게 보낸 편지는 하나님을 대신해 제네바에 호소한 것인 동시에 칼빈 자신을 위해 하나님께 호소한 것이기도 하다.

로마 가톨릭과의 대화

어쨌든 칼빈은 방법을 안다는 것을 보여 준 결과로 로마 가톨릭과의 대화를 위한 대표가 되었다. 칼빈은 나중에는 자신의 의사와 상관없이 대표가 되었다고 밝히기도 했다. 그는 당분간 로마 가톨릭과 대화하는 일에 휩쓸릴 것 같다고 파렐에게 편지를 썼다.

그들은 로젠버그로 나를 끌고 가려 합니다. 나는 전혀 가고 싶지 않습니다. 첫째로 그 여정이 힘들기 때문입니다. 둘째로 시간이 많이 걸리지 않을까 염려되기 때문입니다. 그런 회의는 종종 열 달도 넘게 걸립니다. 마지막으로, 나는 그런 식으로 일을 다루는 데 맞지 않는 사람이기 때문입니다.

칼빈은 갈 생각이 전혀 없었지만 로젠버그로 향했다. 지금까지 모든 일을 견뎌 왔던 것과 같은 이유에서다. "하지만 나는 하나님을 따르고 싶다. 하나님이 내게 그런 부담을 주시는 이유가 분명 있을 것이기 때문이다." 칼빈에게 있어 윗사람이 한 명령은 하나님이 하신 명령과 같았다. 가고 싶지 않았지만 칼빈이 로젠버그로 간 이유는 그것이 하나님의 뜻이라고 생각했기 때문이다.

프랑스에서는 이미 양측의 정치가와 교회 지도자들의 대화가 진행되고 있었다. 그런데 대화를 계속하자는 약속 외에는 어떤 결론도 내지 못했다. 그러자 부서는 스트라스부르에서 6마일 정도 떨어진 하게노에서 열리는 대담에 칼빈을 나가게 했다. 1540년 말경 웜즈에서 대화가 계속되었다. 하지만 너무 느리게 진행되었다. 아무 진전도 없는 것 같아서 칼빈이 그곳을 떠나려 했을 때 멜란히톤이 만류했다. "내가 그의 만류를 듣지 않으려 하자 그는 내 변명에 대해서는 전혀 관심이 없다고 말했다." 멜란히톤은 이와 같이 말했을 것이다. "당신이 뭐라고 하든지 당신은 이곳에 머물러야만 한다." 멜란히톤의 만류로 칼빈은 그곳에 머물렀다. 전투를 기다리고 있는 병사와 같은 심정이었다. "적이 싸울 기회를 주지 않아서 우리는 할 일 없이 영내에 있다." 새해가 되어서도 진전되는 것이 없었다. 무료한 시간을 달래기 위해 칼빈은 〈즐거움을 위한 짧은 노래〉라는 글을 썼다. 1541년 1월 1일에 쓴 〈존 칼빈이 그리스도에게 드리는 승리의 노래〉는 칼빈이 남긴 단 하나의 시다.

드디어 대화가 진지하게 시작되었다. 황제가 몇 달 후 로젠버그 회의에서 대화를 재개하라는 명령을 내린 것이다.

희망이 보이지 않음

로젠버그에는 희망적인 것이 아무것도 없었다. 칼빈은 파렐에게 편지를 써서 칭의에 대한 선언문은 로마 가톨릭교회와 개혁교회가 함께 동의하는 부분을 토대로 작성했다고 전했다. 칼빈은 종교개혁적 입장이 좀 더 명확하게 서술되지 못했다고 인정했다. 하지만 여러 반대 속에서도 어쨌든 결과가 나온 것에 만족해야 했다. 그러나 이런 좋은 소식은 논의된 문제에 대한 어떤 단합된 입장도 찾아볼 수 없다는 사실 때문에 빛이 바랬다. 교황이 교회의 수장인가 하는 문제와 빵과 포도주가 예수님의 몸과 피로 변하는가 하는 문제에 대해 의견 일치를 볼 수 없었다. 더는 기대할 것이 없다고 생각한 칼빈은 대화가 끝날 때까지 머무르지 않고 스트라스부르로 돌아왔다. 부서와 멜란히톤이 붙잡았는데도 말이다.

새로운 도피자들이 프랑스에서 스트라스부르로 오자 칼빈은 해야 할 일이 늘어났다. 칼빈 대신 일하던 사람은 떠났고 카피토는 병이 들어 아카데미 업무가 진척되지 않았다. 칼빈은 이런 상황 때문에 로마를 떠났다. 로젠버그를 떠나면서 칼빈은 로마와 영원히 결별하게 되었다. 칼빈은 이에 대해 숨기려 하지 않았다. 이런 면에서 칼빈은 루터와는 달랐다. 루터는 여전히 교회가 하나가 되기를 바랐다. 그러나 칼빈은 로마 가톨릭과는 이제 화해할 수 없다고 보았다. 연합은 이미 소용없는 일이라고 본 것이다. 칼빈은 여러 면에서 이상주의자였으나 이 점에 있어서는 현실주의자에 가까웠다.

칼빈이 로마를 그리 좋아하지 않았다는 것은 두말할 필요도 없다. 당시 관습을 생각하면 칼빈은 로마 가톨릭에 대해 매우 다양한 관점을 갖고 있었다. 가톨릭도 칼빈을 탐탁지 않게 생각했다. 칼빈이 죽은 지 2년 후에 소르본의 신학자들은 칼빈이 정리한 교리는 전염성이 크고 위험한 오류가 있다고 주장했다. 칼빈의 저작 중 49권이 금서 목록에 올라갔다. 파리의 신학자인 르네 베노이스트는 이렇게 말했다. "당신은 쓴 뿌리로 가득한 사람이다. 불안정한 영혼을 유혹해 데려가고 단순하고 무식한 사람들을 빼앗아 갔다." 로마 가톨릭은 루터보다 칼빈을 더 위험하게 보았다.

칼빈은 가톨릭의 여러 가르침을 비판하고 수도원 운동도 낮게 평가했다. 비록 자신이 수도원 생활을 했지만 말이다. "수도원 운동은 온갖 종류의 죄에 오염된 사람들의 모임이다." 열 개의 수도원 중 아홉 개는 매음굴이었다. 그들 가운데 훌륭한 사제가 있기도 했지만 대부분은 바리새인처럼 교만하고 위선적이었다. 어떤 이들은 무지하기까지 했다. 사제들은 대부분 타락한 자들이어서 경건한 자들을 찾기가 너무 어려웠다.

하지만 칼빈은 가톨릭 세례의 합법성을 인정했다. 종교개혁의 신념을 가진 몇몇 그리스도인들은 주위에 개혁교회가 없을 때, 혹은 핍박을 받지 않기 위해 가톨릭 사제들의 유아세례를 받도록 했다. 칼빈은 이것이 죄로 이어진다고 생각했다. 하지만 이런 이유 때문에 아이들의 세례를 무효화하지는 않았다. "가톨릭의 세례는 수천 가지의 우스꽝스런 오류가 있다. 그러나 유효하다." 성전에서 일어났던 여러 불신에도 불구하고 할례에 정당성이 있었듯이 로마 가톨릭이 많은 것을 훼손했음에도 세례는 여전히 권위가 있었다. 따라서 개혁파는 로마 가톨릭과 단절했지만 여전히 개혁파와 가톨릭 간에는 연결되는 부분이 있었다.

평생 친구

하지만 칼빈은 루터와 멜란히톤과는 단절하지 않았다. 1539년 2월 말, 칼빈은 종교회의 차 프랑크푸르트에 간 부서에게서 프랑스의 핍박받는 개신교도들을 위한 성과가 하나도 없었다는 말을 듣고 나서 프랑크푸르트로 갔다. 칼빈은 자신이 도움이 되기를 바랐다. 칼빈은 독일 왕자들을 설득해 프랑스의 개혁교회 신도들을 돕고 싶은 마음에 프랑크푸르트로 향했다. 칼빈은 이 여행을 멜란히톤과 대화할 수 있는 좋은 기회로 여겼다. 다행히 칼빈이 바라던 대로 멜란히톤과의 대화는 대성공이었다. 모든 사안에 동의하지는 못했지만 깡마른 두 종교개혁자들의 대화는 어느 정도 성공했다. 루터가 그랬던 것처럼 칼빈도 멜란히톤이 로마 가톨릭에 대해 조심스런 태도를 취하는 것을 못마땅해했다. 칼빈이 멜란히톤에게 보낸 서신들은 주로 멜라히톤이 왜 생각한 그대로 말하지 않는지를 묻는 것이었다. 멜란히톤이 침묵하고 의견을 나누지 않아서 칼빈은 미칠 것 같았다. 칼빈은 멜란히톤의 약점이 "단도직입적으로 말해야 할 필요가 있을 때에도 돌려서 이야기하는" 것이라 생각했다. 멜란히톤이 잠시나마 결단력을 갖고 임했다면 칼빈은 좋아했을 것이다.

멜란히톤은 자신의 색깔을 드러내고 루터의 죽음 이후 발발한 성찬에 관한 논쟁에 참여하는 것을 두려워했다. 멜란히톤 때문에 칼빈은 괴로웠다. 멜란히톤이 루터의 사상적 배경에 지나치게 빠져 있는 상태에서 벗어났다면 좋았을 것이다. 칼빈과 멜란히톤은 자유의지와 예정에 대해서도 의견이 달랐다. 칼빈은 이 주제에 대해서 피기우스를 논파하는 자신의 글을 멜란히톤에게 헌정했다. 멜란히톤은 이에 대해 고마워했다. 멜란히톤은 이 책을 긍정적으로 보았다. 그러나 칼빈의 예정론은 거부했다. 칼빈은 이 논쟁의 원인을 비텐베르크의 신학자가 인간 이성을 지나치게 수용하고 신학자보다는 철학자의 입장을 취한다고 말한 데 있다고 보았다. 하지만 칼빈은 이런 차이점 때문에 이들이 갈라서서는 안 된다고 밝혔다. 이 둘은 우정이 돈독했다. 두 사람 모두 인문주의자라는 공통점이 있기 때문이다. 그들은 서로의 입장을 존중했다. 따라서 공적으로 다른 의견을 가질 수 있었다. 칼빈은 멜란히톤과 우정이라는 측면에서 더 가까이 지내고 싶었다. 멀리 떨어져 사는 것이 부담스러웠다고 칼빈은 기록했다. 멜란히톤이 좀 더 가까이 있었다면 그들은 더 많은 토의를 했을 것이다. "백 통의 편지보다는 세 시간의 대화가 더 많은 진전을 가져올 수 있기 때문이다."

칼빈이 볼 때, 멜란히톤은 뛰어난 성경 주석가였다. 칼빈은 파렐에게 교회의 권위에 관해서 알고 싶으면 멜란히톤의 글을 읽으라고 조언했다. 칼빈이 1540년에 웜즈에서 멜란히톤을 만났을 때, 칼빈은 파렐에게 30분만 멜란히톤의 말을 들어 보라고 했다. 30분만 그의 말을 들어도 많은 아이디어를 얻게 될 것이라 말했다. 칼빈은 멜란히톤과 멀리 떨어져 살았기 때문에 천국에서 영원히 함께 살면서 우정과 사랑을 나누자며 서로를 위로했다.

루터

칼빈은 루터와 개인적으로 이야기를 나눈 적이 없다. 부분적인 이유는 멜란히톤 때문이다. 멜란히톤은 칼빈이 루터에게 보낸 편지를 건네주지 않았다. 루터가 분노할까 봐 두려웠기 때문이다. 칼빈은 자신에게 많은 영향을 준 루터를 개인적으로 만나고 싶어 했다.

1538년 1월 12일 칼빈은 부서에게 보낸 편지에서 루터에 대해 처음으로 언급했다. 칼빈은 루터가 경건한 사람이 틀림없지만 루터의 생각이 뭔지 아직 잘 모르겠다고 썼다. 칼빈은 루터가 주의 만찬에 관한 교리에 단호한 태도를 취하기 때문에 개신교가 연합할 수 없다고 보았다. 사실 칼빈은 루터의 교리보다는 루터의 성격 때문에 곤란을 겪었다. 칼빈은 자신과 루터가 본질적으로 관점이 같다고 생각했다. 주의 만찬에 대해서 칼빈이 쓴 프랑스어 전단을 보면 불같은 성격을 가진 루터에게 다가가려고 애쓴 칼빈을 볼 수 있다.

루터는 자신과 칼빈의 의견이 일치한다는 것을 알았던 것 같다. 주의 만찬에 관한 칼빈의 가르침은 사돌레토에게 보낸 칼빈의 편지에서 나타나는 바와 같다. 누군가 이런 칼빈의 가르침을 공격하도록 루터를 부추기려고 했을 때 루터는 관련된 글을 읽고 나서 오히려 칼빈을 칭찬했다. 칼빈은 독일어를 몰랐고 루터는 프랑스어를 몰랐지만 둘 다 라틴어를 읽고 쓸 수 있어서 다행스럽게도 서로의 글에서 많은 유익을 얻을 수 있었다.

칼빈에게 루터가 얼마나 중요한 사람인지는 1556년 루터파의 성찬에 관한 논쟁에서 칼빈이 했던 말에서 가장 잘 나타난다. 칼빈은 자신이 "교황의 어둠에서 풀려나기 시작했을 때" 루터의 영향을 깊이 받아서 오콜람파디우스와 츠빙글리의 저작들과 거리를 두게 되었다고 고백했다. 이 말들은 칼빈이 츠빙글리에게서 떠나 루터와 가까워진 것을 보여 준다. 칼빈은 루터를 아무도 필적할 수 없는 엘리야처럼 생각하지는 않았다. 하지만 "복음은 비텐베르크에서 비롯되었다"라고 힘주어 말했다. 칼빈에게 루터는 교황제도를 최초로 흔든 사람이었다. 멜란히톤이 숨긴 편지에서 칼빈은 루터를 '주 안에서 가장 학식이 뛰어난 아버지'와 같은 사람으로 이야기한다. 칼빈은 루터에게 가서 함께 지내며 여러 문제를 논의하고 싶어 했다. 만약 살아 있는 동안 함께 지낼 수 없다면 나중에 하나님 나라에 가서 함께하기를 바랐다.

칼빈은 부서를 통해 루터가 안부를 묻는다는 이야기를 듣고 무척 기뻐했다. 게다가 루터가 칼빈의 글에 만족했다는 말까지 들었다. 칼빈은 루터가 흡족해하는 글을 자신이 썼다는 내용을 로마서 주석의 머리말에 덧붙이고 싶어 했다.

하지만 칼빈은 루터의 태도에 대해 아쉬워한 부분도 이야기했다. 루터는 위대한 영적 지도자였지만 동시에 큰 문제도 있었다. 칼빈은 루터의 이런 두 가지 측면을 다루려 했다. 칼빈은 불링거에게 보낸 편지에서 루터가 "과도할 정도의 열심이 있지만, 성격은 난폭하다"고 밝혔다. 루터는 기질을 더 잘 다스리고 자신의 단점을 자각해야 했다. 멜란히톤에게 보낸 서신에서는 루터가 자기 통제가 부족하고 너무 쉽게 분노에 빠진다고 이야기했다. 그래서 루터는 교회에 위험스런 존재가 되었고 아무도 루터의 이런 행동에 맞서지 못했던 것 같다. 그런데도 칼빈은 여전히 루터를 존경했다. 칼빈은 루터가 자신을 마귀라고 부른다 해도 그에게 여전히 경의를 표하고 루터를 하나님의 매우 특별한 종으로 말하겠다고 이야기했다. 1554년 스위스 개혁파는 칼빈이 루터에게 지나치게 관대하다고 칼빈을 비난했다. 칼빈은 루터의 성격이 원래 그렇고 사악한 인간이 의식적으로 그를 부추긴다고 말하면서 루터의 사나움을 변론했다. 칼빈이 가늠하기에 루터는 그리스도의 뛰어난 종이었다. 따라서 루터의 잘못된 점을 비난해도 그의 위대한 재능은 감사할 수 있어야 했다. 루터의 불안정한 성격을 칼빈이 변호했다고 해서 놀랄 필요는 없다. 칼빈도 루터처럼 불안정한 성격의 사람이었기 때문이다.

카롤리와의 재회

끊어지지 않는 우정처럼 적대 관계도 지속되는 경우가 있다. 스트라스부르의 거리에서 다시 만나게 된 칼빈과 카롤리가 그렇다. 카롤리는 체포되는 것을 피해 베른에서 스트라스부르로 피난을 왔다. 스트라스부르의 신학자들이 이 문제를 논의했을 때 부서는 칼빈을 제외하는 것이 최선이라 생각했다. 칼빈과 카롤리 사이에 있었던 일과 그 가운데 나타난 칼빈의 성격 때문이었다.

여기에서 다루려는 논점은 카롤리와 칼빈 사이에 일어났던 사안이 아니라 칼빈의 태도와 그것을 통해 볼 수 있는 인간으로서의 칼빈 모습이다. 스트라스부르의 신학자들은 카롤리를 먼저 만난 후에 칼빈을 불렀다. 그리고 카롤리를 어떻게 할지에 대해 칼빈에게 물어보았다. 그 다음에 카롤리의 생각을 수용할 여지를 남겨 놓은 협약

서의 초안을 작성했다. 이 문서에는 칼빈이 받아들일 수 없는 항목
이 있었다. 이 문서에는 카롤리가 참된 교리에서 떠나게 된 것은 카
롤리 자신이 아닌 다른 사람 때문이라는 내용이 있었다. 하지만 이
문구의 초안이 만들어질 때쯤 칼빈은 이미 집으로 돌아왔다. 그 내용
은 칼빈이 잠자리에 들기 전까지 전달되지 않았다. 칼빈이 파렐에게
전한 아래의 진술을 통해 그 다음에 일어난 일을 잘 알 수 있다.

어젯밤 늦게 내게 보고서가 전달되었습니다. 이 글은 내가 올해 받
은 충격 중에서 가장 큰 충격이었습니다. 다음날 아침, 집으로 가다가
스텀을 만나 그에게 고통을 털어놓았습니다. 그러고 나서 부서와 이야
기를 나누었습니다. 그들은 번민의 원인을 파악할 수 있도록 마티아스
젤의 집에 갈 수 있는 시간을 마련해 주었습니다. 거기서 나는 중대한
죄를 졌습니다. 화를 참지 못한 것입니다. 너무 화가 난 나는 모든 사
람에게 쓴 뿌리를 가지고 감정을 폭발시켰습니다.

속았다고 생각한 칼빈은 그곳을 완전히 떠나기로 했다. 다른 사람
들이 자신을 배제하고 일을 마무리 지으려 한다는 생각이 들었기 때
문이다. 칼빈은 계속 이야기했다.

나는 "단호하게 맞서며 서명하느니 차라리 죽겠다"라는 극단적인 말
을 했습니다. 내 분노는 극에 달했고, 만약 카롤리가 그 자리에 있었다면
더 심한 말을 했을 것입니다. 결국 나는 방에서 서둘러 빠져 나왔습니다.
부서가 쫓아와 나를 설득하며 달래서 방으로 돌아갔지만 나는 최종적인

답변을 하기 전에 세심하게 사안들을 살펴보고 싶다고 말했습니다. 집으로 돌아갔을 때 갑자기 심한 좌절감에 짓눌리는 것을 느꼈습니다. 어떤 무엇도 내게 위로가 되어 주지 못했고 한숨과 울음만 나왔습니다.

우리가 생각하는 칼빈의 이미지와 매우 다르게 칼빈은 감정적인 사람이었다. 그는 다른 사람의 온화함으로도 자신의 완고함이 바뀌지 않는다는 것을 자각하며 글을 썼다. 그의 글에서는 무엇보다도 불의와 불공평을 철저하게 다루다가 병까지 난 사람의 모습이 나타난다.

하지만 칼빈은 늘 솔직하고 정직했다. 1540년에 카롤리가 일거리를 찾을 수 없다고 불평하자 칼빈은 그에게 겸손과 화해의 태도를 갖도록 권면하는 장문의 편지를 보냈다. 카롤리가 만약 자신의 결백을 주장하는 것 외에 아무런 잘못이 없는 사람들에 대해 더는 비난하지 않는다면 좋은 출발을 할 것이다. "다시 한 번 당신이 정상적으로 협조한다면 우리는 모든 것을 기꺼이 잊어버리고 당신을 용서할 것이다. 내 마음을 헤아려 주기 바란다. 당신이 하나님과 먼저 화해하고 우리와 함께하기를 바라기 때문이다." 분명 칼빈은 카롤리에 대해서 관심이 있었고 희망을 버리지 말라고 계속 설득했다. 카롤리가 교만하지 않았다면 모든 문제는 해결되었을 것이다. 칼빈은 카롤리와 화해할 준비가 되어 있다고 했지만 상황은 카롤리에게 다른 결과로 나타났다. 칼빈에게는 더욱 그랬다.

지평선에서

맑은 날 스트라스부르 성당 꼭대기에서조차도 제네바는 보이지 않는다. 하지만 이 도시는 항상 칼빈의 시야에는 있었다. 칼빈은 스트라부르에서 제네바의 진척 상황을 주의하며 지켜보았다. 하지만 세상의 부귀영화를 위해서는 그곳에 가지 않았을 것이다. 비레가 제네바로 가라고 제안했을 때 칼빈은 웃기만 했다.

나를 걱정해 주는 당신의 편지를 읽고 나는 웃기만 했소. 나를 위해 제네바로 갈 수 있겠소? 왜 십자가로 곧바로 향해서는 안 되는 거요? 고문대 위에서 반복적으로 고통을 당하느니 즉시 죽는 것이 나을 것이오.

친애하는 비레여, 내가 평안하길 원한다면 당신의 계획을 포기하시오.

하지만 칼빈은 제네바로 돌아갔다. 자신의 의사와는 전혀 상관없이 다시 한 번 제네바에 갔다. 자신이 제네바에 간 것은 하나님의 인도하심이라고 확신했다. 칼빈이 회의와 고난을 경험한 것은 확실하다. 하지만 칼빈의 고백에 따르면 그 경험이 아무리 힘들었다 할지라도 하나님의 길을 깨달을 수 없을 정도로 어려운 것은 아니었다. 칼빈은 결정을 하는 데 있어서 자기 확신을 갖지 못했다. 그는 분명 자신에게 결점이 있다고 생각했다. 그럼에도 불구하고 그는 자신의 목적지를 확실하게 알고 있었다. 제네바 사람들이 곧 깨닫게 되겠지만 다른 사람들이 취해야 할 길에 대해서도 칼빈은 명확하게 알고 있었다.

설교자

(1541~1546)

강단

강단이 성도 자리보다 높은 것은 목사 위상 때문이 아니라 설교가 그만큼 중요하기 때문이다. 설교는 위로부터 오는 것이다. 설교자는 성경을 통해 말씀을 전달하는 것이다. 그런 점에서 설교자는 중요하지만 어느 정도 그 비중은 제한되어 있다. 강단이 높은 것은 설교를 듣기 위해서다.

성경에서 예수님은 물가에 모인 군중을 위해 고기잡이배에서 말씀하셨다. 거리를 유지하면서 청중에게 더 잘 다가가기 위해서다. 칼빈의 강단은 멀찍이 떨어져 있었다. 말씀이 청중에게 임할 수 있도록 하기 위해서다.

칼빈은 설교자로서의 의무를 중요하게 생각했다. 설교자는 교회에 보낸 하나님의 대사다. 칼빈은 자신이 설교자로서 말할 때 하나님이 말씀하신다고 생각했다. 이는 또한 자신이 전한 모든 말에 대해서 책임을 져야 한다는 것을 의미했다. 이런 이유 때문에 칼빈은 세심한 주의를 기울이며 강단에 올랐다. 강단을 우리 영혼을 다스리시는 '하나님의 보좌'라고 생각했기 때문이다. 교회 성도가 하나님의 심판대 앞에 나와서 모든 죄를 고백하고 용서를 얻을 수 있는 곳이 바로 강단이었다. 설교자는 먼저 주인되시는 하나님께 세심하게 귀를 기울여야 한다. 이는 칼빈뿐 아니라 모든 설교자에게 해당된다. 설교자가 먼저 말씀의 생도가 되지 않는다면 차라리 "강단에 오르다가 목이 부러지는 편이 나을 것이다." "하나님에게는 복음의 선포보다 더 고귀한 것은 없다 …… 이는 사람들을 구원의 길에 이르게 하기 때문이다." 칼빈은 자신도 말씀에 복종해야 한다는 것을 분명히 알고 있었다. "강단에 오르는 것은 단순히 다른 사람들을 가르치기 위한 것이 아니다. 나도 예외가 될 수 없다. 나도 역시 말씀을 배우는 자다. 내 입에서 나오는 설교는 다른 사람뿐 아니라 나 자신을 위한 것이기도 하다. 만일 그렇지 않다면 나에게 화가 있을 것이다."

칼빈에 따르면 사람들을 변화시키는 말씀은 이중적인 능력이 있다. 첫째는 하나님의 적들을 변화시켜서 주님의 자녀로 만드는 것이다. 둘째는 하나님의 자녀들을 가르쳐서 아버지에게 더욱 영광을 돌리게 하는 것이다.

하나님의 입

칼빈은 하나님의 대언자가 되고 싶어 했다. "나에 대해서는 할 말이 없다. 하지만 내가 입을 열 때는 가르치시는 하나님처럼 한다." 이는 고상한 주장이었지만 위험도 감수해야 하는 말이었다. 하지만 칼빈은 설교자의 직무를 매우 가치 있게 보려고 했다. 이는 칼빈이 갖고 있던 아버지에 대한 관념 때문이다.

당신은 여러분들의 영혼을 맡아서 돌보며 말씀을 전하는 직분자들을 아버지로 대해야 한다. 이는 확고하면서도 변함이 없어야 하는 규칙이다. 이 말을 통해서 하나님이 모든 사람들에게 주신 권리를 박탈하고 모든 설교자들이 선과 악을 구별할 수 있는 능력이 있는지를 살피려는 것이 아니다. 실제로는 늑대인데 목자로 위장해 먹이를 찾아 헤매는 자들을 쫓아내려는 것도 아니다. 단지 여러분이 설교자로서의 직무를 다하는 사람들에게 그리스도인답게 행동하기를 원할 뿐이다.

설교자가 수행하는 의무는 얼마나 소중한 것인가? 제네바는 세 개의 교회 구역인 성 피에르, 성 제르베, 성 마들렌느로 나뉘어져 있었다. 교회는 일요일마다 세 번의 예배를 드렸다. 해가 뜰 때, 9시에, 오후 3시에 예배를 드렸다. 정오 12시에는 어린이 예배가 있어서 교리 교육을 했다. 주중에는 각 교회에서 월, 수, 금요일에 예배를 드렸다. 간단히 말해서 목사에게는 할 일이 충분히 있었다. 칼빈은 많은 사역을 감당하며 열심히 일할 의무를 느꼈다.

1549년 10월에 시의회는 더 많은 설교를 해야 한다고 결정하고 주중에 세 번이 아닌 매일 설교하도록 일정을 조정했다. 그 후 칼빈은 주일에 두 번 격주로, 주중에 매일 설교를 했다. 따라서 2주에 열 번의 설교를 했다. 무리한 일정에도 불구하고 칼빈은 설교 준비를 잘하고 싶었다. 그래서 저녁을 먹은 후 다음날의 설교 준비를 했다. 아무런 준비도 없이 설교 때에 하나님이 말씀을 주시기를 기대했다면 교만한 잔소리꾼에 불과했을 것이라고 칼빈은 말했다. 그 정도로 칼빈은 설교 준비에 힘을 쏟았다. 그런데도 칼빈은 설교를 완전하게 준비할 수 있는 시간이 충분하지 않다고 늘 불만을 터뜨렸다.

설교 형태

칼빈은 짧고 분명한 문장을 사용해서 사람들이 쉽게 이해할 수 있는 설교를 했다. 칼빈의 설교는 특색이 있었다. 그 덕에 칼빈을 근대 프랑스 문장 구조의 창시자로 보기도 한다. 칼빈은 어떤 속임수도 쓰지 않았다. 그런데도 많은 회중이 그의 설교를 들으러 왔다. 다른 목사들보다 더 많은 회중이 몰려들었다. 칼빈은 처음부터 끝까지 성경을 통해서 설교를 했다. 본문을 절마다 자세히 살폈고 중요한 히브리어와 헬라어 의미를 설명하고 짧은 적용을 했다. 주어진 주제에 대해 이해하려면 적절한 성경 구절을 살펴보아야 했다. 칼빈은 항상 성경 본문을 통해 주해했다. 칼빈의 장점은 청중 상황에 맞게 적용하는 것이었다. 그의 설교는 과거와 현재를 잇는 가교 역할을 했다. 칼빈은 훈련된 웅변가로서 이 일을 잘 수행할 수 있었지만 신학자로서는 더욱 잘 할 수 있었다. 그는 과거부터 지금까지 단순히 하나의 역사, 하나의 교회, 하나의 선택된 민족이 있다는 사실을 알았다. 무엇보다 언제나 동일하시고 본성과 계획이 바뀌지 않으시는 하나님을 발견했다. 바로 이런 이유 때문에 성경 말씀은 우리와 늘 연관되는 것이다. 칼빈은 주일마다 성 피에르에서 설교했다. 주중에는 다른 지역에 가서 말씀을 전했다. 적어도 한 시간 이상 설교했다. 그가 짧은 문장으로 설교했다고 해서 짧은 설교를 한 것은 아니다. 사람들의 격찬을 받는 설교는 길이와는 관련이 없다. 오히려 적은 단어를 사용해서 명쾌하게 설명할 수 있는 그의 능력과 관련이 있다.

하지만 칼빈은 사람들이 귀를 기울이지 않는다고 불평했다. 예를 들어 "세례식을 할 때 여기저기 걸어 다니며 잡담하는 사람들이 있다"고 말했다. 더 심한 경우에는, 문 옆에서 설교나 세례가 끝나기만을 기다리다가 성례에 참여하지 않는 사람들도 있었다. 그들은 어떤 아이들이 세례를 받는지 보기 위해서 그 자리에 있을 뿐이다. 칼빈은 그런 사람들을 "구석에서 머리를 내민 채 엿보기만 하고 참여하지 않는 돼지, 세례와 설교에는 전혀 관심 없는 돼지"와 같다고 폄하했다.

칼빈은 사람들을 동물에 비유하거나 사람들에게 동물 이름을 자주 붙였다. 모욕감을 주기 위해서는 아니었다. 칼빈은 사람과 동물 사이의 주된 차이점이 선과 악을 구별하는 데 있다고 보았다. 하지만 많은 사람들이 선을 무시하고 온갖 죄악에 탐닉했다. 칼빈은 이런 사람들을 동물로 불렀다. "그러므로 모든 사람들은 선악을 분별하지 못하는 생각 없는 동물처럼 끌려 다녀서는 안 된다." 칼빈이 이상적으로 생각한 그리스도인은 독립적인 결정을 내리고 선한 일을 분별하고 선한 일을 하며 성경을 통해 악을 피하는 사람이었다. 그래서 그는 지식을 강조했다. 이 지식은 단순히 지적이거나 이성적인 것이 아니라 실존적인 지식이었다. 이 지식은 하나님과 이웃을 섬기고 잘 살고 잘 죽을 수 있도록 해주는 것이었다.

불평

칼빈의 설교를 비판하는 사람들이 종종 있었다. 1547년에 칼빈과 친구들은 강단에 붙은 전단을 보았다. 종말을 맞이하게 될 것이라는 문구가 적힌 전단이었다. 물론 종말은 오지 않았다. 같은 해 11월에 소의회의 비서인 필리베르 베델리에에 대한 고소가 있었다. 칼빈이 설교할 때 기침을 하며 방해하려 했기 때문이었다. 대질심문을 할 때 베델리에는 더 큰 소리를 내서 칼빈을 더욱 짜증나게 할 수도 있었다고 대답했다.

칼빈은 강단에서 베델리에의 욕설과 잘못된 행실에 대해 큰소리로 비난했다. 책망을 통해서 중용을 지키게 하려는 것이 칼빈의 목적이었다. 칼빈은 다른 목사들도 그렇게 할 수 있기를 기대했으므로 이 목적을 가장 잘 이룰 수 있는 방법에 대해서 그들에게 가르쳤다. 훈계는 필요하지만 조심스러워야 하며 너무 가혹하게 대해서 영혼에 상처를 입히면 안 되었다. 무엇보다 목사는 사람을 모욕해서는 안 된다. 훈계를 즐긴다는 인상을 줘서도 안 된다. 목사가 회중의 영적인 복지에 관심이 있다는 것을 사람들이 느낄 수 있어야 했다. 소리 지르는 것이 아닌 자비한 마음으로 사람들을 도와야 했다. 칼빈은 마음이 냉랭한 목사는 사역할 수 없다고 생각했다. 목사는 사람들에게 하나님의 말씀을 전할 뿐 아니라 그들을 위해 하나님께 간청해야만 한다. 성경 말씀을 토대로 칼빈은 설교자를 신랑의 친구로 생각했다. 그들의 의무는 성도들이 그리스도와 교회와의 결혼 생활을 잘하도록 돕는 것이다. 그리스도와 회중을 진정으로 사랑할 때만 이 일을 감당할 수 있다. "냉랭함과 무관심을 제거하라. 뜨겁지 않은 사람은 목사로서 합당하지 않다." 목사는 설교 속에서 그의 열정을 보여 주어야 한다. 설교도 지루하게 해서는 안 된다. 칼빈은 강의처럼 하는 설교는 '죽은' 설교라 생각했다. 칼빈은 많은 비판을 받았지만 그럼에도 불구하고 청중을 하나님과 끊을 수 없는 관계를 가진 사람으로 생각하며 설교했다. 이런 생각을 토대로 칼빈은 청중에게 선교적 관심을 갖도록 권면했다. 교회는 수적으로 증가해야 하며 회중은 다른 사람을 믿음으로 이끌 수 있는 삶을 살아야 한다고 말이다.

이미지

칼빈은 교회에서 성상을 사용하는 것을 격렬하게 반대한 사람으로 알려져 있다. 하지만 설교에서 수사학적 형상을 사용하는 데는 열렬히 찬성했다.

말씀 사역을 잘하려는 사람들은 공적으로 대화하고 말하는 것을 배워야 한다. 또한 양심을 파고들 수 있어야 한다. 그래야만 사람들이 못 박히신 그리스도와 그분이 흘리신 피를 볼 수 있다. 이런 종류의 예술가들이 교회에 있다면 나무나 돌과 같이 죽은 형상은 필요 없을 것이다. 사실 어떤 형상도 이제 필요 없다.

칼빈은 목사에게 수사학적인 노력이 필요하다고 생각했다. 그것을 통해서 믿음의 문제가 듣는 자들에게 가시화될 것이기 때문이다. 칼빈의 설교에는 강력한 가르침이 있었다. 그는 교회를 하나님의 학교라고 자주 말했다. 하나님은 교사이고 성경은 '성령의 학교'이며 믿는 자는 '학생'이었다. 어머니가 되는 교회는 거듭나게 하는 곳이며 아이들을 양육하고 교육하는 곳이었다. 하나님의 가르침은 평생 동안 계속 되고 죽음이 가까워도 하나님은 우리를 학교로 부르신다. 어쨌든 오래 기억하지 못하고 잘 잊어버리는 인간은 새로운 것을 찾는 경향이 있다. 반복해서 가르치는 게 최상의 교육이다. 교사와 부모가 가르침을 반복해야 하듯이 교회도 마찬가지이다. 반복하지만 늘 신선한 방식으로 가르쳐야 한다. 죄가 인간을 항상 옳은 길에서 떨어져 나가게 하기 때문에 끊임없는 교육이 필요하다. 성경에 대한 온전한 지식은 인류가 맞서야 하는 방황의 문제를 드러나게 한다. 이 문제를 점검하지 않으면 방황은 인간을 병들게 한다. 심지어 죽음에 이르게 하는 독이 될 수 있다. 성경의 가르침은 하나님이 무엇을 원하시고 하나님께 어떻게 예배드려야 하는지를 깨닫게 한다. 하지만 가르침을 받는 사람도 설교에 주의를 기울여야 한다. "그저 그 자리에 있었다"라고 말하기 위해서가 아니라 "들은 말씀을 묵상하기 위해" 설교 듣는 자리로 나와야 하기 때문이다. 칼빈에게 설교는 예배를 넘어서 지속되는 것이었다.

이제 설교가 개혁파의 삶의 중심에 있게 된 이유를 분명하게 알았으리라 생각한다.

몸은 떠나 있으나 마음은 늘 함께

칼빈은 강단에서 사람들에게 홀로 맞섰다. 온전히 그들을 위해서만 그 자리에 있고자 했다. 1541년부터 칼빈은 이런 마음가짐으로 제네바 사람들을 섬겼다. 실제로 제네바로 돌아가고 싶어 하지 않았지만 모든 선량한 칼빈주의자들이 알고 있듯이 칼빈은 회중을 위해 가야만 했다. 자신의 즐거움을 중단해야 할 때가 있는 것처럼 실제로 원치 않는 일을 해야 할 때가 있다. 칼빈은 이렇게 말했다. "돌아가는 것을 망설일수록 나 자신이 더욱 의심스러워진다."

칼빈은 1541년 9월 13일에 제네바로 돌아올 때까지 마음만큼은 한 번도 제네바를 떠난 적이 없었다. 3년 전에 칼빈은 이 도시를 다른 사람들과 함께 강제로 떠나야 했다. 하지만 영적으로는 항상 제네바에 있었다. 제네바를 떠나 있는 동안 칼빈은 제네바 교회의 분열의 요소였던 긴장을 해결하기 위해 목회 서신을 몇 차례 썼다. 이 서신에는 이전에 섬겼던 회중에 대한 관심과 염려로 가득 차있다. 따라서 칼빈이 제네바와 어떤 관계도 원하지 않았다는 것은 전혀 사실이 아니다. 제네바 사람들은 칼빈이 없어도 상황이 개선되지 않는다는 것을 알게 되었다.

비록 그 자리에는 없었지만 자신의 도움으로 주의 만찬과 관련한 새로운 갈등이 마침 해결되었던 1539년에 칼빈은 자신의 혐의를 풀게 되었다. 야코포 사돌레토에게 보낸 편지가 복귀를 향한 걸음이 되었다. 사돌레토에게 보낸 칼빈의 답변은 공식적으로는 로마와 가톨릭 세계에 보낸 편지였다. 하지만 실제로는 제네바를 향한 것이기도 했다. 제네바로 귀환하기 위해 이 편지를 보낸 것은 아니었지만 제네바 사람들은 이 편지로 매우 기뻐했다. 그들이 쫓아냈던 프랑스 사람이 자신들을 대신해 많은 노력을 했기 때문이다.

사실 제네바 사람들은 칼빈을 돌아오게 하기 위한 몇 가지 조치를 취했다. 스위스의 어떤 지역도 칼빈에게 "와서 우리를 도와 달라"라고 부탁했다. 하지만 칼빈은 돌아가고 싶은 마음이 전혀 없었다. "지옥과 같은 곳으로 돌아가야 하는가?" 칼빈은 하루에도 수천 번의 죽음을 경험하는 제네바에서 십자가를 지느니 차라리 백 번의 죽음을 당하는 게 낫다고 말하기도 했다. 물론 과장이기는 하지만 그런 끔찍한 곳으로 돌아갈 생각이 없었다. 칼빈은 인생이 힘든 싸움이라는 것을 알았다. 하지만 제네바에 있으면서 참아 왔던 정신적 고통을 생각하면 심하게 짓눌리게 될 것이다. 돌아가면 해를 당할 것이기 때문이다. 칼빈은 부르심이라는 멍에 때문에 그 동안의 역경을 참아 냈다. 이에 대한 증인은 바로 하나님이다. 칼빈이 제네바를 떠나게 되었을 때 이것을 하나님의 구원의 손길로 생각했다. 제네바로 돌아가는 것은 어리석은 일이었다. 위험은 없지만 어떤 일도 할 수 없는 상황이었다. "그곳 사람들의 삶을 볼 때 그들은 나를 참을 수 없고, 나도 그들을 견딜 수 없다." 사울처럼(삼상 10:22) 칼빈은 짐꾸러미 뒤에 숨었다. 칼빈은 제네바에서 한 교회를 섬겼던 때와는 달리 스트라스부르에서는 더 많은 교회를 섬겼기 때문에 매우 바쁘게 지냈다고 이야기했다. 마찬가지로 스트라스부르 교회도 칼빈이 떠나는 것을 원치 않았다. 하지만 칼빈이 하나님의 심판대 앞에서 자신의 결정을 설명해야 할 것이라는 파렐의 강력하고도 권위 있는 말에 다시 한 번 복종했다. "선택할 자유가 나에게 있다면 절대로 당신에게 복종하지 않을 것이다. 하지만 내가 나의 주인이 아님을 알기 때문에 주님께 나의 마음을 제물로 드리는 것이다." 칼빈은 하나님의 음성을 따르기를 원한다고 말했다. 그래서 제네바의 대표들과 만날 때 눈물을 흘리며 대화했다. "눈물 때문에 두 번이나 이야기가 중단되어서 바깥에서 잠시 쉬어야만 했다."

희생

결정은 내려졌다. 칼빈은 스트라스부르에서 짐을 꾸린 후 9월 13일에 제네바에 도착해 약간 늦었다는 사과를 했다. 그리고 교회 조직에 대한 제안을 하고 남은 생애 동안 제네바에 목사로 남고 싶다는 바람을 전했다. 그가 이런 결심을 한 데는 스트라스부르가 허락했기 때문이라는 것도 덧붙였다. 자기 이익을 위한 결정이라는 비난이 다시 생길까 봐 두려워서 칼빈은 말과 행동을 명확하고 신속하게 한 것 같다. 그는 하나님만 따르기 원했다. "하지만 내가 나의 주인이 아니기 때문에 주님께 내 마음을 제물로 드리려 한다." 그는 하나님과 다른 사람들의 심판을 받기보다는 제네바의 십자가를 지는 것이 낫다고 생각했다. 칼빈은 자원하는 마음 없이 억지로 일을 떠맡은 적이 없다. 어떤 임무를 거절하고 싶었을 때에도 마찬가지였다. 그래서 그는 다른 식으로 일을 할 수 있었음에도 불구하고 아무 일도 없었던 것처럼 행동했다. "우리에게 치욕을 준 일당을 내 손으로 때려눕힐 수도 있었다. 하지만 그냥 내버려 두었다." 칼빈은 자신의 적을 친구로 만들고 싶었고 자기 절제를 통해서 일을 이루고 싶어 했다. 이러한 일은 최선의 노력을 필요로 했기 때문에 즉시 기도와 함께 나아갔다. "나의 결정을 확고하게 이어 갈 수 있도록 하나님께 기도했다."

부서는 칼빈이 제네바로 귀환한 것을 이곳 사람들이 기뻐해야 한다고 말했다. 시의회는 칼빈의 말을 듣거나 적어도 그 안에 계시는 예수 그리스도의 말씀에 귀 기울여야 한다고 말했다. 칼빈을 통해서 예수님이 이 도시 가운데 가르침과 권징을 이루실 것이기 때문이었다. 따라서 칼빈뿐 아니라 다른 사람들도 이런 하나님의 사명에 확신을 가졌다. 칼빈은 성 피에르 성당 근처에 자리를 잡았다. 당시 이 거리의 이름은 샤누완이었다.

설교 이외의 것

칼빈은 다시 제네바에서 설교하기 시작했다. 다시 시작한 설교는 3년 전 떠나기 직전의 설교 내용이었던 성경 강해였다. 불만이나 비판의 내용은 찾을 수 없는 설교였다. 어떤 불쾌한 일도 없었던 것 같은 설교였다.

다시 설교를 하러 갔을 때 모든 사람들이 똑바로 앉아 있었다. 모두 호기심으로 가득 차있었다. 하지만 이전에 일어났던 일과 그들이 정말 듣고 싶어서 안달이었던 모든 내용들은 무시해 버렸다. 그리고 사역의 본질에 대해서 몇 마디 했다. 믿음에 대한 짧은 간증과 함께 나의 의도는 진심에서 우러나온 것임을 증언했다. 그리고 이곳을 떠나기 전에 설교했던 본문을 강해하기로 했다. 가르치는 직분을 거절한 것이 아니라 잠시 동안 가르치는 일을 방해받았다는 것을 보여 주고 싶었다.

진실한 칼빈주의자들은 뒤를 돌아보지 않는다. 단지 앞으로 나갈 뿐이다. 제네바에 처음 머무르는 동안 칼빈은 설교를 제외하고는 교회에서 할 수 있는 일이 거의 없다고 생각했다. 그래서 더 많은 일을 할 수 있는 기회를 잡았다. 교회를 조직하는 것이 첫 번째 계획이었다. 1541년에 칼빈은《교회법》이라는 작은 책을 썼다. 이 책의 내용은 교회 구조를 위한 기초가 되었고 지금까지 수세기에 걸쳐 전 세계에서 사용되고 있다. 공식적으로 이 책은 일곱 명으로 이루어진 의회의 작품이었지만 실제로 칼빈을 제외한 여섯 명은 거의 말한 것이 없었다. 하지만 주요 논점에 대해서 칼빈은 거의 한 마디도 하지 않았다. 의회는 교회 문제에 대한 관할권을 유지하고 싶어 했지만 칼빈은 자율적으로 권징을 행사할 수 있는 권리를 갖는 독립적인 교회를 추구했기 때문이다. 이런 목적을 달성할 수 없어서 여러 문제와 논란이 일어났다. 칼빈의 지지자들이 의원으로 선출되어서 간섭에서 자유로운 교회를 구체화시킬 수 있었던 1555년이 되어서야 문제가 해결되기 시작했다. 1541년에는 일이 별로 진행되지 않았다. 따라서《교회법》에는 "목사는 어떤 경우에도 사법적 권한이 없다. 목사는 오로지 말씀의 검만 휘두를 수 있다"라고 적혀 있다. 좋은 말처럼 들리지만 이런 말은 교회가 일을 하는 데 있어 아무런 소용이 없었다. 11월 20일에 이런 법령을 준엄하게 포고한 것은 바로 의회였다는 것을 밝혀 두어야만 한다. 이 사실은 수세기에 걸쳐 칼빈이 비난받은 이른바 수치스런 일의 실상은 제네바 시 정부가 제정하고 시민들이 받아들인 법률의 결과였음을 의미한다. 따라서 교회 질서에 대한 서문에는 다음과 같은 말이 적혀 있다.

"전능하신 하나님의 이름으로 우리 대의원, 소의회, 대의회는 오랜 전통에 따라 나팔과 종소리가 울릴 때 국민들과 함께 모였다." 이 서문에 이어 직분, 심방, 병자와 가난한 자에 대한 돌봄, 세례 집전, 주의 만찬을 받을 자격, 권징의 행사, 교회 출석에 관한 규정이 따라왔다. 이런 기준들로 제네바는 유명해졌다.

권징

칼빈이 도착한 지 3개월도 되지 않아서 제네바의 컨시스토리가 열렸다. 오늘날까지 잘 알려진 이 컨시스토리는 사실 칼빈이 고안했다. 물론 컨시스토리에 관한 칼빈의 개념 속에는 일찍이 부서를 비롯한 다른 사람들에게서 영향을 받은 여러 요소들이 포함되어 있다. 하지만 칼빈을 통해서 컨시스토리가 최종적인 모습을 갖추게 되었다. 특히 칼빈에 의해서 두 가지의 구조적 특징이 생겨났다. 이 특징 속에서 교회 권징과 직분에 관한 강조를 엿볼 수 있다. 컨시스토리에는 이 두 가지 형태의 교회 생활이 아주 밀접하게 관련되어 있다. 다음 몇 세기 동안 칼빈과 추종자들은 권징 때문에 사람들의 비난을 받았다. 따라서 권징과 이를 집행하는 것에 대한 칼빈의 견해를 먼저 살펴볼 필요가 있다.

칼빈은 성경을 통해서 그리스도인에게 합당한 삶의 방식이 있으며 하나님은 이를 권장하기 위한 수단으로서 여러 방법을 사용하신다고 생각했다. 이 방법 중의 하나가 권징이다. 재미있게도 부서가 사용한 권징은 독일어로 '끌다'라는 동사에서 파생되었다. 따라서 권징은 배제하기 위한 수단이 아니라 그리스도와 교회로 끌어들이는 것을 의미한다. 이런 일은 특별히 장로들의 몫이었다. 장로들의 성경적 임무는 위로하고 격려하는 것이었다. 이와 같이 권징은 때때로 주의 만찬에서 강제로 제외시키고 필요하다면 회중에 참여하는 것을 금지시키는 것도 포함하는 형태의 격려였다.

교회는 순전함을 유지해야 했다. 또한 잘못된 길에 들어선 사람들이 돌아올 수 있도록 흔들어 깨워야 했다. 나중에 교회 권징은 분노를 터뜨리거나 다루기 힘든 사람들을 제거하기 위해 사용되기도 했다. 그렇다고 이 때문에 칼빈을 비난해서는 안 된다. 틀림없이 칼빈은 권징이 남용된다고 해서 적절한 권징까지 무효화할 수는 없다고 말했을 것이다. 칼빈의 시대에는 권징의 필요성에 대해서 논의하지 않았다. 대부분의 사람들은 권징이 필요하다고 어느 정도 동의했다. 제네바 사람들은 칼빈이 오기 오래 전부터 자신의 도시가 그리스도인의 삶으로 규정되기를 원했다.

칼빈은 제네바 사람들이 이미 원했던 그런 목표에 공헌하고 그리스도인에게 합당한 삶이 나타나는 도시가 될 수 있도록 도울 뿐이었다. 칼빈 시대의 화두는 권징 자체가 아니었다. 교회가 권징을 행사하느냐 아니면 시민 정부가 행사하느냐의 문제였다. 정부는 자신들이 이 부분을 통제하고 싶어 했다. 교회가 과거 종교개혁 때까지 점유해 온 독점적 지위를 되찾지 못하도록 하기 위해서였다. 한편 교회는 그리스도인의 삶을 징계하는 부분은 교회에 속한다고 주장했다. 시민 정부가 비성경적인 동기로 그리스도인을 징계할 유혹에 빠질 수 있다는 두려움이 있었기 때문이다.

주저함

칼빈은 정부가 아닌 교회가 권징의 권리를 갖고 있어야 한다고 생각했다. 그는 시 행정장관에게 이런 생각을 이야기했고 자신의 입장을 반영하는 교회 체제를 제안했다. 하지만 시 행정장관은 칼빈의 의견을 받아들이지 않았다. 아쉽게도 칼빈이 소망한 독립적인 교회는 이루어지지 않았다. 하지만 설교를 통해 외쳤던 일을 이루기 위해 필요하다고 보았던 어느 정도의 교회 기구 형태는 있었다. 재미있는 사실은 1541년부터 1546년까지 칼빈은 제네바에서 가장 중요한 법률 고문이었다는 것이다. 칼빈은 교회 문제에 대한 규정을 만들었을 뿐 아니라 요청만 있으면 시민적 문제에 대한 새로운 법안을 입안하기도 했다. 하지만 칼빈은 이런 문제에 있어서 대단한 개혁가는 아니었다. 그는 1387년의 감독제도 헌장을 약간 수정했을 뿐이다. 어떤 처벌 조항은 완화되었고 모든 사람이 동일한 대우를 받을 수 있도록 조치했다. 그때부터 부자들과 유력한 사람들도 가난한 사람들과 마찬가지로 처벌을 받았다.

탄탄한 법 교육을 받았던 칼빈은 프랑스 피난자인 테오도르 베자와 니콜라스 콜라동을 통해 확신을 얻게 되었다. 이는 향후 제네바 발전에 중요한 역할을 했다. 콜라동은 부르주 대학에서 11년간 법을 가르쳤으며 그 후에는 변호사로 활동했다.

위의 모든 내용을 실천하려던 칼빈의 시도는 제네바 사람들의 의지와 충돌되어 강한 저항에 부딪혔다. 칼빈은 이것을 하나님의 뜻에 저항하는 것으로 생각했다. 한편 제네바의 관점에서는 칼빈이 제네바의 전통과 상황을 무시하는 것이었다. 기독교와 문화, 믿음과 전통, 변화와 보존이라는 오랜 충돌이 재현되었다. 칼빈은 제네바의 관습을 존중할 생각이 없다고 말하지는 않았다. 그러나 말씀이 항상 우위에 있고 이런 경우에는 관습에 반대한다고 주장했다. 간단히 말해서 칼빈과 제네바의 관계는 미묘했다. 칼빈은 하나님이 제네바를 떠나도록 허락하지 않으셨다고 생각했다. 제네바 사람들은 칼빈을 떠나보내면 손실이 크다는 것을 알고 있었다. 실제로 입 밖에 내지 않았지만 제네바 사람들은 칼빈이 복귀한 후 그를 추방할 기회가 많이 있었지만 그렇게 하지 않았다.

직분

칼빈는 교회 직분을 집사, 장로, 목사와 박사 네 가지로 나누었다. 칼빈은 이 네 가지 모두가 성경에 나와 있고 회중의 거룩함, 영혼 구원, 하나님의 영광을 완전하게 지향한다고 생각했다. 그러나 이 네 가지가 실제로 성경에 나온다는 것은 아니다. 목사와 박사에 대한 직분은 실제로 추적할 수가 없다. 목사는 특별한 의무를 가지고 말씀의 훈련을 받은 장로를 의미하는데, 박사는 성경적 근거가 거의 없다. 무엇이 옳든 칼빈은 네 가지 직분을 발견했고 이를 실행에 옮겼다.

아마도 가장 주목해야 직분은 장로다. 장로는 성경에 확실하게 나타나 있다. 하지만 해당 성경구절을 해석한 방식은 여전히 독특하다. 칼빈은 장로를 목자라고 생각했다. 양떼를 돌보고 역경을 당할 때 위로를 주고 믿음의 길을 제시하는 직분이 장로였다. 장로는 교리나 삶에 있어서 하나님의 양떼에서 멀리 떨어져 나간 사람들을 징계하는 일도 해야 한다. 부서와 함께 스트라스부르에 머물면서 칼빈은 이러한 교회 질서가 어떻게 실행될 수 있는지를 이미 목격했다. 그래서 제네바를 하나님이 기뻐하시는 도시로 만들기 위한 도구로 생각했다. 칼빈의 생각대로라면 장로의 직분은 교회라는 제도를 통해서 완전하게 행사되었을 것이다. 하지만 의회는 이런 생각을 매우 극단적인 것으로 여겼으므로 제네바의 장로직을 준공무원과 같은 신분으로 만들어 버렸다. 그 결과로 장로 체제는 일종의 경찰의 힘을 느끼게 했다. 이는 칼빈이 분명 피하려 했던 것이다. 그런 점에서 교회 권징의 남용으로 이어지게 된 책임이 칼빈에게 있다는 생각은 잘못된 것이다. 장로들이 '컨시스토리에서 행정장관들의 대리인'으로 나설 수 있는 기회를 의회가 부여했기 때문에 정부는 컨시스토리를 통해 어느 정도는 도시를 통제할 수 있게 되었다. 목요일마다 있던 교회 권징의 문제는 법적인 색깔을 더욱 띠었다. 하지만 칼빈에게 가장 중요했던 문제는 권징이나 공공질서가 아니었다. 칼빈에게 있어 가장 중요한 것은 하나님과 함께하고 그분만을 위한 삶을 사는 것이었다.

"사람들이 그 무게에 눌릴 정도로 지나치게 엄격해서는 안 된다. 처벌은 죄인들을 주님께로 되돌리는 치료의 수단이어야 한다." 12명의 위원들이 장로로 선출되어 매주 목요일 목사들과 모임을 가졌다.

칼빈은 세 가지 형태의 집사 직분을 이야기했다. 첫 번째와 두 번째 형태의 집사는 공식적인 것으로, 교회의 재정적 문제를 돌보는 집사와 병자와 가난한 자를 돌보는 직무를 가진 집사였다. 세 번째 형태의 집사직은 교회 성도들로, 이들도 가난한 자와 병자를 적극적으로 돌보는 책임이 있었다. 박사는 설교자가 교리를 정확하게 알고 복음이 인간의 생각 때문에 흐려지지 않도록 했다. 박사는 목사와의 협의 아래 시의회의 위원으로 선출되었다. 따라서 모든 교회 직분은 서로 조화를 이루어야 했다. 장로는 사람들이 하나님과 함께하고 역경이나 번영 속에서 잘 걸어갈 수 있도록 돕는 직분이었다. 목사는 성경을 통해 하나님의 방법을 설명하고 박사는 목사를 교육하며 교리의 순수성을 보전하는 일을 했다.

칼빈의 테이블

교회 권징과 관련한 모든 문제는 주의 만찬을 할 때에도 그대로 따라왔다. 하나님과 교회의 직분자들과 회중이 한 테이블에 둘러앉는 자리였기 때문이다. 이 테이블에서 칼빈이 평등·자유·박애의 정신으로 특징 지어지는 교회 제도를 발전시켰다는 것이 분명해졌다. 이 세 가지 정신은 약 2세기 반 후에 수많은 프랑스 사람들이 혁명적인 것으로 환영했던 개념이었다. 칼빈의 만찬 석상에서 모든 사람은 죄인이자 의인이었다. 사람들은 정죄받지 않을 뿐 아니라 모든 주인에게서 자유했다. 단, 그리스도는 제외하고 말이다. 그들은 형제와 자매로서 하나가 되었다. 이런 혁명적인 열매를 보호하는 것이 컨시스토리의 임무였다. 제네바의 컨시스토리는 구체화된 권징 개념 때문에 세계적으로 유명해졌다. 베른, 취리히, 스트라스부르, 바젤에도 윤리적 문제를 다루는 의회가 있었다. 그러나 제네바는 칼빈이 요구해서 얻게 된 출교의 권리가 있었다는 것이 독특했다. 하지만 컨시스토리는 결코 법정이 아니었다. 처벌보다는 분쟁이 되는 사안을 판단하고 훈계하는 자문 조직이었다.

칼빈은 특별히 중재자의 역할을 감당했다. 여러 사례의 세부적인 부분을 살펴보면 명백히 나타난다. 이에 대한 구체적인 사례는 1548년에 장 프로세라는 젊은이가 의회에 소환되었던 것에서 찾아볼 수 있다. 이 청년은 일하지 않고 하루 종일 술을 마시며 건달들과 어울려 지냈다. 칼빈은 그 젊은이에게 겸손하고 절제된 삶을 살고 부모를 공경하고 돌봐야 한다고 조언했다. 또 알코올에 찌든 사람들과 시간을 보내지 말라고 말했다.

그 후 3월 1일에 모자 제조인인 마켓과 그 부인이 위원회에 출두 요청을 받게 되었다. 마켓은 포카스의 부인과 많은 시간을 보내지 말라는 자신의 요구를 아내가 듣지 않자 아내를 폭행했다. 마켓의 부인은 남편이 그런 요구를 한 적이 없다고 주장했다. 거기다 남편이 그녀를 심하게 때려서 병까지 났다고 했다. 칼빈은 마켓에게 "그리스도인이 아내를 그런 식으로 대하는 것은 적합하지 않다"라고 조언했다. 칼빈은 그 여인에게도 남편이 포카스 집에 가는 것을 원하지 않는다면 가지 말라고 말했다.

일주일 후에 앙드르 다트나의 미망인인 클로드가 위원회에 왔다. 한 젊은 청년과 간통했기 때문이다. 클로드가 위원회에 왔을 때, 이미 그 청년은 도시를 떠난 상태였다. 이 여인은 예전에도 이와 비슷한 일로 감옥에서 8일을 보낸 적이 있었다. 칼빈은 간통한 사람은 하나님께 회개해야 한다고 말하고 다시는 그런 유혹에 빠지지 말라고 경고한 후에 클로드를 보냈다.

이런 사례들은 칼빈과 컨시스토리가 하나님과 인간 사이의 화해와 평화를 목표로 했다는 것을 명백하게 보여 준다. 칼빈의 컨시스토리에 소환된 사람들은 법정에 출두한 것이 아니었다. 고해실에 온 것이었다. 따라서 그들은 처벌이 아닌 사면을 받고 돌아갈 수 있었다.

계획

자신의 이상대로 칼빈은 엄청난 계획을 세웠다. 제네바의 사안들을 조직화하기 위한 길고도 어려운 여정을 시작한 것이다. 칼빈은 하나님이 그렇게 원하신다고 생각했다. 제네바도 그렇게 해주기를 칼빈에게 요청했다. 칼빈은 목사들을 점진적으로 교체하면서 일하기 시작했다. 목사를 교체하는 일은 반드시 필요하다고 생각했던 문제였다. "동료들은 도움이 되기보다는 걸림돌이 되었다. 그들은 거칠고 교만했고 먼저 일을 시작하는 법이 없다. 지식도 부족하다. 그들을 신뢰할 수 없다는 게 가장 안타깝다."

물론 이것은 칼빈의 견해지만 자료를 통해서 볼 때에도 1538년에 이곳의 목사들은 자신들의 직무를 하지 않았다. 게다가 술, 돈, 섹스와 관련된 여러 죄까지 저질렀다. 칼빈이 제네바로 돌아왔을 때 칼빈은 그들을 한꺼번에 갈아치울 기회가 있었다고 말했다. 하지만 그렇게 하지 않았다. 교회의 평화를 지키기 위해 할 수 있는 일을 다 하고 지나치게 심한 조치를 내린다는 질책을 피하고 싶었기 때문이다.

교회 전체가 잘 되기를 원한다면 목사 문제를 우선적으로 원만하게 해결해야 했다. 몇몇 목사는 칼빈에게 매우 우호적이었다. 하지만 노골적으로 적대적인 사람도 많았다. 그럼에도 칼빈은 자신의 성격상 어려웠지만 호의를 유지해 가면서 화해하려고 애썼다. 칼빈은 결국 이 일을 해냈다. "한때는 적이었던 사람들이 지금은 친구가 되고 있다. 이런 일들이 매일 일어나고 있다."

적들이 친구가 된 것뿐 아니라 1546년에는 프랑스 출신의 목사들이 1538년의 옛 파수꾼들을 대신하게 되었다. 제네바의 모든 사람들이 이런 결과에 만족하지는 않았다. 평균적으로 9~12명의 목사들이 매주 한 차례씩 만나서 교리의 통합성을 유지하고 의견의 차이점을 극복하기 위해 애썼다. 이를 위해 중요한 두 기관이 설립되었다. 매주 금요일 아침 7시에 회중이 강당에 모였다. 제네바와 외곽 지역의 목사들과 그 보조자들로 (나중에는 아카데미의 교수들도 포함되었다) 이루어진 이 조직은 주교가 하던 기능들을 담당했다. 이 중 한 사람이 성경 본문에 대한 서론을 제공하면 그것을 갖고 전체가 토론했다.

칼빈은 모든 강의에 참여했다. 회중의 정규 회원도 단순히 듣는 차원을 넘어서 적극적으로 참여할 수 있었다. 회원의 성장을 위한 성경 공부는 목사들에게는 평생교육의 의미가 있었다. 진실한 가르침이

유지되는 조건 아래서 토론과 새로운 통찰을 다룰 수 있게 되었다.

회중 모임을 마치고는 비공개 회의를 위해 목사회(Compagnie des Pasteurs)로 모였다. 목사만 참여해서 일의 진행을 논의하고 다양한 방식으로 서로를 감독했다. 이 방법 중 하나가 분기당 한 번씩 열리는 '형제간의 권징'(censura morum)이다. 공개적인 대화로 진행된 이 시간에는 동료 목사의 삶이나 교리에 어떤 문제가 있는지를 자유롭게 말할 수 있었다. 만약 문제가 있다면 그것을 파악해서 해결하도록 했다. 칼빈의 교회 규칙에 명시된 대로 목사들이 절대 해서는 안 되는 죄의 목록들이 있었다. 싸움, 술 취함, 오류에 집착하는 것과 함께 사람을 공격하기 위해서 성경을 이용하거나 노력을 게을리 하는 것, 쓸데없는 질문에 집착하는 것도 포함되었다. 간단히 말해서 목사에게서 쉽게 발견되는 일상적인 단점을 폭넓게 제시한 것이다. 물론 목사는 회중에게 그리스도인으로서의 미덕을 보여 주는 모범이 되어야 한다. 전형적인 개혁교회 목사상이 태어난 것은 이런 목사회와 여러 규정 덕분이다.

개혁

교회의 주요 부분을 다시 세우고 완전한 조사를 해야 한다는 것을 칼빈은 명백히 알고 있었다. 칼빈이 정확하게 무엇을 의도했는지는 1543년 9월에 사보이에 있는 세르넥스의 목사에게 보낸 편지에서 뚜렷하게 알 수 있다. 칼빈은 미신, 관습, 이상한 신앙들이 교회에 침투해 믿음이 매우 복잡해지고 하나님의 영광이 손상되었다고 밝혔다. 개혁되지 않은 교회에서는 죽은 자에게 말을 하고 나무와 돌 형상에 예배했다. 그런 관습은 필요 없는 것일 뿐 아니라 하나님의 이름을 훼손하는 행위다.

예수님의 최후 만찬과 미사를 비교해 보면 둘 사이에 엄청난 차이가 있음을 알게 된다. 하나님이 값없이 주시는 은혜를 받아들이는 대신 구원은 부분적으로 인간의 노력에 달려 있다고 말함으로써 사람의 양심을 괴롭히는 것은 끔찍한 죄다. 게다가 성인들로부터 더 큰 도움을 얻을 수 있다고 말하기까지 한다. 여기에 더해 사람들은 여러 가지 전통과 스스로 고안한 것들을 쌓아 가며 참된 예배를 묻어 버리고 있다. 이는 무거운 짐과 같다. 칼빈은 한번 익숙해진 것들은 제거하기 힘들지만 이왕 해야 할 일이라면 바로 없애야 한다고 덧붙였다. 하나님을 잘 섬기고 싶다면 어떤 관습도 거부하고 하나님이 정말 요구하시는 것으로 돌아가야 한다. 오래된 관습이라도 그것이 하나님의 영광을 가린다면 제거해야 한다.

당시 교회들처럼 그런 일들이 지속되도록 내버려 둘 수는 없었다. 칼빈이 표현한 것처럼 완전하게 갱신하지 않으면 어떤 치료도 할 수 없는 혼잡의 바벨탑이 세워지기 때문이다. 성례는 주 예수님이 제정하신 대로 기념되지 않았다. 여러 가지 어리석은 관습이 세례와 함께 행해졌다. 심지어 성례가 아닌 견진성사(신자의 머리 위에 기름으로 안수하여 신앙을 견고하게 하는 의식)를 더 중요하게 여기기도 했다. 이런 상황 속에서 주의 만찬을 하고 있었다. 이는 그리스도가 우리에게 선물로 주신 것인데 도리어 우리가 하나님께 드리는 제물로 바꾸어 버렸다. 제사장은 성찬식에 참여하기 위해 회중과 자신을 분리시키며 의식 내내 마술사처럼 온갖 종류의 말들을 읊조린다. 또한 회중이 포도주를 받는 것은 허락되지 않았기 때문에 불완전한 성찬식이 될 수밖에 없었다. 칼빈은 이런 상황을 고려하면서 교회에 대한 조사를 완전하게 해야 한다고 말했다.

두려움

오늘날 칼빈은 개혁운동의 지도자이기보다는 폭군의 모습으로 더 알려진 것 같다. 전방위로 사람을 감시하고 이웃의 죄를 고발하는 것이 시민의 의무였던 제네바 같은 도시에서 사는 것은 끔찍했을 것이다. 모든 것을 그냥 지나치지 않았던 칼빈이 정당 지도자로 있었던 이곳의 이미지는 사뭇 동독 개혁 상황과 비슷하다. 다른 끔찍한 이야기의 배경에 이런 이미지가 있었고 칼빈, 칼빈주의자, 교회 권징, 컨시스토리와 같이 개혁교회와 관련된 모든 것에 대한 깊은 혐오감을 불러일으켰다.

하지만 가장 큰 문제는 널리 알려진 칼빈의 이런 이미지가 역사적 사실과 전혀 관련이 없다는 것이다. 칼빈은 제네바의 우두머리와 같은 사람이 아니었다. 그는 정치적 힘이 전혀 없었다. 칼빈은 유명한 목사였지만 그것 때문에 개인적으로 얻은 것은 거의 없었다. 제네바에서는 정부가 최종 결정권을 행사했다. 심지어 교회 문제에서도 그랬다. 특별히 정부가 자신에게 그리 호의적이지 않은 상황에서 칼빈이 얻을 수 있는 것은 더욱 없었다. 더군다나 기독교 국가라는 이상은 칼빈이 제네바에 오기 전에 이미 제네바 사람들이 품었던 소망이었다.

제네바의 엄격한 윤리 기준은 반드시 신학적인 것은 아니었다. 이

기준들은 사회적 · 정치적 성격을 강하게 갖고 있었다. 평화와 평온을 유지하며 매력적인 사회적 · 경제적 풍토를 진작시킬 목적을 지닌 것이기 때문이었다. 두려움을 유발시키는 칼빈주의자들의 산물로 폄하된 많은 것들이 오늘날에는 진보된 서양 문화의 긍정적 특징으로 여겨지고 있다. 이에 대한 한 가지 예가 보상금으로 범죄 신고의 의무를 독려하는 텔레비전 광고와 도로변의 큰 광고판이다. 또 시민적 규범과 가치를 의도적으로 고양하는 정부 정책에서도 볼 수 있다.

지금 시대 사람들이 반감을 갖고 거부해야 마땅할 것 같은 칼빈의 생각들이 실제로는 잘 통하고 있는 것이다. 어쨌든 이들의 문화적 배경 속에서 칼빈의 생각들이 비판 없이 수용되고 있다.

당시 여러 도시처럼 제네바도 거주자들에게 특정 종교를 강요하려는 의도보다는 사람들 간의 통합을 도모하기 위해 단일 종교를 유지하려는 계획을 세웠다. 이를 통해 경제와 사회 복지에도 도움이 될 것이라 생각했다. 단일 종교를 유지하려는 노력은 자칫하면 독립을 상실할 수도 있었다. 단합만 된다면 어떤 위협에도 저항할 수 있었다. 그러나 무엇보다 심각하게 유럽 전역에 걸쳐 만연한 두려움이 있었는데, 바로 뮌스터에서 일어난 사건이 재발할 것에 대한 두려움이었다. 즉 재세례파가 세우려던 왕국이 종교적으로 분열되어 유혈이라는 파국을 가져왔고 결국 주교의 통제를 받게 된 것이다. 제네바 사람들이 가장 피하고자 했던 상황이 이런 것이었다. 칼빈은 그런 성향을 가진 도시에 적격자였다. 제네바의 엄격한 도덕적 분위기는 이미 칼빈이 도착하기 전부터 형성되어 있었다. 1490년경부터 미사 시간에는 도박은 물론 술집도 영업을 할 수 없었다. 칼빈이 도착하기 2년 전에 시 행정장관은 거리에서 춤추는 것을 전면 금지했다. 칼빈이 도착했던 5월보다 이른 1536년 2월에는 설교 시간과 밤 9시 이후에는 카드와 주사위 놀이를 하지 못하게 했다. 이웃의 범죄를 신고하는 시민적 의무는 도시 대부분에서 일상적인 것으로 중세 후반에 제네바에서 행해졌다. 제네바는 '미연에 방지하자'라는 원칙을 일반적으로 따랐다. 이런 조치에 대한 불평은 이해할 만하다. 오늘날의 속도위반 감시와 주차 딱지에 대한 불평과 별로 다르지 않다.

어쨌든 교회 의회라기보다는 준정부조직이었던 컨시스토리가 다룬 사건은 꾸준히 늘어났다. 예를 들어 결혼에 대한 사건은 1546년의 182건에서 1557년에는 323건으로 증가했다. 의회가 적극적으로 개입을 하기도 했지만 인구가 증가한 데에도 원인이 있었다. 이 기간 동안 영적 징계는 더욱 엄격해졌다. 1546년에는 주로 훈계 형태였지만 시간이 지나면서 주의 만찬에 참석하는 것을 금했다. 주의 만찬을 금지하는 것은 1546년의 5건에서 1552년의 36건, 1557년의 114건으로 꾸준히 늘어났다.

"제네바에서부터 시작해 세상을 변화시키라"와 같은 칼빈의 구호는 대부분 제네바 사람들이 원했던 것이다. 칼빈과 함께 멍에를 질 생각이 없었던 사람들은 다른 곳에 자신들만의 도시를 건설할 자유가 있었다. 모든 것이 극단적으로 기독교화되는 것에 우려를 나타냈던 파브르 가에 보낸 칼빈의 편지에서 이런 생각을 알 수 있다. "제네바에서 살고 있는 한, 하나님의 법에 저항하는 모든 시도는 완전히 헛되다."

칼빈은 완전하게 이 일을 할 수 없다는 것을 알았다. 하지만 할 수 있는 한 좋은 교회를 세우기 위해서는 사람들이 연합하고 노력해야 한다고 생각했다. 이는 칼빈이 쏟았던 노력의 범위를 말해 준다. 모든 일이 완전하게 되는 것은 아니겠지만 제네바에서 여전히 최선의 노력을 할 수 있었다.

다툼

칼빈은 교회를 조직하는 방식에 충분히 만족하지 않았다. 그러나 컨시스토리와 권징이 있다는 사실에 기뻐했다. 칼빈은 고대 이스라엘과 같은 것을 기대했을 것이다. 왕과 제사장 그리고 궁전과 성전이 자체적인 사법권을 갖고 있었음에도 서로 긴밀하게 협력했던 것처럼 말이다. 이런 생각을 가진 사람은 칼빈만이 아니었다. 많은 종교개혁자들이 같은 이상을 품었다. 아마도 거의 모든 사람이 세례를 받는 사회에서 기대할 만한 이상이었을 것이다. 그러나 제네바가 임시적인 새 예루살렘이 될 수 있다는 희망은 그것이 아직 시기상조라고 생각한 의회 때문에 꺾이게 되었다. 이것은 칼빈이 어떻게 할 수 있는 일이 아니었다. 하지만 계속된 상황으로 목사와 의회뿐 아니라 목사 내부에서도 의견이 늘 일치되지 않아 많은 다툼과 좌절이 생겨났다. 이는 1541년 11월 20일에 나팔 소리와 교회 종이 울리면서 교회법이 채택되던 때부터 1555년 1월 24일에 컨시스토리의 독립이 선포될 때까지 수많은 충돌과 분쟁이 있었던 것을 의미한다. 공적인 생활이 컨시스토리의 감독 아래 들어가고 모든 시의 구획마다 장로와 집사가 있었다. 하지만 컨시스토리의 결정은 시의회의 지지가 없으면 아무 의미가 없었다. 문제는 바로 거기에 있었다. 칼빈은 이 상태로 넘어가려 하지 않았다. 교회가 도시로부터 자유롭게 결정할 수 있기를 원했다. 하지만 의회도 결정이 확고했다. 게다가 외국인인 칼빈이 마련한 법을 채택할 의지가 없었다. 이에 관한 몇 가지 흥미로운 일화를 소개하겠다.

일은 좋게 시작되었다. 기념일 다음날인 11월 21일에 칼빈과 몇몇 사람은 제네바 법 규정을 개정할 임무를 맡았다. 법 영역에 있어서 재능을 인정받은 칼빈은 이를 위해 많은 노력을 기울였다. 제네바 사람들은 새로운 법령에 만족했다. 새로운 법령이 완성되자 시에서는 칼빈이 제네바를 위해 노력했다며 그 보답으로 오래된 포도주 한 통을 주었다. 칼빈이 전혀 기대하지 않은 상이었다. 하지만 목사들은 종종 이런 경험을 하게 되지 않는가? 처음에는 많은 사람들이 만족하지만 곧 달콤한 포도주마저도 쓰디쓴 쓸개와 같은 것으로 바뀌는 때가 온다는 것을.

사람들은 칼빈을 의심하기 시작했다. 칼빈이 프랑스인 목사의 수를 늘렸기 때문이다. 1543년에 칼빈은 네 명의 프랑스인 목사를 추가했고 1544년에는 두 명을, 1545년에는 또다시 두 명을 늘렸다. 칼빈의 지도 아래 총 여덟 명의 새로운 프랑스인 목사가 영향력 있는 위치에 오르자 제네바 사람들은 긴장하기 시작했다.

듣기

칼빈의 믿음대로라면 라구에니르는 교회에서 칼빈의 설교를 실제로 경청했던 유일한 사람이었을 것이다. 칼빈은 설교를 듣는 사람에 대해서 다소 비판적이었다. 칼빈은 사람들이 자신의 설교를 실제로 듣는지에 대해 회의적이었다. 실제로 제네바에서 복음을 설교했는데 '아무도 행하지 않는다면 복음이 무슨 소용이 있는가?'라고 생각했다. 사람들은 단지 습관적으로 교회에 다녔다. 교회에 가는 것은 의식에 그칠 뿐이었다. 따라서 "사람들은 교회에 들어왔던 바로 그 상태로 다시 교회를 빠져나갔다."

칼빈은 회중이 설교를 동화처럼 여긴다고 느꼈다. 사람들이 무지한 것은 당연했다. 크리스마스 즈음해서 그들에게 "하나님이 육신으로 오신 것이 어떤 의미를 갖는지를 아느냐?"고 물었을 때 "어렸을 때 배운 것을 그대로 반복할 수 있는 사람을 열에 하나 찾기도 어려울 것이다." 그들은 여물통에 반사적으로 다가가는 동물과 같았다. "주의 만찬, 세례, 결혼 때문에 교회에 가는 순간 그들은 자신들이 무엇을 구하고 있는지도 잊어버리기 때문이다."

사람들은 매일 울리는 종소리를 무시했다. 매 주일 사람들을 끌어모으기 위해 네 번씩이나 종을 울렸는데 사람들은 한 번으로 충분하다고 생각했다. 간단히 말해서 지금까지 대부분의 사람들은 '교회와는 가까이, 하나님과는 멀리'라는 속담에 따라 살았다. 그들은 노력과 근면의 부족을 온갖 종류의 질문으로 덮어 버렸고, 하나님이 어떤 사람은 선택하시고 다른 사람은 저버리시는지에 대한 이유를 알기 원했다. 하나님의 심판이라는 주제가 떠오르면 사람들은 탈출구를 찾았고 죄의식도 전혀 느끼지 않았다. 간단히 말해서 그들은 천국의 여러 방들을 살펴보고 싶어 했다. 하지만 거기에 도달하기 위한 노력은 하지 않았다. 칼빈은 복음을 위해 애쓰는 우리 그리스도 인들보다 회교도, 유대인, 이교도, 가톨릭교도들이 그들의 신앙에 더욱 열심을 내는 것은 우스꽝스러운 일이라고 생각했다. 여기서 '우리'라는 말이 중요하다. 칼빈은 '우리'에 자신을 포함시켰다. 설교자로서 강단 위에 섰지만 인간으로서는 그들 가운데 속했다. 그가 이끌어 낸 모든 적용 속에서 칼빈은 늘 성경 본문과 가까이 있었다. 아마도 원문에 충실할 것을 요구하는 인문주의 때문일 수도 있다. 하지만 좀 더 개인적인 이유는 칼빈이 끊임없이 안정감을 찾으려 했기 때문이었을 것이다. 거칠고 혼란스럽고 유동적인 세상 가운데서 말씀만이 확실성을 보장하는 유일한 지점이기 때문이다. 확고하게 붙들 곳을 찾는 사람은 할 수 있는 한 성경 본문 가까이에 머물러야 했다.

군가

개혁교회는 찬양을 많이 한다. 외부 사람들이 놀라는 것은 예배를 드리러 갈 때 자기 찬송가 책을 가져가는 것이었다. 많은 어머니들이 주일마다 여러 찬양 책을 가지게 된 것은 칼빈 덕택일 것이다. 하나님은 찬양받으셔야 하고 주님을 아는 모든 이들은 찬양할 준비가 되어 있어야 한다. 하나님은 우리가 하나님의 말씀을 듣고 나서 반응하기를 원하신다. 노래는 그런 반응 중 한 가지다. 사람들은 하나님이 만드신 찬송 책인 시편을 즐겨 사용한다. 칼빈은 다윗의 시편보다 훌륭한 찬양은 없다고 생각했던 아우구스티누스의 이름을 빌어 이야기했다. 시편 속에는 칼빈에게 실존적으로 다가오는 요소가 있었다. 다윗과 칼빈의 삶에는 여러 유사점이 있었기 때문이다.

마찬가지로 칼빈은 프랑스 개신교도와 애굽의 이스라엘 백성, 교회를 위해 싸우는 사람과 광야의 이스라엘, 흩어진 개신교도와 디아스포라 유대인들 사이에도 공통점이 있다고 보았다. 이런 유사성은 각각을 비교하고 연관시킬 수 있을 정도로 명백하다. 그래서 시편은 칼빈과 회중이 처한 상황을 발견할 수 있는 기준으로 이해되었다. 시편은 천국이 이 땅에서는 발견할 수 없는 진정한 고향임을 아는 순례자들을 위한 노래가 되었다. 시편에 굉장한 애착을 가지게 된 개혁교회 성도들은 번영과 역경 속에서, 항해를 하거나 전장에서 싸울 때, 또한 죽음을 기다릴 때 시편으로 찬양했다.

그러나 찬양을 고무적으로 보는 견해 뒤에는 적어도 두 가지 문제에 대한 두려움이 있었다. 첫째는 침묵하는 회중의 문제였다. 종교개혁자들의 관점에서처럼 로마 가톨릭교회는 회중의 입에 재갈을 물렸다. 사제들은 이해할 수 없는 라틴어로 노래했다. 회중이 해야 할 찬양의 책임을 성가대에게 떠맡기고 있었다. 그래서 칼빈은 회중을 대신하는 성직자와 성가대를 없애야 한다고 보았다. 성경은 아이들의 입을 통해서도 하나님은 찬양받으셔야 한다고 말한다(시 8:2). 그렇다면 나이에 상관없이 찬양해야 하고 찬양을 배워야 한다. 그리고 노래할 수 있는 책이 있어야 한다.

하지만 여전히 문제가 있다. 찬양이 교회에 오류를 침투시키는 통로가 된다는 것이다. 찬양은 설교보다 외우기 쉽다. 비성경적인 요소를 담은 찬양이 많이 있어서 칼빈은 성경을 벗어나서는 안 된다고 생각했다. 한편 음악은 말씀의 역사를 강화할 수 있다. 이사야가 하나님께 찬양하고 싶다고(사 5:1) 한 구절에 대해 칼빈은 "덜 번득이는" 방법으로보다는 찬양을 통한 가르침이 더 잘 전달된다고 주석을 달았다. 한편 찬양은 포도주를 통에 부을 때 사용하는 깔때기와 같아서 잘못된 단어가 음악 가운데 있으면 독과 부패가 마음에 침투할 수 있다. 시편과 같이 하나님이 허락하신 찬양이 이미 성경 속에 있는데 사람이 해석하여 만든 찬양을 위험을 감수해 가며 불러야 하는가? 결국 노래하는 사람과 새의 차이점은 자신이 노래하는 것을 이해하고 있느냐는 것이다. 마음은 노래를 이해하고 이를 통해서 우리는 기쁨을 경험할 수 있다. 우리는 마음으로부터 기도하기 원한다. 음악과 찬양은 기도에 자극을 준다. 칼빈은 기도, 음악, 노래를 이런 흐름으로 이해했다.

음악

칼빈은 음악에 대한 깊은 이해가 있었다. 칼빈은 하나님이 가인의 후손인 유발(창 4:21)을 통해 음악을 발명하게 하신 것은 놀라운 일이라고 생각했다. 하나님의 은혜의 증거는 가인의 저주에도 불구하고 그의 후손이 여전히 뛰어난 재능을 지녔다는 데 있었다. 칼빈에게 이런 사실은 하나님의 은혜의 빗줄기가 불신자들에게서도 발견된다는 증거였다. 그 구체적인 증거로 칼빈은 점성술, 의학, 정치학 등을 예로 들었다.

하나님은 인류에게 찬양을 위해 음악의 재능을 주셨다(사 28:29). 하지만 음악은 불행하게도 남용의 위험에 처해 있었다. 아무런 유용도 없이 쾌락만을 위해 사용되고 사람들이 더욱 유익한 활동에 참여하는 것을 방해하기도 했다. 칼빈은 게으름이 죄라고 생각했던 것처럼 즐거움만을 위해 음악을 만드는 것은 바람직하지 않다고 생각했다. 인간의 활동은 좋은 목적을 지향해야 한다. 이는 실제적으로 신앙의 문제였다. 하나님의 은혜를 일단 맛본 사람은 즐거움을 위해서만 노래하려고 하지 않을 것이기 때문이다(사 42:12). 어쩌면 칼빈은 술, 여자, 노래가 일으키는 문제를 너무 많이 보았기 때문에 순전한 찬양을 위해서 음악을 만드는 것이 불가능하다고 생각한 것 같다. 이런 맥락에서 칼빈은 사람들이 자제력을 잃고 이상한 일을 하게끔 하는 쓸모없고 심지어는 수치심도 느낄 수 없는 활동에서만 탬버린 같은 악기가 소용된다고 생각했다. 이는 스스로 끊임없이 억누르고 모든 부도덕과 싸우려는 사람에게는 심각한 문제였다. 마찬가지로 칼빈은 다윗의 음악이 사울의 마음을 평안하게 했던 것은 아니었다고 생각했다. 음악이 침울한 분위기에서 도움을 주고 우울한 사람의 영혼을 새롭게 하고 고양시킬 수 있지만 그 자체가 실제적이고 지속되는 치료는 아니었다. 음악으로 치유가 되었다면 그것은 하나님의 뜻이 있었기 때문이다. 칼빈은 이런 주장을 통해 음악의 가치를 손상시키려 한 것은 아니었다. 하나님의 통제를 벗어나서 역사하는 힘이 있다는 암시를 전적으로 피하기 위해 음악 뒤에 하나님의 손이 있다는 것을 깨닫기를 원했을 뿐이다.

루터도 음악의 힘을 알고 있었다. 하지만 그것을 마귀를 쫓기 위해 사용했다. 한편 칼빈은 플라톤을 인용하며 음악이 "사람의 마음을 정반대로 바꾸어 놓는 신비하고 거의 믿기 힘든 힘을 갖고 있다"

라고 말했다. 칼빈은 음악을 마귀와 그리 연관시키지 않았다. 루터는 사탄의 유혹에 단단히 저항하기 위해 찬양했다. 칼빈은 인간의 냉담한 마음을 따뜻하게 하기 위해 찬양했다. 믿을 수 없을 정도의 힘을 가진 음악은 루터의 마음에서는 마귀를 몰아냈고 칼빈에게는 마음의 뜨거움을 가져다 주었다. 칼빈은 지휘자들의 지도 아래 화음으로 시편을 노래하는 청소년 성가대를 시작하기도 했다. 1537년에 칼빈은 성가대의 도움으로 회중을 가르쳐서 시편으로 찬양하게 할 수 있다고 이야기했다. 칼빈은 1541년에 스트라스부르에서 돌아온 직후에 이 계획을 실천에 옮겼다. 츠빙글리는 이를 불가능하다고 생각했지만 칼빈은 훈련을 통해 사람들을 더욱 깊은 예배로 이끌 수 있는 대규모 회중 찬양을 도입했다. 더구나 칼빈은 교회뿐 아니라 "가정과 일터"에서도 시편을 불러야 한다고 생각했다.

명료성

칼빈이 예술을 혐오해서 교회에서 음악의 역할을 제한했다고 알려져 있는데 이것은 완전히 잘못된 것이다. 칼빈이 제네바에 왔을 때, 교회에서는 어떤 음악 소리도 들리지 않았다. 음악을 노래의 형태로 실제로 재도입한 사람이 칼빈이었다. 화음보다는 동음으로 악기의 도움 없이 부르는 노래를 장려했던 이유는 쉽게 설명될 수 있다. 칼빈이 예술을 혐오했기 때문이라는 생각은 오해다. 오랫동안 노래하는 습관을 갖지 않았던 사람들은 단순한 음으로 다시 시작하는 것이 낫기 때문이다. 더구나 노래의 본질은 말씀과 곡조이기 때문에 악기는 주의를 산만하게 할 수 있다. 오르간과 다중화음은 마음보다 귀에 더 많은 신경이 갈 수 있다는 염려 때문에 사용하지 않았다. "귀를 통해 들려 오는 곡조에 더 큰 신경을 쓰기보다는 마음을 통해 말씀의 영적인 의미에 귀 기울일 수 있도록 주의해야 한다." "마음과 입술에서 나오는 일상적인 언어로 된 단순하고 순전한 찬양 노래로 충분하다."

루터가 성경의 명료성을 가르쳤다면 칼빈은 명료한 노래를 이야기했다. 하나님에 대한 찬양이 교회에서 울려 퍼져야 하는데 화음이 내용의 명확성을 왜곡시킬 수 있었다. 더구나 칼빈은 노래와 기도는 너무나 밀접한 것이어서 악기가 하나님과의 대화를 방해할 수 있다고 생각했다. 노래는 인간의 즐거움을 위한 것이 아니라 하나님을 위한 것이었다. 만약 듣는 즐거움을 위해서 교회에서 노래한다면 그 노래는 교회의 영광에도 적합하지 않고 하나님도 기쁘시게 할 수 없을 것이다.

찬송가

1542년에 칼빈은 찬송가 초안을 만들었다. 주로 기도, 세례, 주의 만찬, 결혼, 여러 가지 운율로 된 시편을 담았다. 이 책은 개혁파 예배의 전형이 될 많은 특징이 있었다. 첫 번째는 예전의 서식이 나타난 것이었다. 하나님의 백성은 지식이 부족했기 때문에 멸망했다고 선지자는 말했다(호 4:6). 이를 막기 위해 칼빈은 예배의 기능이 무엇인지 교육해야 한다고 생각했다. 예전 서식은 성경에서 세례, 주의 만찬, 결혼에 대해 성경이 어떻게 말하는지를 간략하게 요약했다. 또한 의식을 행하기 전에 관련된 서식을 낭독했다. 이런 반복되는 교육을 통해 예전이 주는 더 큰 열매와 축복을 얻을 수 있도록 했다. 한편 잘못된 방식으로 거행되는 것을 예방해 자신과 다른 사람에게 해를 끼치거나 하나님의 이름을 더럽히지 않도록 했다. 다시 말해서 예전 서식은 믿음의 경험에 맞물리는 믿음의 지식을 제공했다.

시편도 이 서식에 대표적으로 포함되었다. 시편에 대한 칼빈의 관점과 사용 방식은 그것 자체가 하나의 주제가 될 수 있다. 첫 번째 찬양집이 1539년에 스트라스부르에서 출판되었는데 칼빈이 직접 시편 25편, 36편, 46편, 90편, 138편을 운율화한 것을 담고 있었다.

칼빈이 찬송가 초안을 만들 수 있었던 데는 자신의 장점보다는 클레망 마로와 같은 사람들의 도움을 받았기 때문이라고 생각했다. 그 결과 1541년판 시편은 가사와 곡조에 있어서 훨씬 질이 좋아 졌다. 칼빈은 가사뿐 아니라 곡조에도 신경을 썼다. 곡조가 하나님의 영광과 위엄을 반영해야 한다고 생각했기 때문이다. 칼빈은 길거리 음악, 대중이 부르는 노래, 술집 음악의 곡조를 이용해서 하나님을 찬양하고 싶지 않았다. 하나님을 찬양하는 음악은 이와는 다른 형태로 만들어야 한다고 보았다. 그 나름의 형태와 고품격의 곡조를 가진 것이어야 했다. 하나님을 향한 찬양은 최상의 것으로만 드려져야 하기 때문이다. 특히 하나님과 천사들이 임재하기 때문에 악보에서 하나님의 영광을 듣고 느낄 수 있어야 했다. "편안한 상태에서 즐기기 위해 만드는 음악과 하나님과 천사가 임재하는 교회에서 부르는 시편과는 큰 차이가 있다."

이런 예전은 예배가 하나님과 그 백성이 만나는 사건이라는 칼빈의 생각에 뿌리를 두고 있다. 성막과 성전의 경우와 동일하다. 따라서 예전의 개별적 요소는 논리적인 순서가 있어야 하며 하나님의 말씀과 성도의 반응이 번갈아 가며 나타나야 한다. 하나님의 말씀이 항상 먼저 나오고 다음에 성도가 응답해야 한다. 하나님의 말씀이 선포되는 설교는 십계명이나 사도신경을 노래하는 응답으로 이어져야 한다. 이렇게 해서 회중은 하나님의 길을 따르고 그를 믿고 고백하려는 소원을 표현한다. 그러면 하나님은 주의 만찬과 같은 성례를 통해 그들의 믿음을 굳게 하시고 성도는 노래로 찬양하며 감사의 제물을 드리며 응답했다. 하지만 칼빈은 하나님의 말씀으로 마무리해야 한다고 생각했기 때문에 주님의 축복으로 예배를 끝맺었다.

역병

그런데 하나님의 축복은 1542년에 제네바에서 역병이 돌았을 때 사람들에게 좋은 인상을 주지 못했던 제네바의 목사에게 달려 있지 않았다. 시 행정장관은 역병으로 시달리는 사람들을 목회적으로 돌볼 것을 목사들에게 명령했다. 역병에 희생되는 사람들을 목회했던 사역자가 똑같이 역병에 쓰러졌다는 것을 병원 책임자가 알렸을 때 이런 명령을 내리게 되었다. 목회적 돌봄이 부족한 상황에서 병든 자를 돌보는 책임은 피에르 블랑세에게 주어졌다. 그마저도 죽게 된다면 다음 책임은 칼빈이 져야 했다. 칼빈은 목사들 사이에 일종의 협약이 있어야 한다고 생각했다. 일부의 필요를 위해 자신이 맡고 있는 회중을 떠나는 것은 적절하지 않다고 생각했다. 그러나 고통 가운데 있는 사람들을 돕는 것은 목사의 직무에 속하기 때문에 감염이 두렵다고 해서 직무를 피해서는 안 된다고 주장했다. 그럼에도 불구하고 칼빈은 전체 교회에서 너무 중요했기 때문에 시에서는 칼빈을 이런 의무에서 면제시키기로 했다. 이 때문에 역병을 마주해야 하는 직무가 이를 원치 않았던 다른 사람들에게 넘어갔다. 그들이 처음에 거부했을 때는 경건한 이유가 있는 것 같았다. 하나님이 병원에 들어갈 수 있는 힘과 결단을 주시지 않았다고 주장했기 때문이다. 다시 말하면 하나님이 그들을 만류했다는 이야기다. 어쨌든 간에 어느 한 목사가 충분한 은혜를 받은 듯했고 병원으로 들어갔다. 하지만 그도 역병의 희생자가 되었다. 대부분 프랑스 출신이었던 목사들의 연약함으로 목사들은 제네바 사람들과 불화했고 그 틈은 더욱 벌어졌다.

칼빈도 자신의 연약함에 대해 비난을 받았다. 다른 어떤 이유보다도 위험을 두려워한 것을 인정했기 때문이다. 하지만 모든 정황을 고려하면 다른 결론에 도달할 수밖에 없다. 칼빈은 역병을 두려워하지 않았다. 이것은 스트라스부르에서 이미 명확하게 나타났다. 제네바에서 칼빈이 역병의 위협으로부터 격리되어야 한다고 결정한 것은 의회였다. 더군다나 칼빈이 감염을 두려워했다는 것을 인정했다고 해서 역병의 고통을 겪는 자들을 돌보기를 꺼려한 것은 아니었다.

당시에는 역병이 다시 휩쓸 것이라는 주장이 분명 있었다. 로마 가톨릭교회와 종교개혁자들과 마찬가지로 칼빈은 역병을 유럽 전역에 내린 하나님의 심판으로 바라보았다. 로마 가톨릭교회가 역병을 하나님의 심판이라고 생각한 이유는 종교개혁을 통하여 발생한 오류 때문이었다. 개혁파는 역병을 내린 하나님의 심판은 개혁에 더 열심이지 못했기 때문이라고 생각했다. 물론 개혁파는 그것들을 새롭게 발견한 진리로 생각했다. 칼빈은 제네바에서 창궐한 역병이 하나님의 분노라며 그곳 사람들은 회개해야 한다고 자신에게 말한 어느 사제에게 편지를 썼다. 칼빈은 우리의 죄와 약점으로 인해 심판을 받았다는 데는 동의했다. 따라서 회개하고 하나님의 자비와 은혜를 구해야 한다고 인정했다. 하지만 칼빈은 심판에 있어서는 하나님은 개혁파와 가톨릭을 구별하지 않으신다고 덧붙였다. 가톨릭은 우상숭배와 미신 때문에 벌을 받은 것이고 개혁파는 상황을 잘 알고 있으면서도 자신이 가진 진리로 충분히 나가지 못한 것 때문에 징계를 받는 것이라고 말했다. 한쪽은 불신 때문에, 다른 쪽은 감사하지 않았기 때문에 받는 징벌이었다. 칼빈은 누구도 심판에서 면제되지 않는다고 생각했다. 하나님은 늘 공의로우신 분이었다.

마녀들

당시 사람들은 역병은 마녀와 밀접한 관련이 있다고 생각했다. 제네바에서는 역병의 원인을 조사하다가 악을 저지르기로 악마와 계약을 체결한 것으로 생각되는 사람들의 신원을 파악하게 되었다. 다음은 칼빈의 보고이다.

최근 남녀가 공모해 2년간 독을 혼합해서 역병을 퍼뜨리고 다닌 사실이 밝혀졌다. 15명의 여자가 화형을 당했고 몇 명의 남자는 더욱 잔

인한 방법으로 처벌을 받았다. 어떤 이들은 감옥에서 자살을 했고 다른 25명은 아직 감옥에 있다. 하지만 그들은 출입문 자물통에 매일같이 독을 바르고 있다.

병을 악의적으로 퍼뜨리던 사람들은 정말 있었다. 예를 들어 그중 일부는 다른 사람들이 역병에 희생되지 않았다는 질투 때문에 그런 일을 벌였다. 그러나 이런 사람들의 수는 마녀 행위의 혐의를 받은 사람의 수에 비교하면 아주 적다. 1545년 1월부터 1546년 3월까지 총 35명의 사람들이 역병을 퍼뜨린 혐의로 유죄판결을 받았다. 대부분 죄를 시인했는데 그들이 받았던 극심한 고문을 감안하면 그리 놀랄 만한 일은 아니다. 그러나 많은 사람들이 오늘날의 기준으로 가당치 않은 정책에 대하여 칼빈을 비난하지 않았는가? 그러나 제네바에서 일어난 일들은 당시에는 어느 지역에서나 흔하게 있던 일이었다. 더구나 칼빈은 이 사안에 대해 별로 할 말이 없었다. 하지만 칼빈이 단순히 그 시대에 속한 사람 중 한 명이었다고 말하는 것으로는 충분하지 않다. 성경대로 살고 생각하는 사람은 다른 결론에 이를 수 있었고 또 그래야만 했다. 회의록에는 다음과 같이 메모가 적혀 있는데 이는 사실이다.

"칼빈 목사는 사형선고를 받은 불쌍한 영혼들, 심지어는 독을 사용하는 사람들을 위해서 간청했다. 그들을 오랫동안 고문하지 말라고 부탁했다."

하지만 칼빈이 마법의 존재를 믿고 그에 대한 처벌을 촉구했다는 것은 실망스러운 일이다.

아가서 해석

칼빈과 동료 내부와 또 시와의 관계에서 벌어지는 미묘한 상황 속에서 가장 필요한 것은 성경 속의 성에 대한 묘사와 관련된 추문을 해결하는 것이었다. 세바스찬 카스텔리오가 제네바를 떠나게 된 이유는 다음과 같다.

칼빈은 스트라스부르에서 카스텔리오를 만났는데 고전 언어의 전문가에 대한 예우로 그에게 고등학교에서 일할 기회를 주었다. 1541년 여름에 카스텔리오는 파렐의 추천으로 제네바의 라틴어 학교 교장이 되었다. 이는 칼빈이 돌아오기 전의 일이다. 1543년에 카스텔리오는 목사가 되고 싶다고 밝혔다. 하지만 이미 알려진 대로 두 가지 부분에서 칼빈 및 그의 동료들과 카스텔리오는 의견이 달랐다. 첫 번째는 아가서 해석에 관련된 것이었는데, 이 책은 육체적 사랑에 대해 매우 개방적이고 설득력 있게 이야기한 책으로 성경을 읽는 젊은 이들 사이에 오랫동안 많은 사랑을 받았다. 한 예로 아가서는 여인의 가슴을 포도송이와 강한 망대로 그려 내고 있다. 수세기에 걸쳐 신학자들은 그런 묘사와 주제가 지나치게 선정적이라 생각했다. 하나님이 아가서를 통해 육체적 감각을 다루시리라는 것은 거의 상상하지도 못했다. 정경에서 아가서가 빠지게 될 상황이 닥쳤을 때 신학자들은 좀 더 고상한 해석을 적용해서 전체 내용을 그리스도가 교회를 사랑하는 영적 비유로 보았다. 가슴에 대한 지칭도 영적 중요성을 지닌 것으로 해석했다.

하지만 카스텔리오는 아가서를 그렇게 해석하지 않았다. 그는 아가서를 젊은 솔로몬이 쓴 사랑의 시로 생각했다. 오늘날 대부분의 개혁파 주석가들은 칼빈보다는 카스텔리오의 관점을 선호할 것이다. 하지만 당시에 이런 주장을 펼쳤던 사람은 칼빈이 아닌 카스텔리오였다. 그의 관점은 전통에서 떠난 것이었고 성경의 권위에 도전하는 것으로 여겨졌다. 칼빈은 카스텔리오의 관점을 당연히 받아들이지 않았다. 사안 자체도 그렇거니와 당시 칼빈은 교회 내부적인 분열을 피하고자 했기 때문이다. 그런 해석이 사람들을 혼란스럽게 할까 봐 칼빈은 염려했다.

두 번째 문제는 그리스도가 음부에 내려가신 것에 대해 카스텔리오는 칼빈과 의견이 달랐다는 것이다. 이 문제에 대해 카스텔리오는 칼빈과 공개적으로 토론하고 싶어 했다. 게다가 의회는 카스텔리오를 사역의 자리에 임명하는 것을 그리 내켜하지 않았다. 따라서 이 사람을 거부할 이유는 이미 충분했다.

관용

하지만 칼빈은 자신과 카스텔리오 사이의 차이는 크지 않다고 생각했다. 그래서 카스텔리오를 이단으로 생각하지 않았다. 그 결과로 카스텔리오가 떠날 때 교장으로 적합하다는 것을 강조하는 추천서를 쉽게 써주었다.

"이전에 말했듯이 카스텔리오를 도울 수 있는 길을 찾을 수 있었으면 좋겠다. 나는 그에게 도움이 될 수 있기를 바란다. 그의 힘든 미래를 생각하면 마음이 정말 무겁다."

칼빈은 카스텔리오가 자신을 그렇게 존중하지 않는다는 것을 알고 있었다. 그리고 카스텔리오의 성격이 야비하지는 않더라도 매우 야심이 많고 호전적이라는 것을 알았다. 그래도 칼빈은 카스텔리오가 훌륭한 학자라고 생각했다. 실제로 초기에 칼빈은 카스텔리오를 위한 기금 조성을 돕기까지 했다. 그럼에도 불구하고 카스텔리오는 쓴 뿌리를 품고 떠났다. 게다가 관용이 부족하다며 칼빈을 비난했다. 관용을 주장한 카스텔리오는 근대 관용의 선구자로 알려졌다. 세르베투스 사건에 칼빈이 개입한 것을 비난한 직후에는 더욱 그랬다. 이로 인해 칼빈에게는 관용이 없었다는 문제가 제기된다. 오늘날 스스로를 매우 관용적이라고 생각하는 우리들은 카스텔리오의 의견에 동의할 수 있다고 생각하지만 칼빈 시대 사람들의 생각은 달랐다. 관례에서 크게 벗어난 의견을 가진 사람들은 사회에 위험한 존재로 보았다. 더구나 카스텔리오가 권장한 관용은 교리의 연합을 통해 교회적 연합을 추구하려는 칼빈의 노력과 직접적으로 상충되었다.

어쨌든 카스텔리오는 교장직을 사임하고 로잔으로 떠났다. 하지만 제네바로 곧 돌아왔다. 돌아와서도 짧게 머물렀다. 카스텔리오는 칼빈이 강의하는 동안 제멋대로 행동하며 칼빈을 비판했다. 성격이 매우 비슷했던 두 사람이 공존할 만한 충분한 공간이 제네바에는 없어 보였다. 칼빈이 의회에 카스텔리오에 대한 고소를 접수시키자 그는 다시 제네바를 떠나야 했다. 카스텔리오는 바젤에서 헬라어 교수가 되었고 성경 번역가로서 자신의 재능을 사용했다(프랑스어 성경 1555년 판). 카스텔리오가 제네바에서 떠났다고 두 사람이 접촉을 끊은 것은 아니다. 10년 후에 카스텔리오는 다시 한 번 세르베투스 사건과 관련해 칼빈에게 이의를 제기했다.

투쟁

1541년부터 1546년까지 투쟁이 두드러졌다. 칼빈은 사뭇 강력한 공세를 취하였다. 1543년 칼빈은 로마 가톨릭교회를 향해 격한 내용을 담은 글을 썼다. 유골을 숭배하는 것을 반대하는 짧은 글, 자유의지에 관한 책, 개혁파 그리스도인이 가톨릭 주류 사회 속에서 어떻게 살아갈 것인가에 관한 책들이다. 유골 숭배에 반대하는 소논문은 풍자로 가득 차있었다. 이 책은 단순히 신학자를 겨냥해 쓴 책이 아니었다. 칼빈은 인간의 유해를 예배하는 것이 얼마나 비성경적이고 우스운 것인지를 명확하게 말하고 싶었다. 유럽에서 떠돌아다니는 모든 유해의 목록을 만든다면 분명히 각 사도마다 시신이 네 개 정도는 있을 것이라고 말했다. 다른 성인들도 2~3개의 시신이 있을 것이다.

칼빈은 니고데모주의자들과 자유주의자들도 공격했다. 칼빈은 평생 동안 자유주의자들과 싸웠다. 그들을 어디에서나 항상 볼 수 있다고 생각했기 때문이다. 예를 들어 칼빈은 아미 페랑과 '제네바의 자녀들'과 어울리며 칼빈의 도덕적 개혁 시도에 저항하는 사람들을 '자유주의자'(Libertines)로 규정했다. 그러나 다른 무리의 사람들을 지칭하는 데에도 동일한 용어가 사용되고 있었다. 죽은 자의 부활을 부인하고 성경의 권위를 인정하지 않으며 선과 악의 구분을 모호하게 하는 사람들은 모두 자유주의자였다. 칼빈이 거론하는 자유주의자들은 공유되는 정체성을 가진 연합된 집단은 아니었다. 그들 가운데 유일한 공통점은 교리와 행위의 다양한 측면에 있어서 칼빈의 이상과는 거리가 있었던 것이다. 칼빈은 네덜란드와 같이 먼 곳에서도 더크 볼케르츠 코른헤르트와 같은 자유주의자들의 존재를 느낄 수 있었다. 칼빈은 이 사람들을 겨냥해서 〈어느 네덜란드 사람에 대한 응답〉이라는 글을 썼다. 코른헤르트는 종교는 외적인 문제가 아니며 순종은 내적인 삶의 문제라고 주장했다. 코른헤르트는 니고데모식의 태도를 옹호하는 사람이었다. 칼빈은 이들의 태도에 대해 일찍부터 반대했고 1541~1546년에 걸쳐 다시 한 번 이들을 겨냥하는 글을 썼다. 칼빈은 이들에게는 어떤 선함도 없다고 생각했다. 또한 우상숭배라는 것을 잘 알면서도 어떻게 미사에 참여할 수 있는지를 이해할 수 없었다. 미사는 주의 만찬을 왜곡하며 "이를 제거하고 파괴하고 폐지시키는 행위와 같다. 미사는 온갖 종류의 불신, 신성모독, 우상숭배, 부정으로 가득 차있다." 칼빈은 다소 날카롭게 이에 대해 비판했다. 이것은 후대의 독자뿐 아니라 동시대의 사람들도 알고 있었던 부분이다. 그는 멜란히톤에게 보낸 편지에서 자신이 니고데모식의 처세에 대해 너무 심하게 비판한다는 말을 듣는다고 밝혔다. 그러면서 그런 비판을 받는 것을 이해할 수 없다고 덧붙였다. 종교가 그저 철학적 이론이라면 별 문제가 되지 않을 것이다. 그러나 하나님을 전적으로 두려워하는 사람들이 왜 위선자가 되려 하고, 미신적인 가톨릭의 의식에 참여하려고 하는가? 한때 같이 공부한 동료이자 파리 교회에 속해 있던 앙투안 퓨메의 반응은 이해할 만하다.

"대부분의 사람들은 당신이 하는 말이 극도로 사람을 우울하게 한다고 생각한다. 사람들은 억압 속에서 살아가는 자들을 향한 당신의 무정함과 엄격함에 대해서 불평하고 있다. 그곳에서 설교하고 훈계하기는 쉽다. 그러나 당신이 만약 이곳에 있다면 다르게 생각할 것이다."

조용한 정세

하지만 칼빈은 다르게 생각하지 않았다. 그는 이전처럼 단호했으며 언제라도 싸울 준비가 되어 있었다. 그는 특히 제네바에서 일어나는 반대와 적대 행위에 직면했다. 칼빈은 이 문제가 성경에 순종하기 싫어하는 제네바 사람들의 성향에 기인한다고 생각했다. 하지만 제네바 사람들은 프랑스 출신 목사들의 교만함에 저항하는 데서 불거진 문제라고 보았다. 양쪽 다 옳았다.

칼빈은 제네바 사람들이 이미 헌신하기로 결단한 부분을 이루기 위해 노력한 것뿐이었다. 반면 칼빈과 프랑스 동료들은, 제네바에 오랜 반성직자적 경향이 있었다는 것과 자신들이 제네바를 계속적으로 위협한 나라에서 왔다는 것을 항상 기억하지는 못했다. 이런 어지러운 상황과 더불어 역병으로 인한 피해가 생겨났고 베를린과의 복잡한 관계와 목사 내부의 긴장까지 더해졌다. 간단히 말해서 이 기간 동안 새로운 싸움과 계속적인 위기를 가져올 듯한 일들이 많이 일어났다. 1546년 말쯤에는 상황이 어느 정도 진정되는 것 같았다. 그러나 잠시뿐이었다.

희생자

(1546~1549)

열정

칼빈과 제네바는 생각이 정확하게 일치하지 않았다. 개혁파의 시각처럼 이 도시 사람들은 자신들이 무엇을 원하는지 몰랐다. 칼빈도 마찬가지였다. 칼빈은 무엇을 바라고 기대해야 할지 몰랐다. "그들은 그리스도에게 호소했지만 그분 없이 다스리기를 원했다." 제네바는 칼빈의 단호한 태도와 공통점이 전혀 없었다. 칼빈은 무엇을 하든 잘 해냈다. 이런 사고방식은 그의 뒤를 이은 많은 개혁파의 전형이 되었다. 시간과 비용은 어찌되었든 그들은 최선을 다했다. 칼빈은 자신의 모든 것을 바쳤다. 그는 성경적인 규범에 따라 일했지만 성경의 시대로 돌아갈 생각은 없었다. 그것이 불가능하다는 것을 알았기 때문이다. 칼빈은 성경적으로 사고하는 사람이었다. 하지만 동시에 현실적인 사람이 되고자 노력했다. 칼빈은 자신이 삶의 열정을 쏟았던 것처럼 다른 사람들도 그러하기를 바랐다. 그런데 자신이 원인을 제공한 것은 아니지만 그런 기대 때문에 많은 문제를 경험하게 되었다.

칼빈은 모든 사람들이 자신만큼 열정적이지 않다는 사실을 받아들일 수 없어서 괴로워했다. 이 또한 자신과 동료들이 제네바를 실질적으로 좌지우지하려 한다는 비난에 대한 자기 방어의 근거가 되었다. "우리는 하나님의 말씀을 당신들에게 가지고 왔다. 그런데 우리가 이곳에서 강제로 권위를 행사하려 한다고 사람들이 불평하고 있다. 당신들을 다스리려는 분은 하나님이지 우리가 아니다." 예레미야 선지자는 하나님의 심판을 선포해 이스라엘 백성의 분노를 샀다. 칼빈은 제네바에서 자신이 겪는 상황이 예레미야와 비슷하다고 생각했다. "지금 상황을 보라. 제네바 사람들은 이스라엘 사람들과 똑같은 일을 저지르고 있다."

이 모든 상황으로 칼빈은 힘들고 고립된 처지에 놓였다. 그래서 1546년에 쓴 글에서 볼 수 있듯이 자신을 외국에 체류하는 이방인으로 보았다. 1546년에 칼빈은 비레에게 다음과 같이 고백했다. "나는 이 도시에서 그저 외국인일 뿐이다." 때때로 칼빈은 자기 자신을 임시로 피난처를 찾는 방문객으로 언급했다. 성경은 믿는 사람들은 이 땅에 영원히 거하지 않을 하나님의 자녀라고 이야기한다. 칼빈에게 이 두 가지 개념은 일치했다. 그래서 나중에 칼빈의 영적 후손들은 하나님이 부르시는 곳이면 어디든지 달려가서 교회를 세우려는 활동성과 의지를 형성시키고 강화하게 되었다. 칼빈은 10년 뒤에 상황이 호전되고 시민권까지 받게 되었을 때도 여전히 자신을 제네바에 체류하는 사람으로 이야기했다.

문제

칼빈의 인생 대부분이 스스로 촉발시킨 문제로 점철되어 있다는 이미지는 부분적으로는 자신이 형성한 것이지만 더 큰 책임은 일부 역사가에게 있다. 칼빈은 자신의 정책에 대한 저항을 복음에 대한 저항이라는 성경적 용어로 해석했다. 하지만 저항은 생각만큼 심하지 않았다. 하지만 역사가들은 여러 특정 순간들에 집중하면서 칼빈의 해석에 적극적으로 매달려 균형 잃은 이야기들을 쏟아 냈다. 여러 차례에 걸친 소모적인 토론을 통해 칼빈을 논쟁에만 매달린 사람으로 묘사했다. 하지만 실제로 일어났던 일과 칼빈이 그 사건을 경험하고 난 이후에 역사가들이 이를 기술하는 방식 사이에는 상당한 차이가 있다. 칼빈은 한때 제네바에서의 삶을 너무 힘들어했다. "오늘 나는 급히 기도하며 하나님께 나를 데려가시라고 스무 번 넘게 간청했다." 하지만 칼빈은 하나님이 모든 기도를 그대로 들어주시지 않는다는 것을 알았다. 하나님은 그를 살려 두셨고 칼빈은 제네바에 남게 되었다.
　바꾸어야 할 칼빈의 이미지가 더 있다. 바로 제네바 시 행정장관과 같은 이미지다. 실제로 칼빈은 정치와 거리를 두었다. 자신이 정치에 맞지 않고 어떤 지역에서는 더 많은 증오만을 불러일으킨다고 이야기했다. 따라서 정치적 사안과는 거리를 두려고 노력했다. 그러나 정치적 상황에 휩쓸릴 수밖에 없었다고 이야기했다. 하지만 칼빈은 나중에 후회하는 일이 없도록 자신을 통제할 수는 있었다. 칼빈은 다른 사람들이 그토록 붙잡으려고 애쓴 권력을 기꺼이 포기할 수 있었다. 오히려 권력은 칼빈이 도시의 이방인으로 살아간다는 생각을 갖게 했다. 특히 자신이 전혀 알지 못하는 정치적 사안에 대한 대화를 들을 때는 더욱 그랬다. 칼빈은 정치적 사안에 관여하면 미쳐버릴 것 같았다.

물론 내부적이면서도 외부적인 여러 정치적 사안이 있었다. 독일 황제는 독일 개신교도를 상대로 전쟁을 시작했다. 바로 '슈말칼덴 전쟁'이다. 긴장은 고조되었고 스트라스부르는 황제의 칙령으로 미사를 재도입하라는 명령을 받았다. 교황이 2만 5천 명의 군사를 이끌고 제네바로 향하고 있다는 소문도 돌았다. 이 때문에 도시에는 공포감이 조성되었다. 제네바의 정치가들은 내부적인 차이와 다툼은 시의 안전을 위험에 빠뜨릴 뿐이라는 것을 알았기 때문에 안으로의 연합을 추구했다. 1547년 3월에 소의회는 목사들을 소환해 의견의 일치를 보라고 말했다. 나중에 명백하게 드러나겠지만 이는 매우 필요한 것이었다. 제네바의 내부적인 평온함을 위협하는 한 요소는 지정학적 관점에서 이 도시가 프랑스 피난민들에게 매력적인 피난처라는 사실이었다.

다음의 통계 중 일부는 실제 사례가 될 수 있다. 1538년 10월과 1539년 10월 사이에 총 1만 657명의 피난자가 제네바를 지나면서 도움을 받았다. 같은 기간 이 도시의 전체 인구는 1만 2천 명이었다. 그 후 1546년까지 제네바 시민들 사이에 반(反)피난자 정서가 생겼다. 그러자 제네바를 통과하는 피난자의 수가 점점 줄었다. 그 대신이 도시에 남아 있기로 한 사람들이 늘었다. 이들 대부분은 프랑스 사람이었는데 이들이 도착했을 때 제네바 정부와 프랑스인 목사와의 관계가 상당히 냉각되면서 상황은 복잡해졌다. 전쟁 상태와 소문은 모든 피난자들을 잠재적인 적으로 비치게 했다. 이 상황은 칼빈이 자신의 계획을 실현하려는 데 특별한 도움이 되지 않았다.

피에르 아모

피에르 아모는 칼빈의 계획을 처음으로 직접 경험한 사람이다. 포병대 대위이자 도시의 무기제조 감독인 아모는 개신교 믿음을 가진 사람이었다. 그는 일찍이 칼빈을 따랐다. 하지만 칼빈은 아모의 직업에 불만을 가져서 좋은 관계는 오래 가지 못했다. 그는 공교롭게도 놀이용 카드 제조업자였다. 도박과 난잡한 파티, 폭식과 폭음으로 이어지는, 한마디로 말하면 제네바의 사회적·문화적·종교적 생활에 위협적인 제품을 만들었다. 놀이용 카드를 생산하는 것에 대한 금지가 내려진 데다가 같은 해에 이혼까지 하게 되어서 아모는 더욱 짜증이 났다. 부인 베노이트는 남편이 아닌 다른 남자와 동침할 수 있다고 생각했다. 물론 그런 생각을 한 사람은 그녀가 처음이 아니었다. 그러나 베노이트가 그런 생각을 한 동기는 독특해서 더 흥미롭다.

베노이트는 믿는 사람들은 한 몸이고 모든 것을 공유하기 때문에 자기 자신을 위해서 한 남편 혹은 한 부인과 결혼 생활을 하는 것은 비기독교적이라고 생각했다. 아모 부인은 하나님이 자신에게 성경을 이렇게 해석하도록 계시하셨다고 주장하기도 했다. 분명 제네바 사람들은 신의 계시를 받았다고 주장하는 그녀의 자질에 대해 의심했다. 결국 그녀는 심문을 받고 감옥에 갔다. 베노이트는 일이 지금처럼 진행되면 남자와 다시는 동침하지 못하리라는 것을 깨달은 것 같다. 그래서 회개하고 피에르와 화해했다. 하지만 이 재결합은 오래가지 못했다. 베노이트에게 질려버린 피에르는 그녀와 갈라섰다. 베노이트는 이런 어려움 속에서 도움을 얻기 위해 칼빈을 만나러 갔다. 그녀는 교육받은 사람들에 대해 좋은 감정을 갖고 있어서 칼빈에게 함께 살고 싶다고 제안했다. 칼빈은 성도의 교제에 대해 그녀와 다른 생각을 갖고 있었으므로 그녀를 되도록 빨리 문밖으로 내쫓으려고 했다. 베노이트는 또다시 체포되었고 1545년 1월에 간음과 신성모독죄로 종신형을 선고받았다. 하지만 그녀에 대한 형 집행은 오래가지 않았다. 결국 그녀는 몇 달 만에 풀려났지만 베노이트는 평생을 집밖에 나가지 못하고 구금된 상태로 살아야 했다.

베노이트와 적법하게 이혼한 피에르는 다시 결혼을 했다. 그러나 칼빈에 대한 명예훼손죄로 1546년 1월에 감옥에 들어갔다. 피에르가 칼빈의 권위에 대해 위협했다는 혐의 때문이었다. 직업을 잃고 아내와 이혼한 그는 친구들과 조촐하게 저녁식사를 하면서 술을 마시며 칼빈을 비판했다. 그는 칼빈이 반갑지 않은 외국인이고 이단적인 목사라고 비난했다. 술 취한 피에르는 칼빈은 분명히 이단적인 교리를 전파한다고 선언했다. 더구나 칼빈은 제네바의 어린이들에게 라틴어를 배우지 못하게 해서 자신의 교리가 잘못되었다는 것을 깨닫지 못하게 하려 한다고 했다. 또한 칼빈을 쓸모 없는 프랑스 출신 목사로 비난하며 그가 프랑스 피난자들에게 힘을 준다고 말했다.

이런 말은 정치적이라는 혐의를 받았고 결국 아모는 이제 자유를 누릴 수 없었다.

칼빈 자신은 이런 상황에 반응하지 않았다. "나는 침묵하며 그가 하는 말들을 잘 살펴보고 있으며 그에게 너무 가혹하지 않으면 좋겠다는 바람을 판사에게 전했다. 나는 감옥에 있는 그를 만나기 원했지만 의회의 결정 때문에 그럴 수 없었다." 아모의 친구들은 칼빈에게 아모를 도와달라고 요청했다. 칼빈은 아모가 자신에게 품은 모든 의심을 버린다면 기꺼이 그렇게 하겠다고 말했다. 칼빈은 아모를 옹호하기 위해 최선을 다했고 의회의 결정을 기다려야 했다. 시의회는 이 문제를 어떻게 다뤄야 할지 몰랐다. 제네바의 시민이 연관되었기 때문이다. 의회의 일부는 아모가 사과하는 것으로 충분하다고 했다. 하지만 칼빈과 컨시스토리와 함께 더 심한 처벌을 내리려고 했던 쪽의 의견이 우세했다. 결국 아모는 도시를 돌아다니며 마모직 셔츠(고행자가 입는 셔츠)를 입고 횃불을 들고 하나님과 의회와 칼빈에게 용서를 구해야 했다.

이런 결과는 칼빈의 인기에 거의 도움이 되지 않았다. 칼빈 자신도 이런 일이 불러올 결과를 이해하지 못했다. 외국인인 칼빈이 존경받는 한 시민을 수치에 빠뜨리게 한 것이다. 당연히 온갖 종류의 혐오와 증오가 칼빈에게 쏟아졌다. 제네바의 상황이 상당한 긴장 속으로 빠지면서 의회는 성 제르베 교회 앞에 교수대를 설치했다. 교수대를 사용한 적은 없었지만 많은 사람들은 칼빈과 그를 추종하는 사람들에게 염증을 느끼며 분노하게 되었다.

씨앗

"이전에 말했듯이 이 도시에서 우리는 내부적 분열의 근원적인 문제를 다루고 있다." 칼빈의 시각처럼 제네바의 여러 내부적인 논쟁은 칼빈 탓이라고 할 수 없다. 문제는 도시가 형성되는 과정에 이미 나타났다. 진리의 핵심에 그리 멀지 않은 이야기다. 제네바는 이미 상당 기간 결혼 동맹으로 맺어진 오랜 가문들의 경쟁, 우호, 적대 등의 시련을 겪고 있었다. 적국인 프랑스에서 건너 온 수많은 개혁교회 피난자로 인해 제네바의 애국주의가 불붙었을 때 더 큰 충돌의 원인이 되었다. 칼빈을 반대하는 사람들이 자신들을 '제네바의 자녀'들이라고 부르며 칼빈을 중심으로 한 모임을 반대하는 연대를 펼친 것은 이유가 있었다.

숫자를 살펴보면 이런 정서가 발생한 이유를 파악하는 데 도움이 될 것이다. 1536년에 제네바에는 약 1만 명의 거주민이 있었지만 1550년에는 1만 3천 명, 1560년에는 2만 1천 명까지 늘어났다. 이는 프랑스에서 이 도시로 유입되는 피난자 때문이었다. 프랑스는 위협적인 존재였다. 기꺼이 제네바를 자신의 사법권 아래 두고 싶어 하는 베른도, 그리고 바젤과 카를 5세도 마찬가지로 위협적인 존재였다. 이런 복잡하며 어려운 상황 속에서 칼빈은 제네바에 힘을 실어 주었지만 그는 여전히 외부인에 불과했다. 더구나 이 도시를 위한 그의 노력은 많은 사람들에게 칼빈이 도시를 좌지우지하려 한다는 인상을 주었다. 이런 두려움 때문에 행정 장관들은 칼빈의 제안 중 많은 것을 반대해서 그들의 불안한 마음을 표현했다. 이런 복잡한 상황에 교회에서 누가 통제할 것인가에 대한 고질적인 문제가 더해졌다. 짧게 말해서 여러 상황이 충돌로 치달았고 마침내 1546년에 폭발이 일어났다.

제네바의 자녀들

아모 사건은 컨시스토리를 반대하는 결의에 있어서 제네바 가문 중 중요한 한 파벌의 입지를 강하게 해주었다. 이른바 '제네바의 자녀들'은 주로 외국인으로 구성된 컨시스토리에 굴복해야 한다는 사실에 진절머리를 냈다. 따라서 갈등은 성경 해석을 둘러싼 것에서보다는 오래 거주한 시민들과 그 도시에 새로 들어온 사람 사이에서 생겨난 것이다. 이 증거는 아미 페랑이 내린 결정에서 나타난다. 그는 제네바의 오랜 가문에 속한 사람이었는데 1540년에 칼빈을 제네바로 다시 불러들인다는 혐의로 기소되었다. 하지만 6년 뒤에 칼빈은 그를 '애송이 시저'라고 불렀고 페랑도 칼빈을 비판했다.

이전에 살펴본 것처럼 칼빈은 '제네바의 자녀들'을 자유주의자로 지칭했고 그로 인해 그들은 아무에게도 얽매이지 않는다는 인상을 주었다. 사실 이들은 단지 칼빈이 정한 법률을 원하지 않은 것이다. 사실 칼빈도 이들이 먼저 시작해서 도입했던 계획과 결정에 살을 붙이려고 시도했을 뿐이다. 교회에서 가끔씩 일어나는 것처럼 신학보다는 심리적인 문제였다. 상황을 되돌아보면 양쪽 모두 유치한 행동을 했다. '제네바의 자녀들'은 컨시스토리가 권력을 남용한다고 비난했지만 자신의 주장을 입증하기 위해서 출두하지는 않았다. 강제로 법원에 나오게 되었을 때 이들은 경멸적인 태도를 보였다. 춤추는 것을 금지하는 것은 칼빈이 오기 전에 이미 도입된 것이었지만 규정이 강화된 것은 사실이었다.

칼빈은 춤추면서 상대방과 접촉하는 것은 간음에 이르는 첫 번째 단계라고 보았다. 따라서 춤을 추지 않으면 순결을 더 잘 지킬 수 있다고 생각했다. 바람직하지 않은 일이 일어나지 않는다 해도 여전히 방심해서는 안 되는 것이었다. 칼빈에게 있어 춤은 '사탄의 초대'였다. 그래서 춤을 금지했다. 그런데 못하게 하는 것은 더 재미있어 보이는 법이다. '제네바의 자녀들'은 비밀리에 춤 모임을 가졌다. 주사위 놀이와 금지된 다른 놀이도 마찬가지였다. 그러나 비밀리에 금지된 놀이를 하고 있다는 것을 공공연하게 알리고 다녔다.

칼빈은 페랑에게 그가 제네바에 다시 온 것은 이런 재미를 즐기기 위한 것이 아니라고 말했다. "나는 쉬거나 돈을 벌기 위해 제네바로 온 것이 아니다." 칼빈이 제네바에 온 것은 하나님이 주신 소명 때문이라고 생각했기 때문에 제네바에 머무르고 있다며 자신은 의무를 감당하고 교회와 국가의 복지를 추구할 뿐이라고 주장했다. 따라서 제네바의 어떤 사람도 칼빈을 쫓아낼 수 없게 했다. "죽는 날까지 나는 이 도시를 위해 계속 열심히 일할 것이다. 하나님이 나의 증인이시다." 1548년 11월 선거 후에 페랑과 연합한 사람들이 다수파가 되었다. 1549년 페랑은 제네바 시 행정장관이 되었다. 이로써 칼빈에게 7년간의 힘겨운 시간이 시작되었다.

세례

예전이나 지금이나 세례받는 아이들에게 설교자가 새 이름을 붙여주지는 않는다. 그러나 칼빈은 하나님과 그분의 영광을 위해서 아이들에게 성인(saint)의 이름을 주어서는 안 된다고 생각했다. 따라서 목사들은 이런 생각을 실천에 옮겼다. 그러나 가톨릭 신자인 부모들은 아이들에게 성자의 이름을 붙여서 성자들의 보호를 받기를 기대했다. 목사들은 이런 '미신'을 제거하기를 원했다. 마르틴이나 클로드와 같은 지방, 국가, 외국을 막론한 성자들뿐 아니라 동방박사 세 사람의 이름도 못 쓰게 했다. 칼빈의 아버지가 존이라는 이름을 붙여 준 것은 다행이었다. 하지만 다른 부모들은 그렇지 못했다. 목사가 세례를 주면서 부모가 지어 준 이름을 무시하고 다른 이름을 붙여 주는 일들이 생겼다. 어떤 부모가 자녀인 클로드가 세례를 받게 할 때, 목사가 엄숙하게 "주님의 자녀 아브라함에게 성자와 성부와 성령의 이름으로 세례를 주노라"라고 선언하면 그들이 어떻게 반응할 것인지는 뻔하다. 실제로 이런 일이 일어났다. 그 순간부터 세례 의식은 평소보다 한층 더 땀을 쥐는 행사가 되었다. 목사가 아이의 이름을 여러 번 바꾸었기 때문이다. 강경 노선자로 이미 알려진 마이클 콥이 '발사자르'라는 이름을 거부하고 성경에 나오는 좋은 이름으로 바꾸자, 발사자르의 아버지는 아들의 세례를 거부했다. 그는 화가 나서 외국인이 이름을 혼란스럽게 한다고 소리쳤다.

똑같은 사건이 1546년 8월 26일에도 일어났다. 이발사인 아미 샤피는 클로드라는 이름을 가진 아들에게 세례를 받게 했다. 목사는 조용히 그에게 세례를 주면서 '아브라함'이라고 칭했다. 이 아버지도 아이를 데리고 나갔다. 아버지는 아들이 받은 세례는 무효이며 열다섯 살이 되어 세례명을 자신이 선택할 수 있을 때까지 아들의 세례를 연기하겠다고 주장했다. 이런 소동이 벌어지고 이들의 아버지가 의회에 고소한 후에 칼빈은 의회에 세례명에 대한 결정을 해달라고 요청했다. 많은 토의를 거친 후에 금지할 이름의 목록을 만들었다. 제네바와 오랜 연관이 있던 성자들의 이름이 주로 올랐다. 이 중에는 가장 대중적인 '클로드'라는 이름도 있었는데, 이 사람은 도시에 가까운 묘지를 헌정받은 성자였다.

세례명과 관련해서 발생한 이 모든 일은 지방의 역사와 관습을 제대로 고려하지 못한 데서 생겨난 선교 활동의 전형적이 예였다. 목사는 제네바 아이들의 이름까지 지으려 했고, 많은 제네바 사람들이 이제 더는 참을 수 없다고 생각했다. 그들은 진저리를 쳤고 명망 있는 제네바 가문들의 항의는 그냥 웃어넘길 수 없을 정도였다. 그들은 목사들이 이제 자신들에게 법을 강요하지 않기를 바랐다. 그들은 프랑스에서 이제 막 온 목사들이 이름 짓기에 관한 자신들의 오랜 전통을 무시하도록 내버려 두고 싶지 않았다. 새로운 방식의 이름 짓기는 제네바 거주민과 피난자 사이에 긴장을 고조시키고 이민 문제를 악화시켰다. 어떤 사람이 사탄이 제네바에서 외국인들을 데리고 나갔으면 좋겠다고 교회에서 큰 소리로 기도한다면 그런 생각에 동의할 사람이 많았을 것이다. 칼빈이 다시 소의회에 출두해서 제네바의 죄에 대해 너무 강경하게 설교하지 말도록 권고하는 말을 들었을 때 그는 이름 짓기에 관한 일로 인해 이런 반대가 발생했다는 것을 깨달았어야 했다. 하지만 결론적으로 이름과 관련한 정책은 성공이었다는 것을 말하고 싶다. 이것을 우리는 기억해야 한다.

성인의 이름을 딴 아이들은 1536년에 절반의 비율에서 1560년대에는 평균 마흔 명 중의 하나로 줄어들었다. 이때쯤 되어서 97퍼센트의 아이는 성경에 나오는 이름을 갖게 되었다. 하지만 설교에서 칼빈이 말한 대로 이름을 짓는 방식이 바뀌었다고 해서 사람들이 성경적이 되지는 않았다.

주의 만찬

보통의 경우처럼 일단 공공의 적이 제거되면 문제가 발생하는 일이 종종 개신교 안에서 일어났다. 루터와 츠빙글리는 주의 만찬에서 그리스도의 몸이 어떻게 임재하느냐를 놓고 갈라섰다. 그들의 싸움은 오늘날까지도 개신교의 지형을 형성하는 데 영향을 주고 있다. 부서는 비텐베르크와 취리히 사이에 실제적인 문제는 없다고 보았다. 다만 용어만 다를 뿐이라고 여러 번 소리쳤지만 도움은 되지 않았다. 끊임없이 문제를 토의하고 때로는 품위나 예절을 찾아볼 수 없을 정도로 싸우기도 했다. 루터파와 츠빙글리파 사이에 진행되었던 서로를 갉아먹는 식의 토의는 종교개혁자들의 정치적 힘을 약화시켰다. 또한 루터의 메시지가 교회를 표류하게 할 뿐이라는 가톨릭의 주장을 확인시켜 주었다. 스위스 사람들은 그리스도의 임재와 비슷한 내용을 주장하는 관점을 지극히 두려워했다. 하지만 츠빙글리가 죽자 토론의 날은 무뎌졌다. 그의 뒤를 이어 나타난 불링거가 토론에 더 적극적이었다.

관점이 다양하다 보니 새로운 대화가 필요했다. 루터가 죽기 직전에 펴낸 소논문에서 스위스 사람들을 거의 이단과 같은 자들로 규정했기 때문이다. 칼빈이 개혁파 2세대였다는 사실은 그에게 이점으로 작용했다. 칼빈은 현재 진행되는 의견들의 전체를 볼 위치에 있었다. 그리고 각각의 장점을 취해서 구미가 당기는 총합을 만들 재능이 있었다. 여기서 칼빈은 자신의 평상시 이미지보다 더 많은 융통성을 보여 주었다. 칼빈은 불링거와의 집중적인 서신 교환을 통해서 스위스 사람들을 만족시키는 동시에 루터파의 관점을 정당화할 수 있는 신조를 만들려고 했다. 그래서 칼빈은 주의 만찬에 임재하면서도 동시에 임재하지 않는 그리스도를 말하는 형식에 이르게 되었다. 그리스도가 육체적으로 임하시지는 않지만 영적으로는 완전하게 임재하신다고 생각했다.

칼빈은 특별히 성령에 대해서 성경이 말하는 바를 사용했고 세례, 설교, 교회와 같은 기독교적 믿음의 외적 중요성을 강조하면서도 그것들을 절대화시키지 않도록 했다. 하지만 칼빈은 그리스도의 실재적 임재가 중요하다는 것 또한 이해했다. 따라서 루터파와 츠빙글리의 관점을 합칠 수 있는 길을 찾으려 했다. 이는 단순한 전술적 차원에서가 아니었다. 둘 다 부분적으로는 옳았기 때문에 각각의 옳은 점을 합치면 전체를 보완할 수 있다고 확신했기 때문이었다.

이것은 개혁교회의 대의에 이득을 주었다. 하지만 1540년대 말이 되어서 상황은 어렵게 바뀌었다. 프랑스에서는 앙리 2세가 개신교도들에 대한 전례 없는 탄압을 시작했다. 반종교개혁적인 트렌트 공의회의 준비는 최고조에 달해 있었다. 루터를 지지하는 왕자들은 슈말칼덴 전쟁(1546~1547)에서 패배했고 종교개혁 운동은 황제의 종교 화약(和約)에 직면하게 되었다. 따라서 약탈과 공격의 위협 가운데 많은 도시가 미사를 재도입해야만 했다. 이 모든 불행에 엎친 데 덮친 격으로 1548년 이후로 제네바 의회의 대다수가 자신을 반대하는 사람들로 구성되었다. 이런 상황 속에서 칼빈은 스위스 안에서 휘몰아친 분열 문제를 다루면서 일을 시작할 수 있다고 생각했다. 주의 만찬에 대한 논란 속에서 취리히와 의견이 일치된다면 베른의 문제를 좀 더 부드럽게 해결할 수 있겠다는 희망에서였다. 자신의 계획에 대한 믿음이 있던 칼빈은 다시 한 번 이 일에 전력투구했다. 그는 다섯 번이나 제네바에서 취리히를 갔다 왔다. 불링거가 그를 늘 따뜻하게 맞이하지는 않았지만 칼빈은 포기하지 않았다. "우리는 같은 그리스도를 모시고 있고 그 안에서 하나"이기 때문이다. 다섯 번째 여행 만에 칼빈은 성공을 거두었다.

1549년 5월에 다시 한 번 불링거와 토론하기 위해 취리히로 갔을 때 두 시간 만에 문제를 해결했고 주의 만찬에 대한 의견을 통합하게 되었다. 이 협약을 츠빙글리가 살던 도시의 이름을 따서 '티그리누스 협약'이라고 한다. 전체적인 사안이 국가적으로나 국제적으로나 다소 민감한 내용이었기 때문에 의견 통합을 다룬 문서는 1551년까지 공개되지 않았다. 인쇄도 하지 않았다. 대부분 스위스 도시들은 이 문건에 동의했지만 베른은 그럴 수 없었다. 제네바를 지지하는 일은 어떤 일도 할 수 없었기 때문이다.

실망

의견 일치를 통해 루터파와 토의하기 위한 좋은 토대가 마련될 수 있다는 확신을 불링거는 갖지 못했다. 이에 대해 칼빈은 대단히 실망했다. 의견 통합에 대해 매우 회의적이었던 루터파 역시 불링거의 의견에 동의했다.

1546년에 루터가 죽었을 때 또 다른 문제가 발생했다. 그의 추종자 중 상당수가 교황보다 더 가톨릭적이 되기 원했고 루터의 관점을 극단적으로 밀어붙였다. 칼빈은 이들을 한 무리의 유인원으로 불렀다. 그들의 노력은 루터를 어설프게 흉내 낸 것에 불과했기 때문이다. 칼빈처럼 육체적으로 약했던 멜란히톤은 극단적인 루터파를 어찌해 볼 도리가 없었다. 부분적으로나마 멜란히톤은 항상 연합을 추구했다. 멜란히톤은 비텐베르크에서 루터와는 몇 집 떨어진 곳에서 살고 있었다. 하지만 루터가 죽은 후 이른바 루터파들은 멜란히톤을 의심스런 칼빈주의자들에게 속한 자로 치부하면서 루터와는 동떨어진 신학적 귀퉁이에 몰아넣었다.

함부르크의 목사인 요아킴 베스트팔은 개혁파 전체 진영에 대항하며 나아왔다. 그는 불링거, 부서, 칼빈과 같은 부류들이 서로 의견 일치가 되지 않으며 성경적 진리에서 떠났다는 점에서만 서로와 일치한다는 것을 보여 주려 했다. 칼빈은 무엇보다 루터 자신이 말한 것과 그의 영적 후손들이 말한 방식의 차이를 강조하면서 반격했다. 루터파들은 칼빈의 이런 비난에 거의 질식할 뻔했다. 불링거도 마찬가지였다. 칼빈이 루터에 대해 너무 긍정적으로 말한다고 생각했기 때문이다. 간단히 말하자면 루터파 교회와 개혁파 교회는 각자의 길을 걷게 되었다. 개혁파는 칼빈이 흡수한 루터의 사상을 거의 존중하지 않았다. 루터파는 여러 근본 사항에 있어서 그들이 생각한 만큼 루터와 일치하지 않았다는 것을 거의 인식하지 못했다.

정치

한동안 제네바의 갈등은 심리적이고 신학적인 것을 넘어서서 정치적 성격으로 발전했다. 1546년 봄, 파브르라는 사람이 컨시스토리와 갈등을 빚게 되었다. 의회가 사법적 권한을 넘어서는 행위를 했다는 이유에서였다. 그는 컨시스토리가 죄인들을 시의회로 보내서 죄로 인해 마음이 굳어져 있다고 판단되면 다시 컨시스토리에 보내 권징하는 것은 부당하다고 생각했다. 파브르도 잘 알고 있었듯이 실제로는 이와 다르게 일이 진행되었다. 그의 고소는 공적인 분노만 일으키는 것 같았다. 컨시스토리는 시의회가 파브르에게 그들과 화해하라고 요구할 만한 충분한 명분을 갖는다고 생각했다. 하지만 시의회는 중립적인 입장을 취하기를 원해 파브르에게 컨시스토리에 출두하라고 권고했다. 컨시스토리는 그에게 권면만 하라고 명령했다. 이 사건은 제네바의 상황이 어떠했는지를 보여 주는 한 예다. 시에서 정한 정책을 수행하려는 목사와 그걸 원하지 않는 시민들, 양쪽과 적대이지 않기를 원했던 의회가 있었다.

목사에 대한 비판의 목소리도 불거져 나왔다. 프로망 부인은 칼빈과 그 일당의 폭정이 도가 지나쳐서 아무도 자유롭게 말할 수 없다고 불만을 표시했다. 이로 인한 분쟁은 매우 격렬해져서 칼빈은 이제 그가 없이도 주의 만찬을 거행할 수 있을 것이라고 이야기했다. 칼빈은 이런 상황에 신물이 나서 뉴카텔에 있는 파렐에게 어떻게 해서라도 돌아갈 생각이었다. 파브르가 고소한 후에 아미 페랑의 부인이었던 그의 딸이 비밀리에 춤을 춘 것 때문에 컨시스토리에 소환이 되었다. 변론을 하다가 그녀는 목사 중 한 사람을 거짓말을 일삼는 돼지라고 욕을 했다. 이는 도저히 입 밖에 낼 말이 아니었기 때문에 컨시스토리 는 그녀를 강제로 끌어내려 했다. 기가 막힌 장면 아닌가? 난폭함의 정도는 심해져서 설교 내용을 바꾸지 않으면 죽이겠다고 위협하는 편지가 강단에 붙기도 했다. 이는 전직 수도승인 자크 그루에가 벌인 일이라는 것이 조사를 통해 밝혀졌다. 그의 집에서 비슷한 문서가 발견되었다. 고문을 당하면서 심문받는 중에 그는 파브르를 중심으로 한 모임에서 프랑스 출신 목사들에 대한 심한 반감이 있어서 반란이 라도 일어날 것 같다고 자백했다. 그들은 외국인이 시민의 삶을 직접 적으로 위협하는 것을 막기 위해서 어떤 조치를 취해야 한다고 생각 했다. 그루에는 신성모독죄와 더불어 시 행정장관과 목사를 협박한 것으로 사형선고를 받았다. 1547년 7월 26일에 형이 집행되었다. 아무 관련이 없던 칼빈은 그 일과 거리를 유지했다. 어떤 의미에서 그루에가 유죄판결을 받은 것은 특별한 일은 아니었다.

사회질서와 기독교 신앙을 공개적으로 위협하는 사람은 어디에 서나 사형선고를 받았을 것이다. 하지만 이런 일이 제네바에서, 그것도 칼빈 시대에 일어났다는 것은 동시대뿐 아니라 후대 사람들에게도 칼빈의 이미지를 어둡게 하는 데 일조했다. 칼빈은 이 사건을 둘러싼 소동의 의미를 거의 이해하지 못했고 제네바 외부에서 왜 그토록 말이 많은지 궁금해했다. "그들은 우리가 모두 패배한 것처럼 말한다. 특히 나에 대해서는 거의 죽을 뻔했거나 심각한 부상을 당했다는 말이 나돈다."

아미 페랑이 프랑스 왕궁에서 돌아왔을 때 갈등은 다음 단계로 나아갔다. 페랑은 도시 안전을 위해서 제네바에 주둔하게 될 프랑스 파견대를 모았다. 더구나 제네바가 반(反)황제, 친프랑스 정책을 채택할 것이라는 계획이 알려졌다. 이 때문에 베른은 불안해했고 제네바 정부는 프랑스와 유대 관계를 갖는 파벌과 적대적인 파벌 두 개로 나누어졌다. 1547년 12월, 200인 의회에서 일어난 다툼은 고조된 긴장을 보여 준다. 거기에서 칼빈은 그 다툼에 자신의 약한 몸을 내던졌다. "나는 소리쳤다. '만약 피를 흘려야 한다면 내가 흘리겠다.'" 칼빈은 자신이 희생양이 되겠노라 소리쳤지만, 너무나 갑작스런 일이어서 반대파가 칼빈을 제거할 수 있었던 기회는 그냥 지나가 버리고 말았다. 칼빈은 분노가 충분히 진정되었고 자신의 행동을 통해서 피 흘림을 막을 수 있었다는 데 모든 사람이 동의했다고 전한다.

스위스의 긴장

여러 극적인 조치가 경직되어 실행된 부분적인 이유는 이런 내부적 긴장과 더불어 베른과 사보이의 끊임없는 외부적 위협 때문이었다. 1546년에 춤, 주사위, 카드놀이 등이 금지되었다. 시의회는 식탁에서 사용되는 칼과 나이프의 양을 규정하고 입을 수 있는 옷의 종류까지 규정했다. 그것은 일종의 군법과 같은 것으로 철저한 조치를 통해서 사람들을 감독하고 세밀하게 통제함으로써 잠재적으로 위험한 훼방꾼들이나 그런 상황을 더 잘 식별해 낼 수 있었다. 칼빈은 죄로 생각했던 안락함을 추구하는 삶과 식탐을 막을 수 있어서 기뻐했다.

제네바는 예배 형식에 있어서 베른과 상당히 달랐다. 제네바의 예배 형식은 시와 칼빈이 주도했다. 동기는 물론 달랐다. 의심할 바 없이 칼빈은 이 예배 형식이 성경적이라고 확신하면서 일을 추진했다. 한편 정치가들은 독립을 위한 좋은 계기라 생각하고 칼빈의 정책을 지지했을 것이다. 베른에서는 교회력 상의 절기가 평일에도 지켜졌지만 제네바에서는 일요일에만 행해졌다. 제네바에서는 성탄절까지도 평일일 뿐이었다. 이로 인해 베른은 성난 깃털을 곤두세웠다. 1605년까지 베른은 주의 만찬에 얇은 제병을 사용했다. 그에 반해 제네바는 무교병을 선택했다. 베른에서 신부는 결혼식 때 머리를 장식해도 됐지만 칼빈은 비성경적인 것으로 이를 거부했다. 베른에서는 세상을 떠난 사람들의 이름을 읽었지만 제네바에서는 죽은 자를 위해 기도하던 관습이 다시 생길까 봐 허락하지 않았다.

다른 스위스 도시와의 관계도 그리 좋지는 않았다. 칼빈에 따르면 문제는 '강한 성품' 때문인데 사실 단순한 완고함에 기인한 것이었다. 주의 만찬에 대해 의견 일치를 보았지만 칼빈은 취리히에서 그곳까지 온 스트라스부르의 학생들이 주의 만찬에 참여하는 것을 금지한 불링거의 결정 때문에 어려움을 겪었다. "나는 왜 그들이 이 문제로 인해 교회를 찢어 놓는지를 이해할 수 없다."

한편 취리히에서는 칼빈이 루터파와의 의견 일치를 위해 노력했던 부서의 영향을 너무 많이 받는다고 생각했다. 이로 인해 칼빈은 기진맥진했다. "그가 당신의 친구나 형제가 되지 못한 것이 그의 잘 못이 아니라는 것을 내게 확신시켜 준 사람과 가까워졌다고 해서 나를 책망할 수 있는가?"

하지만 베른은 끊임없는 어려움의 근원이었다. 그래서 취리히를 설득해야만 했다. 이 기간 칼빈은 불링거와 프랑스 언약에 속한 다른 사람들과 이야기했다. 이는 프랑스인이면서 개혁파 사람들을 연합하고 강력한 제네바에서 시작해서 프랑스를 거쳐 하나님을 위해 유럽 전역을 개혁하려는 것이 목적이었다. 계획은 흥미로웠지만 앙리 2세를 설득하기 위한 교섭의 노력은 수포로 돌아갔다.

무대

몇 세기 동안 칼빈주의자들은 무대, 극장, 영화를 좋지 않게 생각했다. 그런 죄에 빠지는 사람들은 적어도 불편한 양심 때문에 괴로워해야 한다고 생각했다. 하지만 칼빈은 창조 세계를 하나님의 영광을 나타내는 극장으로 생각했다. 더 나아가서 교회를 하나님이 누구신지 보여 주는 무대로 이야기했다. 따라서 어떤 극장에서 연출한 것을 놓고 1546년에 일어난 분쟁은 흥미롭다.

문제의 연극은 사도행전에 관한 것이었다. 대본을 본 칼빈은 전혀 문제가 없다고 생각했다. 하지만 칼빈의 동료들은 달랐다. 그래서 칼빈은 시의회에 이 연극은 문제가 없지만 분열을 초래할 수 있기 때문에 공연을 취소해야 한다고 보고했다. 하지만 의회는 생각이 달라서 연극을 허가했다. 게다가 보조금까지 지급했다. 이에 대해 칼빈의 오랜 친구인 마이클 콥은 연극과 의회에 대해 격렬하게 비난하는 설교를 했다. 화가 난 군중은 교회 밖에서 그를 기다렸다. 콥은 경찰의 보호 아래 집까지 호위를 받으며 가야 했다. 칼빈도 콥이 지나쳤다고 생각했다. 그래서 오후에 자기가 설교할 때 이 일을 무마하려고 노력했다.

7월 4일 아침에 연극이 상영되었다. 칼빈은 이 연극을 관람하지 않았다. 연극에 반대해서도 아니고 주일이어서도 아니었다. 다만 자신의 동료들에 대한 배려 차원에서 가지 않는 게 좋다고 판단했기 때문이다. 그러나 비레는 이 연극을 보고 칼빈에게 보고했다. 그 후 의회는 당분간 비슷한 공연을 허가하지 않겠다고 결정했다.

오락에 대한 추가적인 제한 조치가 취해졌다. 도시에 있는 식당이 문을 닫고 각 구획마다 대안적인 식당 시설을 여는 실험적인 시도를 했다. 이를 위해 의회 위원들이 감독을 하고 식당 지배인은 사람들이 식사하기 전에 기도해야만 했다. 이 시도는 완전히 실패했다. 식당과 관련한 사업을 하는 사람들은 그런 규칙을 원하지 않았기 때문이다. 제네바를 기독교 도시로 만들기는 쉽지 않았다. 위의 결과로 두 가지 사항이 확실히 드러났다. 하나는 도시를 개혁하는 계획은 칼빈 혼자만 한 것이 아니라는 것이고, 둘째는 때때로 칼빈이 동료들보다 관대했다는 것이다.

말과 일

칼빈이 위기를 자주 겪고 갈등을 만드는 사람이라고 생각할 수도 있다. 하지만 실상은 매우 달랐다. 그는 당시 비슷한 명성과 지위를 가진 사람들과 비슷한 경험을 한 것뿐이다. 그가 개입했던 분쟁을 당시 상황과 분리해서 살핀다면 자신의 계획을 밀어붙이려는 열망 때문에 모든 사람과 갈등을 겪은 한 인간의 이미지만 남게 된다. 그러나 같은 기간 동안 교회와 국가 사이에 나타난 비슷한 긴장 상황 속에서 동료들이 경험한 갈등의 수와 비교한다면 칼빈이 겪었던 충돌의 성격이 잘 나타난다. 이는 수나 강도의 문제가 결코 아니었다.

칼빈이 늘 누군가와 싸우기만 했던 것이 아니라면 그는 그 기간에 무슨 일을 했을까? 그의 일상은 어떠했을까? 칼빈은 기도로 하루를 시작했다. 기도에서 많은 것을 기대한 칼빈이었기에 그는 기도를 많이 했다. 그래서 많은 사람에게 알려지지 않은 이 사실이 상황을 설명한다. 《기독교강요》에서 가장 많은 부분을 차지하는 장은 기도에 대한 것이다. 성경은 끊임없이 기도하라고 말한다. 하지만 칼빈은 규칙적인 기도 계획을 세우지 않으면 어떤 일도 진행할 수 없다고 보았다. 기도는 질서 있게 해야 한다. 다른 것과 마찬가지로 절제된 마음과 진심으로 해야 했다. 칼빈은 거의 수도원에 가까운 규칙을 세웠다. "우리는 아침에 일어날 때, 일하기 전에, 식사를 위해 식탁에 앉을 때, 하나님의 축복 가운데 식사한 후에, 잠들기 전에 기도한다." 집 안팎에서, 식사 전후에 기도하는 개신교의 관습은 칼빈이 시작한 것이다.

1541년 스트라스부르에서 돌아온 후에 칼빈은 주중에 기도의 날을 도입했다. 수요일을 기도의 날로 정한 것이다. 기도회는 아침 8시에서 10시까지 매주 열렸다. "기도회의 기도문은 내가 직접 작성했다." 칼빈은 독일이 역병과 전쟁으로 시달렸을 때 이런 기도회를 시작했는데, 기쁜 나머지 시간이 지나는 줄도 모르고 계속 기도했다.

하루 중 아침과 저녁 기도 사이에 가장 긴 시간은 편지 쓰기, 강의와 설교 준비, 원고 마무리하기, 심방, 손님 접대, 설교, 회의 등에 할애했다. 칼빈이 실제로 갈등 속에 하루의 대부분을 보냈다면 책을 출간할 수 없었을 것이다. 그의 출판 목록을 잠깐만 살펴봐도 이 기간이 칼빈의 생애 중 가장 생산적인 때였음을 알 수 있다. 1546년부터 1549년까지 다른 작품들과는 별도로 신약에 대한 주석서 5권과 각각의 프랑스어 역본을 펴냈다. 또한 장문의 편지를 쓰고 출판을 위한 설교까지 준비했다.

비관주의자

이번 장은 제목이 다소 부정적이지만 칼빈의 비관주의를 다뤄야 할 것 같다. 칼빈은 종종 회의주의자로 알려져 있다. 칼빈주의자들이 눈물 골짜기인 것처럼 인생을 살아가고 인생의 짐에 허덕이는 것은 대체로 칼빈 때문일 것이다. 게다가 칼빈은 세상에 대한 관점만큼이나 인간관이 어두웠다. 하지만 칼빈이 살던 시대에 기쁜 일이 어느 정도나 있었는가를 물어볼 필요가 있다. 낙관주의를 취할 만한 명분이 실제로 있었을까? 칼빈 시대에는 유아사망률이 높았고 정치적·사회적으로도 불안정했다. 유럽은 난민 문제, 가난, 종교전쟁의 위협으로 언제라도 전쟁이 터질 상황이었다. 칼빈이 때때로 우울했으리라는 것은 이상할 것이 없다. 오히려 두드러진 사실은 그가 인생의 선함(goodness)에 대해 할 말이 많았다는 것이다. 그가 다른 어떤 일을 할 수 있었을까? 그는 하나님이 인간의 행복을 위해 세상을 창조했다는 것을 믿었다. 이는 좋은 음식과 맛있는 포도주를 즐길 수 있다는 것을 의미했다. 물로도 살아갈 수 있지만 하나님은 포도주도 허락하셔서 즐길 수 있도록 허락하셨다. 칼빈은 술의 위험성을 알고 있었다. "포도주가 술주정뱅이에게 독이 된다고 해서 포도주에 대해 반감을 가져야 하는가? 결코 그렇지 않다. 그런 사실이 우리의 기호를 망쳐서는 안 된다."

그럼에도 불구하고 칼빈은 죄의 현실을 계속 언급했다. 칼빈은 로마 가톨릭이 죄의 심각성을 경시하고 있으며 참회를 하면 한 해의 모든 죄를 충분히 씻어 버릴 수 있다는 인상을 준다고 생각했다. 하지만 사실은 죄의 심연이 우리와 하나님의 관계를 분리시키는 것이다. 칼빈은 우리가 인생을 살면서 끊임없이 죄를 짓고 죄의 범위와 깊이를 절대 깨닫지 못한다는 것을 알고 있었다. 가장 근본적인 죄는 모든 존재의 특징이 되는 교만이었다. 교만 때문에 하나님께 죄를 범한다. 교만 때문에 이웃을 넘어 피조 세계에까지 죄를 범한다. 이 세상은 우리 죄 때문에 신음한다. "하나님의 영광이 손상되면 지구는 신음하게 된다." 야외에서 휴식을 즐기던 칼빈은 아름다운 식물과 동물을 보며 감사했다. 지구는 우리만의 것이 아니어서 세심하게 다루어야 한다고 생각했다. "지구는 오염되면 복수를 한다." 피조 세계를 파괴하고 오염시키는 행위는 죄다.

칼빈은 죄에 대한 자각에서부터 은혜의 메시지로 나가기 원했다. 고백한 죄만 용서받는다는 가르침은 고백은 고사하고 자신의 모든 죄를 결코 깨달을 수 없다는 것을 알고 있던 사람들에게는 절망과도 같은 것이었다. 이에 대한 유일한 해결책은 충만한 하나님의 은혜였다. 하지만 이 은혜가 하나님의 심판이 끝나는 것을 암시하지는 않는다. 성경 묵상을 통해서 칼빈은 죄와 심판 사이에 직접적인 연관이 있다는 것을 확신했다. 그래서 주저하지 않고 둘 사이를 매우 구체적으로 연관시켰다.

주일 설교를 하고 있을 때, 어떤 사람이 포도주를 얻기 위해 카페의 지하 저장소로 내려가다가 넘어져 다쳤다. 넘어지는 자리에 칼집에서 빠져나온 칼이 있어서 칼에 찔렸다. 부상으로 죽어 가는 그 사람을 사람들이 옮겼다. 그리고 지난 9월 주의 만찬이 진행되던 어느 날, 술에 취한 어떤 사람이 남몰래 창문을 통해 창녀가 사는 집으로 들어가려다가 떨어졌다. 그는 여기저기 뼈가 부러져서 들것에 실려 나갔다. 나는 지옥이 당신과 가족을 삼키기 전에 당신에게 손을 뻗치시는 하나님을 당신이 거부할 것이라고 결론을 냈다.

칼빈이 그런 결론을 내린 이유는 사람들이 그리스도인에 합당한 삶을 살도록 권면하기 위해서였다. 하지만 칼빈이 묻고 싶었던 것은 그들이 그렇게 할 수 있었냐는 것이다. 칼빈이 비판하는 내용의 요점은 대다수 사람들이 자신의 신앙을 진지하게 생각하지 않는다는 것이었다. 수많은 위선자들이 있었고 스스로를 그리스도인이라고 하면서 자신들의 죄로 하나님과 다른 이들에게 죄를 범하는 사람만큼 칼빈의 분통을 터지게 하는 사람은 없었다. 칼빈에게는 단순한 문제였다. 하나님의 거룩함과 은혜를 아는 사람들은 주님을 예배하고 영화롭게 하기 위해 최선을 다할 것이다. 하나님의 분노를 아는 사람들은 죄악된 삶을 피할 것이다. 주님의 사랑을 아는 사람들은 철저히 하나님께 헌신할 것이다. 이는 마음 깊은 곳에서 나타나는 삶의 방식의 문제였다. 칼빈은 교회에 가는 것으로 충분하다고 말하는 사람들과 은혜는 공짜라고 생각하는 사람들을 권면했다. 어떤 사람들은 하나님이 용서해 주신다면 인생을 주의해 살기 위해 전전긍긍할 필요가 없다고 생각했다. "사람들은 하나님과 작은 계약을 세우기를 원했다. 그저 내 잘못이라고 말하기만 하면 하나님과 아무런 문제가 없다고 생각했다." 그러한 것은 그리스도인의 삶과 전혀 관련이 없었다. 자신의 죄악과 타락한 상태를 내적으로 살피고 고백하고 경험하는 것과는 거리가 멀었다. 이것은 아직 그리스도인의 삶이 시작되지 않은 것이나 마찬가지였다.

웅변가

칼빈은 때때로 자신을 희생자로 느꼈다. 칼빈이 쓴 책들 때문이었을 수 있다. 칼빈은 에라스뮈스처럼 남과 언쟁을 하는 데 예술적 수준의 재능이 있었다. 피에르 비레의 풍자적 작품의 서문을 쓴 칼빈은 신학적 주제에 대한 토론에서 풍자가 가능한지에 대해 생각했다. 그는 절제의 필요성을 이야기하면서 이에 대해 긍정적으로 대답했다.

신학자는 독자를 즐겁게 하고 무엇보다 그들을 설득하기 위해 유머가 있으면서도 진지해야 한다고 보았다. 그런 유머는 회화를 통해 신학적 오류가 얼마나 우스꽝스러운 것인지를 보여 준다. 유머는 훌륭한 논거를 바탕으로 해야 하고 헛된 말 잔치가 되어서는 안 된다. 하지만 절제라는 안전장치가 있다면 사용할 수 있다. 기독교 교리는 조심스러우면서도 진지하게 세워야 한다. 가볍게 다뤄서는 안 된다. 하지만 미신과 엉터리 신학을 드러내기 위해 독자의 폭소를 자아낼 수 있는 설명이 있어야 한다. 칼빈주의자들은 웃음과는 거리가 멀었지만 칼빈은 이를 원했고 그런 방향으로 이끌어 갔다.

칼빈은 트렌트 공의회를 조롱했던 불링거에게 보낸 편지에서처럼 특히 로마 가톨릭을 풍자적으로 다루었다.

내가 취리히를 경유해 트렌트로 가는 것을 알고 있음에도 단 하루도 우리를 초대하지 않은 것은 무정한 처사다. 하지만 당신은 트렌트로 우리를 초대하는 또 다른 교황의 칙령을 분명 기다리고 있을 것이다. 불행히도 우리는 교황이 앉아 있는 곳 앞에 한 자리를 얻을 수 있는 특권이나 권리를 가진 사람이 아니다. 그래서 우리는 집에 조용히 머물러 있을 수 있다. 거기에도 할 일은 있다. 그리스도는 우리에게 많은 일을 허락하셨고 사탄도 우리가 지겨워지지 않도록 거들고 있다.

칼빈은 로마 가톨릭이 만든 집사의 직분도 조롱했다.

가톨릭주의자들은 사도들을 뽑아서 향을 피우고, 성상에 광을 내고,

교회 건물을 청소하거나 쥐를 잡고, 개들을 쫓아 버리는 사명을 주자고 말하는 사람들과 똑같다. 누가 그런 사람들을 '사도들'이라고 부르고 누가 그런 사람들을 예수님과 함께 했던 사도들과 비교할 수 있겠는가? 이제 '집사' 운운하면서 거짓말을 하지 않는 게 좋을 것이다. 그들은 자신들이 만든 연극대로 연기할 뿐이다.

다른 곳에서도 칼빈은 가톨릭주의자들이 개신교도들을 그토록 광적으로 공격하는 이유를 설명했다. "가톨릭주의자들이 미사, 연옥, 순례와 같이 말도 안 되는 행위를 광적으로 옹호하며 싸우는 이유를 알고 있는가? …… 하나님과 종교를 팔아서 배를 채울 수 있기 때문이다. 개신교도들이 가난해질수록 믿음을 위한 싸움은 더욱 격렬해질 것이다."

편지로 만나는 칼빈과 직접 대화하면서 알게 되는 칼빈은 확실히 달랐다. 그는 사람들을 만나지 않았을 때 사람을 가장 잘 다루는 학자 같았다. 대화에서 효과적으로 할 수 없었던 말을 글을 통해서 효과적으로 했다. 그는 편지로 사람을 위로하고 신학적인 반대자들을 흔들어 놓았다. 그래서 칼빈은 자신의 편지를 '내 영혼의 살아 있는 형상'으로 생각했다. 우리는 칼빈이 쓴 편지를 통해 칼빈의 실제 모습을 발견할 수 있다.

염증

하지만 칼빈은 너무 많은 글을 쓴 탓에 글쓰기에 완전히 싫증을 느낄 때가 있었다. "끊임없이 글을 쓰다 보니 너무 피곤해서 때때로 혐오감이 들고 글쓰기가 싫어진다." 실제로 칼빈은 선택의 여지가 없었다. 그는 편지를 통해 유럽 전역에 있는 사람들에게 다가갈 수 있었다. 칼빈은 조용하게 공부하며 책을 쓰는 것이 행복했을 것이다. 1549년에 부서가 스트라스부르를 떠나 영국으로 피해 갔을 때 칼빈은 부서가 부럽다고 말했다. 이제는 부서가 자신이 사랑하는 독일인을 위해 책 쓸 시간을 얻었기 때문이다. 칼빈은 자신의 심경을 편지에 고백했다. "온갖 일에 치이고 몸이 좋지 않아 괴로워서 책 쓸 시간이 충분하지 않다." 이에 비해 부서는 영국에서 평안하게 글을 쓰면서 다른 일도 했다. 칼빈이 이런 내용의 편지를 쓴 지 2년도 안 되어 부서는 세상을 떠났고 칼빈은 그를 보내고도 15년간 바쁘게 살았다.

홀아비

(1549~1551)

부인

칼빈은 결혼 문제와 결혼법을 다루느라 항상 분주했다. 그는 결혼했을 때보다 독신으로 있던 상황을 더 많이 강조했다. 따라서 칼빈이 부인을 잃고 난 이후 그의 독신 생활에 대해 말하고자 한다. 칼빈이 여자들에 대해 별로 신경을 쓰지 않았다는 것은 그의 외모에서도 나타난다. 결혼은 칼빈에게 불필요한 것이었다. 물론 칼빈은 반드시 독신으로 살아야 한다고는 하지 않았다. 결혼은 성적 관계를 위한 합법적인 구실을 만들기 위해서가 아니라 여러 가지 곤란한 상황에서 자유롭게 되어 하나님을 더 잘 섬기기 위한 것이었다. 칼빈은 곤란한 상황이 무엇인지는 밝히지 않았다. 아마도 여러 종류의 집안일을 이야기하는 것 같다.

그런 점에서 칼빈은 부인보다는 가정부를 더 필요로 했다. 칼빈은 자신이 "여자에 사로잡혀서 그녀의 단점까지 시시콜콜 칭찬하는 정신 나간" 사람이 아니라고 고백했다. 그는 여자의 매력이 무엇인지에 대해 매우 명확하게 말했다. 열심히 일하고, 순종적이며, 교만하지 않고, 검소하고, 또 남자가 건강이 좋지 않을 때 그를 잘 돌볼 수 있는 여자와 함께 살 수 있다면 다행이라고 생각했다. 칼빈은 여자의 아름다움은 내적인 데 있다고 보았다.

칼빈은 실제로 결혼하려고 애쓰지 않았다. 1540년에 그는 독일 귀족 출신의 젊은 여인을 소개받은 적이 있었지만 아무런 성과가 없었다. "내 처지에 과분한 지참금을 가진 귀족 태생의 여인을 소개받았다. 하지만 그녀와 결혼할 수 없었다. 그녀가 프랑스어를 몰랐기 때문이다. 다른 이유는 그녀가 자신의 출신과 자라난 환경을 너무 그리워하지 않을까 하는 두려움 때문이었다."

혼담이 오고간 여성의 오빠는 칼빈의 열렬한 지지자여서 자기 동생이 칼빈과 결혼하기를 재촉했다. 그녀의 올케도 결혼에 대해 많은 압력을 주어 칼빈은 이 여자와 결혼할까 생각하기도 했다. 그녀와 결혼하지 않으면 그녀의 가족에게 죄를 짓는 것 같았기 때문이다. 하지만 그는 주위 사람의 조언을 따르지 않았다. 칼빈은 "주님이 나의 이성을 완전히 빼앗아 가지 않는 한" 이 결혼에 대해서 생각조차 하지 않겠다고 선언했다. 주님은 칼빈의 이성을 그대로 남겨 두셨다. 칼빈은 자신이 그 결혼을 하지 않은 것을 하나님의 구원이라고 생각했다. 하나님이 어느 정도까지 개입하셨는지는 의문의 여지가 있다.

칼빈은 결혼의 조건으로 그녀에게 프랑스어를 배우라고 했다고 자신의 글에서 밝혔다. 그녀가 생각할 시간을 요구했을 때 칼빈은 기회가 왔다고 생각했다. "나는 즉시 신뢰할 수 있는 내 형제와 동료에게 다른 여자를 알아봐 달라고 부탁했다. 많은 사람들이 이 여자에 대해 긍정적인 평가를 하고 있다. 그 평가가 사실이라면, 지참금은 많이 가져오지 않아도 결혼 생활에 많은 축복을 가져다 줄 그런 여자일 것이다. 그녀를 아는 모든 사람들이 그녀와 결혼하도록 권고하고 있다"

이로부터 우리는 칼빈의 다음 결혼 후보자에 대해 두 가지 사실을 알게 된다. 그녀가 부자가 아니라는 것과 성품이 좋다는 것이다. 하지만 칼빈은 그녀와 결혼하지 않았다. 칼빈의 형제와 동료는 그 여자와의 결혼을 성사시키려고 했지만 칼빈은 그녀에 대해 전해 들은 내용이 너무나 엄청나서 그들을 되돌려 보냈다. 이번에는 결혼 추진을 중단하기 위해서였다. 칼빈은 독신으로 충분히 살아갈 수 있다고 생각했다. 그러나 그 생각은 두 달뿐이었다.

이델레트

마르틴 부서는 이혼에 대해서 관대했고 중매를 잘하는 사람으로 널리 알려졌다. 마르틴 부서는 칼빈을 위한 다른 계획을 갖고 있었다. 그는 칼빈이 부인을 얻을 것이라고 생각했다. 1540년 8월 초 칼빈은 스트라스부르에서 이델레트 밴 부레과 결혼했다. 그녀는 신앙을 위해서 피난해 있던 리에즈 출신의 여자였다.

파렐에 따르면 이델레트는 훌륭한 외모를 가진 여인이었다. 칼빈보다 몇 살 연상이었지만 젊어 보였다. 재세례파였던 남편과 사별한 그녀는 쥬디스라는 딸과 이름이 기록되어 있지 않은 아들이 있었다. 그녀는 인생 경험이 많았으며 결혼, 자녀, 이단에 대한 지식이 있었다. 칼빈은 이러한 것들을 직접 경험하지는 않았지만 피난자라는 공통점이 있었다. 칼빈은 그녀가 특별한 자질을 가진 여인이라고 보고 그녀를 추가로 받은 보너스 같다고 말했다. 물론 칼빈과 결혼할 여자는 특별한 자질을 가져야만 했다.

결혼 생활은 적어도 이들 중 한 사람에게는 맞지 않았던 것 같다. 결혼식을 올린 후 2주 만에 둘 다 몹시 아팠기 때문이다. 칼빈은 결혼이 아무리 좋아도 그것을 지나치게 즐거워해서는 안 된다는 하나님의 메시지로 이 사건을 해석했다. 칼빈의 이런 생각 때문에 후대의 칼빈주의자들은 하나님이 손쓰시기 전에 결혼을 지나치게 즐거워하는 일을 삼갔다. 하나님이 고통을 주시기 전에 스스로 쾌락을 절제한 것이다.

몇 달 후 칼빈과 이델레트는 역병이 돌고 있다는 소식을 들었다. 역병이 레겐스부르크에서 스트라스부르로 퍼지고 있었다. 게다가 자신의 가족 중 두 사람이 역병에 걸렸다는 이야기를 들었다. 큰 어려움에 직면한 것이다. 이델레트는 집을 떠나야 했다. 1541년 4월 2일에 파렐에게 보낸 편지에서 칼빈은 자신의 걱정을 토로했다. "내가 없는 가운데 무엇을 해야 할지 모르는 부인에 대한 염려로 밤낮을 지샙니다." 아내를 위해 아무것도 할 수 없던 칼빈은 매우 난감해했다. 평소 감정을 절제하던 칼빈의 모습과는 전혀 다른 모습이었다.

칼빈과 이델레트는 슬픈 일뿐 아니라 기쁜 일도 함께했다. 1542년 7월 28일에 이델레트는 아들을 출산했고 칼빈의 삼촌인 자크라는 이름으로 세례를 받았다. 자크는 야고보에 해당하는 이름으로 성인의 이름이 아니라 성경에 나오는 이름이었다. 그러나 불행하게도 미숙아인 아기는 태어난 지 22일 만에 죽고 말았다. "주님은 내게 아들을 주셨고 곧 데려가셨다." 칼빈은 이제 자녀가 없었다. 그는 세상을 떠나기 3년 전에 왜 자녀를 낳지 않느냐고 누군가 물었을 때 자크를 떠올렸다. 하지만 기독교 세계를 통해서 수많은 영적 자녀를 낳은 것을 생각하면서 칼빈은 위안을 삼았다.

이와 같은 사실을 통해 칼빈이 불륜을 저지르다 들통 난 자신의 며느리에게 사형 판결을 받도록 했다는 것은 허구라는 것을 알 수 있다. 며느리가 없는데 어떻게 그런 일이 벌어질 수 있겠는가?

아름다움

결혼했다고 해서 칼빈이 여자들의 아름다움에 대해 무관심한 것은 아니었다. 이는 신붓감으로 적합하다고 생각했던 제네바의 어느 미망인에 대해 칼빈이 한 말에서 알 수 있다. "하나님이 지금의 아내를 하늘나라로 데리고 가셔서 재혼할 상황이 온다면 그 미망인을 아내로 맞이하고 싶다."

사실 칼빈 부인은 죽음과 가까이 있었다. 병약한 이델레트는 아들 자크가 죽고 난 뒤 더욱 허약해졌다. 칼빈은 편지에서 부인의 질병에 대한 언급을 많이 했다. 부인이 병 때문에 자주 누워 있어야 했다고 기록하고 있다. "아내의 병이 잘 회복되지 않고 있습니다. 거기다 아내는 치질까지 걸렸습니다. 기침까지 심해져 더욱 고통스러워하고 있습니다. 열도 여전히 있습니다."

이델레트가 비레의 부인이 출산하는 것을 돕기 위해 로잔으로 떠났다가 돌아왔을 때 칼빈은 사과의 편지를 써야만 했다. "제 아내로 인해 너무 많은 폐를 끼쳐서 죄송합니다. 제 아내가 당신의 부인에게 별 도움이 되지 않았을 것을 염려했습니다. 제 아내는 병 때문에 다른 사람들의 도움을 계속 받아야 하기 때문입니다."

1545년 편지를 통해 칼빈의 아내가 얼마나 건강이 안 좋았는지를 짐작할 수 있다. 칼빈은 아내가 조금 회복되었다며 죽었다가 살아 돌아온 것 같다고 편지에 기록했다. 이런 상황은 몇 년 동안 계속 되었다. 결국 그녀는 1549년 3월 29일에 죽었다.

그녀가 죽기 몇 달 전 칼빈은 오랜 질병으로 누워 있는 아내가 전혀 회복될 기미가 없다고 썼다. "그녀는 이제 말도 할 수 없습니다. 그러나 자신의 상태가 어떤지는 표현할 수 있습니다. 나는 그리스도의 은혜와 영생의 소망에 대해 그녀에게 말했습니다. …… 그리고 기도해 주었습니다. 그녀는 조용히 내 기도와 하나님의 위로의 말씀을 분명히 듣고 있었습니다."

칼빈이 파렐에게 보낸 편지를 통해 부인의 죽음에 대해 칼빈이 얼마나 비탄에 빠져 있고 아내를 사랑했는지 읽을 수 있다.

그녀는 자식에 대해 아무 말도 하지 않았습니다. 아내가 마음속으로 자식들 때문에 근심할까 봐 두려웠습니다. 이런 근심이 병보다 더 힘들었지만 그녀는 차마 자식 이야기를 하지 않았습니다. 그래서 나는 형제들이 있는 데서 그녀의 아이들을 내 친자식처럼 돌보겠다고 말했습니다. 그녀는 "나는 이미 그 아이들을 하나님께 드렸습니다"라고 대답했습니다. "내가 그들을 책임질 준비가 되어 있지 않았다는 것을 말하는 것은 아니지요?"라고 내가 물었을 때 그녀는 대답했습니다. "하나님이 당신을 통해 아이들을 돌보시겠지요." 그녀의 의지는 매우 강해서 이 세상을 초월한 사람 같았습니다.

칼빈은 5년 후에 똑같은 이야기를 비레에게도 했다. 이델레트가 자신의 자녀에 대해 깊이 염려하고 있다고 말했다. 칼빈은 이델레트의 최후의 시간이 어떠했는지, 그리고 어떻게 밤새도록 그녀 곁에서 하나님의 은혜로 격려해 주고 기도했는지를 말해 주었다. 이델레트는 아침에 영원히 눈을 감았다. "8시가 되기 전에 그녀는 조용히 마지막 숨을 내쉬었다. 그곳에 있던 사람들은 그녀가 죽었다는 것을 알아차리지 못했다."

혼자됨

칼빈은 아내 이델레트가 사역을 매우 충실하게 도왔다고 말하면서 아내의 죽음으로 가장 훌륭한 친구를 잃었다고 고백했다. 칼빈은 그녀가 자신이 일하는 데 전혀 걸림돌이 되지 않았다는 것을 말했다. 결혼이 일하는 데 걸림돌이 될까 봐 염려하는 사람에게는 매우 긍정적인 의견이다. 모든 사람이 자신의 배우자가 걸림돌이 되지 않았다고 말할 수 있기를 바랄 것이다. 칼빈은 여느 때처럼 슬픔을 잘 이겨내며 사역을 계속하려 노력했다고 솔직하게 고백했다. 사역은 결혼 전부터 자신이 했던 일이었기에 아내가 세상을 떠나도 계속해야 했다. 칼빈은 열심히 사역하면서 슬픔을 극복했다. 그럼에도 불구하고 칼빈은 반쪽 인간으로 살아야 했다. "최근에 하나님이 아내를 본향으로 데려가셨다. 아내가 없는 나는 반쪽짜리 인간에 불과하다." 이델레트가 걸림돌이 되지 않았고 단순한 조력자를 넘어 반려자였다는 사실은 다른 편지에서도 나타난다. 칼빈은 프랑크푸르트의 프랑스인 교회에서 사역하는 동료가 부인을 잃었을 때 그에게 보낸 편지에서 이렇게 고백했다. "아내가 죽었다는 사실은 굉장히 큰 상처이며 고통이다. 나도 아내를 잃었기 때문에 알 수 있다. 아내를 잃은 지 7년이 지났지만 아내를 잃은 슬픔으로 여전히 힘들다."

수치

사람들은 홀아비로 살기로 한 칼빈의 결정에 만족하지 않았다. 그는 자신의 결정이 비판받는 것을 견딜 수 없어서 사람들 앞에서 자신을 변호하고 하나님과 사람 앞에서 양심을 갖고 결단한 것이라고 주장했다. 그는 체면을 손상하는 일이 없도록 주의했다. 그리고 재혼하지 않는 이유는 자신이 다른 사람보다 덕이 부족하기 때문이라고 밝혔다. 칼빈은 독신으로 있으면서 하나님을 더 잘 섬길 수 있다고 말했다. 또한 자신이 재혼하지 않는 것은 독신이 더 나아서가 아니라 연약함 때문이라고 말했다. 만약 칼빈이 여전히 가톨릭에 남아 있었다면 독신은 그에게 이득이 되었을 것이다. 가톨릭에서는 홀로된 남자가 정욕을 억제하고 재혼하지 않는 것이 미덕이었기 때문이다. 하지만 칼빈은 자신의 장점보다 약점을 더 잘 알고 있었고 배우자가 자신에게 거의 만족하지 못할 것이라고 생각했다. 만약 이델레트가 자신의 의견을 내세워서 상대방을 설득하는 방법을 찾지 못했다면 오늘날까지도 칼빈의 경직된 이미지는 당연한 것으로 생각될 것이다. 이델레트라면 자신과 함께 유배를 가서 불행한 상태에서 죽는 것도 불사했을 것이라고 기록했다. 하지만 아내가 죽는 바람에 그렇게 하지 못했다.

아내를 잃은 칼빈은 홀로 일을 진행해야 했다. 물론 이델레트의 딸인 쥬디스와 이름을 알 수 없는 아들이 있기는 했다. 그들에 대해서는 거의 알려진 바가 없다. 그나마 알려진 사실도 거의 부정적이다. 칼빈은 스트라스부르에 있는 의붓아들에게 제네바로 돌아오라고 했지만 아들은 오지 않았다. 1562년에 칼빈이 쓴 편지를 보면 쥬디스는 가족의 명예를 더럽히는 일을 했다. 이 충격 때문에 칼빈은 며칠 동안 혼자 있었다고 기록했다. 쥬디스가 어떤 일을 했는지 그 내용은 알 수 없다. 우리가 알 수 있는 것은 칼빈이 의붓자식들의 도움을 전혀 받지 못했다는 것이다.

여인들

많은 사람들의 예상과 달리 칼빈은 여자에 대해 긍정적이다. 아리스토텔레스가 여자를 반쪽 인간으로 본 것과 달리 칼빈은 여자가 없는 남자를 본래 기능을 하지 못하는 반쪽 존재로 생각했다. 칼빈은 여자들의 수다나 사치와 같은 결점에 대해서는 비판적이었다. 칼빈에 따르면 "대부분의 여자는 옷에 심한 집착을 보여서 선 채로 저녁을 먹으며, 더욱 우아하고 사치스럽게 보이려고 적게 먹는다." 칼빈은 특정 옷을 계속 입기 위해서 아이에게 모유를 주는 것을 거부한 여자들을 알고 있었다.

하지만 칼빈은 전반적으로 여성을 존중했다. 칼빈에 따르면 여자는 존중받을 가치가 있는 존재였다. 남자는 그리스도의 본을 따라서 여자를 영화롭게 해야 했다. 칼빈은 매우 직접적으로 이에 대해 말했다. "어머니를 공경하라"라는 성경의 가르침을 넓게 적용해서 모든 여인을 공경해야 한다고 생각했다. 그렇지 못한 남자는 처벌을 면할 수 없다. 이런 관점 때문에 칼빈은 드 팔레의 조카딸을 부인으로 달라고 요청했던 어느 귀족에게 경고했다. 칼빈은 이 남자가 젊었을 때 성병에 걸린 적이 있다는 것을 알고 있었다. 그런데 그런 일은 당시에 너무 흔한 것이어서 사람들은 이에 대해 아무 언급도 하지 않았다. 그럼에도 불구하고 칼빈은 그 소녀를 보호해야 한다고 보았다. 자신이 침묵하면 그녀가 잘못될 것이라고 생각했다.

여자를 존중했던 칼빈의 또 다른 예는 르네 드 프랑스라는 여자를 대한 방식에서 찾아볼 수 있다. 칼빈은 페라라에 있는 그녀의 집에서 몇 주 머무른 적이 있었다. 그녀는 종교개혁을 지지했지만 종교재판의 압력 때문에 자신의 과오를 고백하고 가톨릭으로 회귀해 고해성사와 미사에 다시 참여했다. 1554년에는 수도원에 들어가기도 했다. 칼빈의 관점에서 볼 때, 이것보다 더 심각한 일은 없었다. 그러나 그녀에 대한 애정은 여전히 남아 있었다. 칼빈은 그녀에게 자신과 계속 연락하며 지내는 한 죄책감을 느낄 필요가 없다고 말했다.

그녀는 물론 다시는 그와 접촉하지 않겠다고 맹세까지 한 상태였다. 죽기 몇 달 전에 칼빈은 그녀에게 편지를 썼다. 귀스의 공작이자 열렬한 가톨릭 신자인 그녀의 사위가 살해되었기 때문이다. 개혁파 프랑스인들은 기뻐했지만 칼빈은 사랑하는 사람을 잃은 르네의 아픔을 이해했다. 칼빈은 다른 사람과는 달리 사위의 죽음을 하나님이 그 사람을 거부한 것으로 보지 않는다고 그녀에게 말했다. 아울러 자신은 그런 생각에 반대한다고 덧붙였다. 칼빈은 사람의 구원 문제는 우리에게 달려 있지 않다는 말로 르네를 위로하려 애썼다.

여자가 해서는 안 되는 것

이런 사실에도 불구하고 칼빈은 여자가 교회나 정치에서 결정적인 목소리를 내는 데는 반대했다. 그는 불링거에게 편지를 써서 여자가 득세하는 시대는 (성경에서도 종종 나타나지만) 하나님의 은혜이면서도 동시에 심판으로 이해해야 한다고 밝혔다. 칼빈은 한 예로서 드보라를 인용했다. 드보라의 리더십은 자연 질서와 모순되지만 남자의 연약함을 지적하기 위한 것이라고 말했다.

한편 칼빈은 1558년에 제네바에서 발행된 존 녹스의 《여자들의 괴물스런 통치에 반대하는 첫 번째 나팔소리》라는 유명한 책을 우려했다. 녹스의 여성 혐오에 가까운 논법은 여성 자체를 겨냥했다기보다는 두 명의 메리 여왕이 취했던 가톨릭주의를 겨냥한 것임을 알았다. 그러나 칼빈은 그 책을 읽고 당황스러웠다.

칼빈은 여성의 역할을 교회 안으로 국한했을 때에는 여성의 권위에 대해 녹스와 동일한 관점을 가졌다. 르네 드 프랑스가 장로 회의에 참석하기 원했을 때 칼빈은 바울이 여성은 회의에 참여할 수 없다고 말한 것을 그녀에게 상기시켰다. 칼빈은 특별한 시대 상황과 관련한 주장을 덧붙였다. 일반적으로 받아들여지는 규칙으로부터 종교개혁자들이 다시 한 번 이탈한다면 한층 더 의심스러운 눈초리로 자신들을 바라보게 될 것을 염려했다. 만약 여자가 지도자가 된다면 가톨릭주의자들과 재세례파들이 개혁파들을 얼마나 조롱할 것인가?

1557년에 쓴 글에서는 여자에 대한 견해가 매우 달랐다. 이 글은 그해 9월에 감옥에 갇힌 수많은 프랑스 개신교도들의 부인들에 대한 것이었다. 칼빈은 제자들마저 희망을 버렸던 바로 그때에 "주 예수 그리스도의 죽음 앞에서 의연하고 결단력 있게 행했던" 여자들을 이야기하면서 이들을 격려했다. 하지만 칼빈은 그들의 모범으로서 성경의 여자들을 제시할 의도는 없었다. 그렇게 하면 그의 이야기는 전혀 다른 방향으로 전개되기 때문이다. 하나님이 당시에 저 여인들을 도우셨다면 오늘날에도 틀림없이 같은 일을 행하실 것이라 생각했다. 이는 칼빈의 신학과 완전히 일치했다. 그는 사람을 모범으로 제시한 것이라기보다는 하나님을 힘의 원천으로 가리킨 것이었다.

앙투안의 아내

칼빈에게 문제가 되었던 여자는 동생 앙투안의 부인 앤이었다. 앙투안은 제네바에 오래 머물면서 끊임없이 칼빈을 따라다니며 그의 그림자 안에 머물렀다. 앙투안은 칼빈의 가장 친한 친구와 같은 존재였다고 전해지는데 이는 사실인 듯하다. 칼빈이 친구인 클로드 페레의 죽음을 슬퍼했을 때 자기 형제인 앙투안만큼이나 가까운 친구였다고 기록했기 때문이다. 앙투안은 특별한 돈도 지불하지 않고서도 시를 위해 형 칼빈이 공헌한 것 때문에 1546년에 제네바의 중산층이 되었다. 칼빈은 이런 특권을 얻기 위해서 2년을 더 기다려야 했다. 어쨌든 앙투안의 가족은 칼빈과 함께 살았다. 칼빈의 가족과 함께 살아야만 하는 상황이 앤에게는 쉽지 않은 일이었다. 앙투안은 돈은 많이 벌었지만 시간이 많이 소요되는 사업을 했다. 이 때문에 앤은 집에 기숙하던 학생과 아이들을 돌보느라 늘 분주했다. 이델레트가 죽고 난 후 그녀가 모든 일을 해야 했다. 1548년 가을에 앤이 간음을 저질렀다고 의심받으면서 어려움이 본격적으로 시작되었다. 1557년 앙투안은 앤과 이혼하기로 결정했다. 앤은 간음을 저지른 죄로 국외로 추방되었다. 마르틴 부서 같으면 부인이 간음한 것은 앙투안의 태도에 문제가 있는 것이 아닌지 질문했을 것이다. 하지만 제네바에서 그런 질문은 제기되지 않았다.

이에 대한 부분적인 이유는 결혼 관계가 간음이나 바울이 말한 이혼을 허용하는 권고에 해당되는 상황에서만 해체될 수 있다는 칼빈의 관점 때문이다(고전 7:15). 그는 마르틴 부서를 제외하고는 다른 개혁자들과 이 부분에 대해 같은 의견을 가졌다. 부서는 성경에서 이혼에 대한 근거를 아주 많이 찾아내서 동시대 사람들에게 수치심을 안겨다 주었다. 그래도 부서는 간음죄는 사형으로 다스려야 한다는 당시 기독교 세계 대부분의 의견과 일치했다고 칼빈은 덧붙였다.

1555년 이후 칼빈이 더 많은 통제권을 행사했을 때 제네바는 간음을 저지른 사람은 사형으로 처벌했다. 하지만 칼빈과 컨시스토리는 이런 결정에 책임이 없었다는 것을 기억해야 한다. 대부분의 사건은 시 행정장관 대리와 소의회가 다루었고 컨시스토리에 통보하지 않을 때도 종종 있었기 때문이다. 컨시스토리에 통보를 할 때에도 부분적으로만 사안을 다룰 수 있었다.

카라치올로

배우자 중 한 사람은 가톨릭에서 개신교로 전향하고 다른 쪽은 그렇지 않을 경우에 이혼할 수 있을까? 이에 대한 칼빈의 관점은 흥미롭다. 갈리아조 카라치올로의 이야기는 유명하다. 그는 네이플 출신의 부유한 귀족으로 1542년에 개신교로 전환했고 이런 변화에 매우 만족해했다. 상황이 비가톨릭 신자들에게 점점 어려워지자 1551년에 신앙을 위해 모든 것을 버리고 제네바로 갔다. 하지만 부인인 비토리아는 떠나고 싶어 하지 않았다. 부인은 가톨릭 신앙을 고수했다. 그래서 이 부부는 8년 동안 별거했다. 그때에 카라치올로의 가족은 카라치올로의 결심을 되돌리기 위해 여러 차례 제네바를 방문했다. 카라치올로도 부인과 자녀들을 설득하여 제네바로 오도록 하려고 네이플을 여러 번 다녀갔다. 양쪽의 이런 노력은 모두 수포로 돌아갔다. 비토리아는 중립적인 곳으로 가자는 남편의 제안을 받아들이지 않았다. 그녀는 네이플에 남아 있었고 남편이 돌아온다 해도 교회가 그를 이단이라고 선언한 이상 정상적인 결혼 생활은 할 수 없다고 말했다. 이런 상황에서 카라치올로는 이혼을 청구하기로 결정했다. 칼빈은 이에 즉각 동의하지 않고 동료들의 자문을 구했다. 그들은 바울의 권고를 근거로 이혼을 허락하라고 했다. 하지만 칼빈은 카라치올로가 화해를 위해 한 번 더 노력하기 원했다. 그 시도마저 실패하자 칼빈은 최종적으로 이혼에 동의했지만 정상적인 절차를 밟은 후에야 허락했다. 그 후 카라치올로는 개신교 여성과 결혼했다. 이 사건에서 나타나는 수많은 정보로 미루어 보건대 칼빈은 최종 결정을 내리기 전에 모든 사항을 세심하게 살펴보고 객관적으로 절차를 진행하고자 노력했던 것이 확실하다.

결혼

이전에 이야기했듯이 칼빈은 결혼에 관한 여러 질문들을 다루느라 바빴다. 또한 결혼에 관한 몇 가지 흥미로운 생각을 했다. 예를 들어 그는 나이 차가 많이 나는 결혼을 이해하지 못했다. 그는 나이 많은 남자와 젊은 여자는 서로 훌륭한 결혼 상대가 못 된다고 생각했다. 나이 많은 여자와 젊은 남자의 경우도 마찬가지다. 그런 경우는 사랑 외에 다른 어떤 것이 있기 마련인데 젊은 쪽이 늘 속기 쉽기 때문에 좋은 결혼이 될 수 없다고 생각했다. "늙고 힘없는 남자가 젊은 여자와 사랑에 빠진다면 이는 수치스런 정욕 때문이다. 그럼에도 결혼한다면 그 남자는 젊은 여자를 속이는 것이다."

나이가 많은 여자와 결혼하려 한 젊은 남자의 경우를 다룬 편지에서 칼빈은 놀라움과 비통함을 표현하고 있다. "예순의 여인이 아직도 들떠 있을 수 있다는 것은 옛 시인들이 들려주는 동화에서나 나오는 이야기 같았다. 하지만 이 여자는 벌써 일흔 살이다." 그녀가 만약 같은 나이의 남자와 결혼한다면 성적 만족이 아닌 다른 것 때문이라고 생각할 수 있을 것이다. 하지만 이 경우라면 아무도 그녀를 믿지 못할 것이다.

칼빈은 성관계 자체를 반대하지는 않았다. 성관계 때문에 죄에 물들 수 있다는 생각은 사탄이 만들어 낸 것이라 생각했다. 죄에 물드는 것은 인격과 지성, 의지, 혼, 영이다. 따라서 육체적 욕망에서만 죄를 찾는 것은 어리석은 것이었다. 따라서 칼빈은 성에 반대하는 운동을 벌이고 독신을 장려하는 것은 분명 하나님의 뜻에 역행하는 것이라고 주장했다. 결혼 안에서 성은 신성한 것으로 남편과 아내는 서로를 거부해서는 안 되었다. 칼빈은 영적인 교제만으로 이루어진 영적 결혼을 믿지 않았다. 칼빈은 성관계가 출산의 가능성이 없어진 후에도 결혼의 필수적 요소라고 생각했다.

나이 차가 많이 나는 두 사람의 결혼보다 더 심각한 것은 가톨릭교도와 개신교도 사이의 결혼이었다. 칼빈은 그리스도인은 믿음 생활의 의무를 도울 수 있는 배우자와 결혼해야 한다고 생각했다. "이런 이유 때문에 잠시라도 목적이 흐릿해진 결혼은 책망받아야 한다. 가톨릭의 미신에 여전히 집착하는 여인을 집으로 데려오는 것은 신성모독이다." 여기에서 칼빈은 두려움 때문에 로마 가톨릭교회와 단절하지 못하는 여자와 진정한 기독교의 적을 구분하길 원했다. 가톨릭교도와의 결혼이 이슬람교도와의 결혼만큼 나쁜 것인지 질문을 받았을 때 칼빈은 아니라고 대답했다. 분명 둘 사이에 차이점이 있었지만 비슷한 어려움이 있었다. 칼빈은 다른 종교와의 결혼이 믿음을 약화시키는 것을 자주 목격했다. 그럼에도 그는 결혼 상대자가 가톨릭 신앙을 고수하는 것이 어디까지 허락되는가에 대한 확정된 규칙을 만들 생각이 없었다. 더군다나 다른 종교 간의 결혼도 여전히 적법한 결혼인 것은 확실했다. 그런 결혼이 비난받을 수는 있지만 정숙에 대한 서약을 이미 했다면 그 결혼은 유효했다.

부서의 도움으로 부인을 얻게 된 칼빈은 비레를 위해 중매인 역할을 했다. 칼빈 주위에는 여인들이 많이 있었지만 비레에게 적합한 사람은 없었다. 그래서 칼빈은 드 팔레에게 "비레에게 어울리는 사람을 스트라스부르에서 찾는다면 알려 달라"라고 편지했다. 이 요청은 성공한 것 같았다. 일주일 뒤에 칼빈은 비레에게 편지를 해서 그와 특별히 어울릴 것 같은 신붓감의 아버지와 이야기할 것이기 때문에 빨리 결정을 내리라고 요청했다. "그녀에게 청혼한다면 가장 좋으리라 생각합니다. 벌써 그녀를 두 번이나 만났습니다. 얼굴만 보고도 정숙한 여자라는 것을 쉽게 알 수 있습니다. 용모도 준수합니다." 칼빈은 미리 준비한 듯한 말을 하고 있었다.

결혼법

칼빈은 화려하고 사치스러운 결혼 예식을 지양했다. 그는 결혼식은 서약, 축복, 설교로 구성되는 소박한 행사여야 한다고 규정했다. 따라서 결혼식은 간소했다. 무릎 꿇기, 입맞춤, 반지 교환, 음악 같은 것은 없고 오로지 결혼 서약과 설교 말씀만 있었다. 결혼은 보통 주일 혹은 회중이 설교를 들으려고 정기적으로 모이는 주중에 거행되었다. 그러나 주의 만찬을 기념하는 주일에는 성례의 빛이 바래지 않도록 결혼식을 하지 않았다. 다른 행사도 소박해야 했는데 이는 매우 따분한 일이었다. 칼빈은 단지 사치만 죄악시한 것이 아니라 가난으로 가득 찬 세상에서 음식, 술, 돈이 낭비되는 것도 우려했다. 물론 결혼식은 성경에도 나와 있듯이 치러져야 한다고는 생각했다. 칼빈은 음주에 대해 특히 염려했다. 대부분의 파티가 술 때문에 걷잡을 수 없는 상황까지 이르게 된다는 것을 알고 있었다. 술을 마시면 대화의 주제가 천박해지고 온갖 종류의 죄에 문을 열어 주게 된다. 세례 요한도 잘못된 잔치로 해를 당했다(마 14:1~12). 이런 이유로 칼빈은 법률적 수단을 동원해 그런 불상사를 막으려 했다. 하지만 결혼식에서 춤을 제한하는 법은 이미 1539년에 채택되었다. 이는 칼빈이 제네바에 있기 전인 스트라스부르에 머물렀을 때 일어난 일이라 칼빈과는 무관하다. 칼빈이 복귀한 후 결혼식을 주관하는 규정은 더욱 강화되어서 1549년에 모든 춤을 금지했다. 그뿐 아니라 1558년에 저녁 식사는 세 가지 코스를 초과할 수 없고 각각의 코스에는 네 가지 음식까지만 허용되었다. 이런 통제는 1560년에 최고조에 달했다. 그때부터 과도한 음식, 술, 옷 등이 다른 보석류와 함께 금지되었다. 이런 물건을 착용하는 데 익숙해진 사람들은 그것들을 감추거나 집에 두고 나와야 했다. 이 법령 뒤에는 그런 물건들이 질투와 욕망을 불러일으키고 다툼을 불러일으킬 수 있다는 생각이 있었다. 칼빈과 그 추종자들을 따르지 않은 사람들은 문을 걸어 잠그고 집에서 계속 파티를 했다.

다툼

다투는 부부는 컨시스토리에 출두해서 화평하고 조화롭게 살도록 권면받았다. 남편이 아내를 때리는 것은 금지되었다. 금지 조치가 있었다는 것은 그런 일이 꽤 흔했다는 것을 암시한다. 시간이 흐르면서 배우자를 학대하는 것을 금지하는 규정이 강화되었다. 물론 제네바에서는 이런 것이 이혼 사유는 되지 못했다. 칼빈은 간음과 바울이 권고하는 상황과 같은 두 가지 이유로만 이혼할 수 있다고 주장했다. 배우자의 폭력이 생명을 위협할 정도가 아니라면 매 맞는 부인은 (반대로 부인에게 매 맞는 남편도) 믿음으로 십자가를 져야 했다.

한때 매춘은 강간을 예방하거나 결혼 전에 성에 관해 알 수 있는 기회를 제공하기 위한 필요악으로 생각되기도 했다. 하지만 종교개혁 전에 매춘은 제네바에서 이미 금지되었다. 수많은 직업적 매춘부들이 도시를 자발적으로 떠나야 했다. 시에서는 더 많은 매춘부를 내보내기 위해 여행경비까지 지급했다. 돈을 벌기 위해 몸을 팔았던 유부녀들은 심한 처벌을 받았고, 1560년 이후에는 사형에 처하게 되었다. 사람들이 매춘부 없는 사회를 원했기 때문이다. 같은 이유로 간음은 결혼 여부를 떠나 심각하게 처벌했다.

주목해야할 것은 칼빈이 성경과 전통보다 더 나아가서 남자의 성적인 죄는 여자와 동일하게 처벌되어야 하고 약혼 기간에 다른 여자와 잤던 남자도 여자와 마찬가지로 동일한 죗값을 치러야 한다고 주장했다. 칼빈은 의회가 그런 남자와 여자를 처벌하지 않으면 하나님이 하실 것이라고 했다. 칼빈은 신성모독자와 술주정뱅이로 이미 알려진 '제네바의 자녀들' 중 한 사람에 대해 자세히 말했다. 이 사람은 제네바에 역병이 번졌을 때 가족을 돌보라는 목사의 권면에도 불구하고 아내와 가족을 버렸다. 하나님은 그 사람도 역병으로 치셔서 그를 벌하셨다. 역병에 걸린 후 그는 자신의 죄를 고백했다. 그리고는 미친 사람처럼 침대에서 일어나 집 밖으로 뛰어나가 강물에 빠져 죽었다. 가족을 저버리면 이처럼 되는 것이다. 하나님은 즉시 심판하셨고 칼빈은 그런 사람을 동정할 필요가 없다고 말했다.

연애

칼빈은 연애하는 동안 해서는 안 되는 일이 무엇인지에 대해서도 분명하게 말했다. 성적 매력을 발하는 옷, 화장, 외설스런 시, 음탕한 농담이나 노래, 술집에 드나드는 것, 과도한 식사나 음주, 보호자 없이 외출하는 것, 함께 목욕하거나 수영하는 것 등을 금지했다. 성관계는 말할 것도 없이 해서는 안 되었다. 구혼하는 중이거나 약혼한 사람들의 성적 관계를 금한 배경에는 결혼 제도 바깥에서의 성관계를 간음으로 여겼기 때문이다. 간단히 말해서 결혼 예정자들은 그저 《기독교강요》를 함께 읽는 것밖에 함께 할 수 있는 일이 없었다.

개혁교회의 예배에서 명백하게 볼 수 있듯이 칼빈은 외적인 간결성과 내적인 견고함을 소중히 여겼다. 이는 결혼 상대자에게도 동일하게 적용되었다. 여자에게 있어서 가장 중요한 것은 마음과 영성이었다. 그러나 인간에게는 외모에 대한 바람이 있기 때문에 칼빈은 "남자가 여자를 선택하는 데 있어서 아름다움을 고려하는 것"이 잘못된 것이라고는 생각하지 않았다. 아름답기 때문에 여자를 선택하는 것이 본질적으로 잘못된 것은 아니었다. 결혼 상대자를 고를 때 여자가 남자의 외모를 고려하는 것도 잘못은 아니다. 칼빈은 다른 사람의 아름다움을 주의 깊게 고려해 보라고 권면했지만 자칫 시험에 들 위험성 때문에 너무 많은 시간은 들이지 말라고 말했다. 칼빈은 결혼 예비자는 서로가 맞는지를 살펴보기 위해 질적으로 좋은 시간을 함께 보내야 한다고 생각했다. 이는 서로를 잘 알지도 못하고 결혼 서약을 했던 당시의 관습과는 매우 다른 것이었다. 이 때문에 칼빈은 부모들이 자녀들의 바람과는 상관없이 결혼을 시켰던 관습에 강하게 반대했다. 그리고 칼빈은 남녀가 서로를 알아 가는 과정에서 남자와 마찬가지로 여자를 위해서도 동일한 보호책을 강구했다.

결혼은 부모의 허락이 있어야 하지만 기본적으로는 모든 사람들의 동의 하에 이루어져야 한다. "남녀가 동의하지도 않고 서로 사랑하지도 않는데 결혼해야 한다면 이는 결혼 제도를 비하하는 것이다. 이런 결혼은 결혼이라고도 할 수 없다." 다른 종교개혁자들과는 달리 칼빈은 부모의 동의가 다섯 번째 계명에 근거한 것(네 부모를 공경하라)이 아니라 모두가 알고 있는 자연 질서에 기초한 것이라 생각했다. 결혼은 사람의 일생에 있어서 너무 중요한 것이기 때문에 부모의 조언을 듣는 것은 자연스러운 것이다. 더구나 결혼 전에 부모와 상의했던 많은 성경적인 예들이 있다. 칼빈의 관점 중 독특한 것은 아버지의 역할이 어머니보다 더 중요하다는 것이었다. 또 결혼할 여자가 처녀여야 한다는 주장은 무의미하다고 보았다. 칼빈은 결혼 전의 성적 관계에 동의하지 않았지만 중세의 처녀 숭배에도 찬성하지 않았다. 그렇게 되면 칼빈이 우려했듯이 처녀가 아닌데도 처녀라고 거짓말을 하는 결과로 이어질 것이다. 나중에 처녀가 아니라는 것이 남편에게 발각되면 문제가 생기게 될 것이다.

물론 칼빈은 가톨릭교도, 유대인, 이슬람교도와의 결혼에 찬성하지 않았다. 그런 결혼을 원하는 사람들은 강한 권면을 받을 것이지만 그런 결정을 막을 수는 없었다. 죄악된 것이지만 금지되지는 않았다. 불신자와의 결혼도 마찬가지다. 여기에서 칼빈의 생각은 "불신자가 결혼을 부정하게 하는 영향력보다 믿는 사람의 경건함이 결혼을 신성하게 하는 영향력이 더 크다"라는 것이었다. 이상적인 바람이기는 하지만 두 명의 불신자가 결혼해서 각각의 배우자가 연속적으로 회심하기를 기대했다. 성경과 마찬가지로 칼빈도 믿는 사람이 불신자와 결혼해서는 안 된다고 말하고 있다.

결혼에 대한 칼빈의 관점은 이 제도가 하나님과 인간 사이의 언약을 반영한다는 확신에 기초하고 있다. 따라서 사랑과 헌신, 서로를 위한 준비와 의미 있는 교류는 매우 중요했다. 칼빈에게 결혼은 계약이 아니라 배우자가 상대방을 손상시키지 않고 서로의 유익을 위해 자신을 아낌없이 주는 언약이었다.

자녀

아이가 일찍 세상을 떠나 자녀가 없었던 칼빈은 사람들로부터 비웃음을 당하기도 했다. 그러나 칼빈은 교회를 통해 수많은 자녀를 갖게 되었다고 대답했다. 이는 마음속에 별 고민 없는 아주 품위 있는 말로 들린다. 그러나 실상은 자녀를 갖지 못한 칼빈의 아픔이 고스란히 드러나 있다. 칼빈은 아이들을 매우 좋아했다. 어릴 적 자신에게 결핍된 것을 보상하려는 의도였을지도 모르겠지만 칼빈은 자녀가 매우 중요하다고 생각했기 때문에 부모의 의무를 매우 강조했다. 특별히 자녀들의 영적인 교육을 매우 중요시했다. 부모가 자녀의 세속적 성공만 강조하는 것만큼 잘못된 것은 없다고 생각했다. 그런 부모들은 종종 성공이 가져다주는 사치와 부에서 이득을 얻으려고만 할 뿐이었다.

자녀들이 라틴어로 몇 마디만 하면 부모들은 매우 자랑스러워했지만 주님을 아는 지식을 교육시키는 데는 거의 주의를 기울이지 않았다. 하지만 칼빈은 신앙고백을 통해 자녀들에게 읽는 법을 가르치는 몇 가지 입문서를 펴내면서 이런 두 가지 종류의 지식을 지혜롭게 결합시키려고 했다.

부모들은 자녀들에게 투자해야 한다. 그렇다고 해서 이것이 모든 일에 대한 책임을 회피할 수 있다는 것을 의미하는 것은 아니다. 처벌과 훈계 없이는 아무것도 배울 수 없기 때문이다. 만약 자녀가 잘못된 길로 가면 부모는 주저하지 말고 단호한 조치를 취해야 한다. 바로잡으려는 노력이 효과가 없어도 자녀를 포기해서는 안 되고 인내심을 갖고 그들이 하나님께로 돌아올 수 있도록 노력해야 한다. 칼빈은 부모들에게 너무 엄하지도 않고 너무 방임하지도 않는 중도의 길을 모색하라고 조언했다.

배움

칼빈은 교회와 자녀를 돌보기를 원했고 12세쯤 된 아이들에게 성례로서 행해졌던 견진성사와 같은 가톨릭의 오랜 관습을 개혁하려고 했다. 하나님의 언약에 속해 있고 주님의 약속을 받아서 그 사랑과 은혜를 통해서 살았던 아이들은 어렸을 때부터 이 모든 것이 무엇을 의미하는지 들을 권리가 있었다. 제네바로 돌아오자마자 칼빈이 했던 일은 아이들을 교육하기 위해 교리문답을 만드는 것이었다. "교리문답이 없이는 교회는 남아 있지 않을 것"이기 때문이었다. 칼빈은 아이들에게 주의 만찬에 대해서 가르쳐 주고 싶어 했다. 그 목적을 위해서 아이들은 만찬의 의미에 대해 이해해야 했다. 그는 재세례파가 유아세례를 비판했던 것이 일리가 있다고 말한 부서의 의견에 동의했다. 재세례파는 유아세례는 믿음을 스스로 선택해야 할 필요를 간과할 위험성이 있다고 주장했다. 그래서 믿음의 공적인 고백을 도입해서 견진성사를 대체하게 했다.

칼빈은 믿음을 고백하는 행위는 세례에서 주의 만찬에 이르는 출입구 역할을 하며 충실한 교리문답 교육을 받는 십대 때 가장 효과가 크다고 생각했다. 따라서 칼빈은 매주 주일 오후 12시쯤 자녀와 하인들을 위한 교리문답 교육을 개설했다. 구두시험은 1년에 네 번 했는데 주의 만찬 전에 시행되었다. 아이들은 교리문답의 내용을 외우거나 요약해야 했다. 이러한 노력은 믿음의 고백으로 받아들여졌으며 주의 만찬에 참여할 수 있는 자격을 얻기 위한 절차였다. 교리 교육은 자녀들에게 구원의 사실을 가르쳐서 그리스도를 알아 가게 하는 것이 목표였다. 교리 교육은 영적인 성장과 믿음의 연합이 강조되었는데 얼마나 많은 교리문답을 하느냐는 중요하지 않았다.

칼빈은 1537년에 처음으로 몇 가지 교리문답을 직접 만들었다. 1542년에 작성한 두 번째 교리문답은 52개의 부분으로 나누어 성경 주제를 모두 다루도록 했는데 질문과 대답 형식을 취했다.

칼빈은 목사를 위한 휴대용 안내서도 만들었다. 이미 칼빈의 생전에 이런 책들이 헬라어, 독일어, 이탈리아어, 스페인어로 번역이 되어서 널리 읽혔다. 특히 1545년에 라틴어로 번역된 것은 고백문으로 매우 유명했다. 교리문답 중에서는 하이델베르크 교리문답(1563)이 칼빈의 교리문답보다 훌륭하다는 평을 받고 있다. 이 교리문답은 개혁파가 가장 즐겨 사용하는 책이 되었다. 하지만 칼빈의 교리문답도 여전히 많이 사용했다. 칼빈은 부모도 자녀에게서 배울 점이 있다고 확신했다.

학교

칼빈의 주된 관심사 중 하나는 적절한 학교교육이었다. 그는 정기적으로 의회에 찾아와서 좋은 교사를 채용하고, 월급 인상을 요구하거나 일을 제대로 하지 못하는 사람들에게 조치를 취했다. 칼빈은 교육을 두 단계로 나누었다. 그중 두 번째 단계는 공립학교로서 나중에 제네바 대학으로 발전한 아카데미의 원조가 되었다. 이에 대해서는 나중에 다룰 것이다.

제네바에서 교육의 첫 번째 단계는 사립학교로서 일곱 개의 수업으로 나뉘지고 6학년과 7학년 학생은 주로 많은 분량의 프랑스어와 라틴어로 된 문학작품을 읽었다. 저학년 때에 이를 위한 기초 수업을 했다. 이런 형태의 교육은 상당 부분 칼빈 덕택이다. 교실 분위기는 조용하고 침착했다. 설교는 수요일에 한 번, 주일에 두 번 있었고 학생들은 시편을 외웠다. 4학년 때에는 라틴어로만 말해야 했다. 규율은 엄격했으며 학생을 바로잡기 위한 체벌은 합법적이었다. 체벌은 필요한 것이라고 생각했다. 한 주 과정이 끝나면 세 명의 학생이 주기도문, 교리문답, 십계명을 의무적으로 암송했다.

새로운 학교 건물이 1558년에 건축에 들어갔는데 칼빈이 석공, 목수, 위원회의 위원들과 함께 직접 건물과 부지를 조사하러 갔다. 칼빈은 적절한 장소에 학교를 짓고 아이들이 거닐 수 있는 충분한 공간이 있어야 한다고 생각했다. 아이들도 보호받을 권리가 있다고 생각한 칼빈은 도시의 공공건물의 모든 창문과 발코니에 아이들의 안전을 위해 난간을 설치해야 한다고 건의했다.

친구들

칼빈은 많은 사건 속에서 외로운 길을 걸었지만, 가족과 여러 친구들이 있었다. 그에게 우정은 혈연보다 더 소중했다. 그래서 자신의 생일에 제네바에 거주하던 친구인 로랭 드 노르망디에게 편지를 썼다. "사람들을 묶어 주는 데는 여러 종류의 내적인 끈이 있다네. 하지만 어떤 혈연이나 관계도 우리의 우정보다 나을 수는 없지."

우정의 개념은 문화마다 다양한 가치에 기초한다. 미국에서는 누군가와 곧바로 친구가 될 수 있다. 반면 유럽에서는 친구가 되기 위해 좀 더 시간이 걸린다. 16세기에 우정은 인문주의자들 사이에서 다소 인기 있는 주제였지만 감정적 연합보다는 믿음의 일치에 더 많은 관련이 있었다. 이 때문에 칼빈을 우정을 중요하게 여긴 사람으로 바라보는 것은 다소 문제가 될 수 있다. 물론 칼빈이 친구 관계를 맺고 있던 사람들 중에는 세 명의 교부(patriarchs)로 언급하는 사람들의 말처럼 파렐과 비레 같은 이들이 있기는 하다.

칼빈은 파렐과 비레에게 헌정한 디도서 주석의 머리말에서 그들과의 우정에 대해 직접 언급했다. 그는 제네바에서 그들이 일한 것을 크레타에서 바울이 한 일과 비교했다. "사역하면서 함께 우정을 나눴던 그와 같은 친구가 앞으로 또 있을지 모르겠다." 하지만 칼빈은 그들과의 우정을 하나님 나라를 위해 함께 한 일로 국한시켰다는 것을 밝혀 두어야 하겠다. 이 세 사람은 자신들의 사명을 알고 있었으며 꽤 오랫동안 만나지 못했지만 그 이후에도 서로 잘 지냈다.

칼빈은 그들과의 우정은 "그리스도에게 바쳐진 것이고 오늘날까지도 교회에 유용하다"라는 것을 보여 주었다고 생각했다. 이런 관점에서 우정에 대한 칼빈의 생각은 몇 가지 개혁적인 원리가 덧붙여졌지만 개념 정의에 있어서는 늘 인문주의적이었다. 이는 칼빈이 필요에 따라서는 그토록 쉽게 사람들과 거리를 둘 수 있었던 점을 설명해 준다.

실제로 파렐이 69세의 나이에 17살 소녀와 결혼하는 일이 생겼을 때 칼빈은 파렐과 의도적으로 거리를 두었다. 뉴카텔의 목사들은 이 결혼을 금지하길 원했지만 칼빈은 그들이 지나치다고 생각했다. 칼빈은 이 불쌍한 친구가 불치의 병에 걸렸다고 생각했다. 그렇게 밖에 할 수 없는 다른 이유가 있을까? 칼빈은 그를 포기해서는 안 된다고 생각했다. 다른 어떤 일을 해야 할 지 알 수가 없었다. 하지만 파렐의 간청에도 불구하고 칼빈은 결혼식에 참여하지 않았다. 칼빈은 매우 바쁘다고 말했지만 일부러 가지 않은 것이다. 그 후 칼빈은 파렐에게 거의 편지를 쓰지 않았다.

비슷한 일이 다른 친구에게도 일어났다. 비레는 1561년 9월에 의사의 권고로 남프랑스로 떠났다. 비레가 떠나기 전에 그와 칼빈 사이에 정확히 어떤 일이 일어났는지는 알려져 있지 않다. 아마 비레가 떠오르는 별인 테오도르 베자(Theodore Beza)를 질투했기 때문일 수 있다. 사실이 어떻든 간에 칼빈과 비레 사이에 오고간 편지가 급격하게 줄어들었다. 1537~1563년에 4백여 통의 편지가 오고갔지만 1561년 9월 이후에 비레는 칼빈에게 단 12통의 편지를 보냈고, 칼빈은 비레에게 3통의 편지를 보냈다.

금욕주의자

위의 사실로 미루어 본다면 거의 필요 없는 이야기지만 칼빈이 차가운 금욕주의자였다는 오랜 편견에 대해 해명해야 할 것 같다. 칼빈의 증언에 따르면 그는 깊은 정서적 경험을 했다고 한다. 칼빈은 동료인 쿠로가 죽자 그 슬픔 때문에 시간이 어떻게 갔는지 모르겠다고 기록했다. 그는 그 기간 동안 동료의 죽음이 생각나 일을 손에 잡을 수가 없었다. 낮에는 번뇌하고 밤은 두려움으로 지새웠다. 발도파의 핍박에 대해 들었을 때 칼빈은 복통에 시달려서 일을 할 수 없었다.

칼빈은 자신의 눈물과 고통에 대해 자주 이야기했다. 때때로 무엇을 해야 할지 모르겠다며 죽고 싶다고 토로했다. 부서가 세상을 떠났다는 말을 들었을 때 외로움에 짓눌린 칼빈은 친구들이 자신보다 오래 살아서 자신이 즐거운 마음으로 죽을 수 있으면 좋겠다고 말했다.

그는 사람들의 어려움과 자신의 불운에 대해 하나님께 질문했다. 하나님의 존재와 선택에 대해 의심한 것이 아니라 자신이 걸어가는 길에 대해 묻고 싶었다. 하나님은 각각의 인생에 대해 계획을 갖고 계신다. 우리가 깨달아야 하는 것은 그 계획은 저마다의 상황에 따라 다르다는 것이다.

어쨌든 그 계획은 하늘에 있는 별로 알 수 있는 게 아니었다. 칼빈은 1549년에 점성술에 관한 책 하나를 펴냈다. 칼빈은 점성술은 '악마적인 미신'이라고 밝혔다. 별과 항성의 위치를 연구하는 점성술 자체가 잘못된 것은 없지만 (지금은 천문학의 영역이다) 그것 이상이 되어서는 안 된다. 별점을 중요하게 여기는 사람들은 하나님의 권능을 무시하는 것이고 자신의 운명이 별의 해석에 달려 있는 것처럼 행동한다. 별점은 과학과는 전혀 관련이 없다. 성경이 이와 비슷한 행위를 금하는 것은 이유가 있다. 사탄은 사람들이 하나님을 의존하지 않고 별점을 신뢰하도록 부추긴다. 다른 문제와 마찬가지로 칼빈은 사람들이 별의 복잡한 형태에 집착하는 것에서 벗어나 하나님만을 신뢰하고 하나님 앞에서 스스로 결정할 수 있는 자유를 얻고 두려움에서 벗어날 수 있도록 애를 썼다.

칼빈은 별점을 거부하면서 하나님이 일하시는 방식에 대해서 한층 더 깊이 있게 질문했다. 그는 하나님을 이해하려고 노력했지만 이해할 수 없었다. 마치 높은 산에 오르려다 심연과 미궁에 빠진 사람과 비슷했다. 그가 오르려는 산은 하나님이었다. 그는 더 높이 올라가려고 했지만 결코 정상에 이르지는 못했다.

환자
(1551~1554)

하나님의 선택

제롬 볼섹은 칼빈의 예정교리를 심각하게 받아들이면 이 세상에 죄가 들어온 것은 하나님의 책임일 수밖에 없다고 주장했다. 그는 칼빈의 논리에 따르면 죄의 책임을 하나님에게서 찾을 수 있다고 생각한 것이다.

제롬 볼섹은 재미있는 이력이 있었다. 카르멜파의 수도사였던 그는 순회 의사로 생활비를 벌었다. 그 후 페라라의 르네 드 프랑스의 궁정 의사로 고용이 되었다가 나중에 첩자로 활동했다. 1551년 봄에는 제네바에서 가까운 베지에 정착했고 한 가지를 제외한 모든 일에서 칼빈을 열렬하게 지지했다. 제네바에 도착하자마자 볼섹은 예정에 대한 칼빈의 교리를 공격하기 시작했다. 그는 칼빈이 직접 그런 교리를 만든 것이 아니라 여러 세기에 걸쳐 수많은 저명한 신학자들이 예정을 가르쳐 왔다는 것을 잘 알고 있었다. 그들 중의 한 사람이 아우구스티누스다. 아우구스티누스는 칼빈의 저작에 너무 많이 등장해서 독자는 칼빈이 성경과 아우구스티누스만을 읽었다고 오해할지도 모른다. 칼빈은 예정의 일부분은 우리에게 영원히 밝혀지지 않겠지만, 성경에 나오는 것에 대해 말하는 것을 주저해서는 안 된다는 아우구스티누스의 의견에 동의했다.

하지만 늘 그랬듯이 칼빈은 이 교리에 대해 심사숙고하고 철저하게 의견을 제시하려고 애썼다. 이런 과정을 통해서 성경이 이중적인 예정을 가르친다는 확신에 이르게 되었다. 즉 하나님은 함께 영생을 누릴 사람들을 선택하시고 나머지 사람들은 어둠에 처하게 된다는 결론이었다. 이것은 두 가지 종류의 사람들, 천국에 갈 사람들과 지옥에 떨어질 사람들에 대한 것이 아니라 어떤 사람이 스스로의 힘으로 구원에 이르는 결단을 할 수 있느냐 아니면 모든 것이 하나님의 선택에 달려있느냐에 관한 문제였다. 칼빈에게는 의문의 여지가 없었다. 성경은 모든 일이 하나님께 달려 있으며 영원한 운명이 결정되는 것은 하나님의 선택과 결정 때문임을 분명하게 보여 준다.

칼빈은 단일 예정과 같은 해결책은 인정하지 않았다. 하나님이 한 집단을 지키기로 결단하셨다면 자동적으로 다른 쪽은 구원하지 않기 위한 결단이 되었다. 단순히 이중적인 예정이 있을 뿐이었다. 칼빈은 구원에 있어 사람의 노력은 전혀 없다고 보았다. 이는 불확실성으로 이어질 뿐이었고 당시에 불확실성은 이미 세상에 가득 차 있었다. 특별히 이 부분 때문에 칼빈은 로마 가톨릭에 대해 매우 애석해했다. 가톨릭은 사람들이 하나님을 두려운 존재로만 생각하게 했다. 사람이 자신을 구원하기 위해 한줌의 노력만이 필요하다 해도 그만큼도 채우지 못했다는 생각 때문에 평생 두려움에 시달리며 살 것이다. 사람들의 기쁨은 사라지고 광신적인 삶만 남게 될 것이다. 죽은 자들의 남겨진 가족들은 사랑하는 사람들이 천국에 있는지를 확신하지 못해 안식을 찾지 못할 것이다. 죽어 가는 사람들은 불확실성 때문에 죽음에 이르는 과정이 더더욱 어려울 것이다. 그래서 칼빈은 구원의 확실성과 위로를 가져다주는 예정을 더 선호했다. 더 나아가서 예정은 하나님의 영광에 대한 증거였다. 이것은 칼빈에게 가장 중요한 사안이었다. 인류가 구원이라는 문제에 있어서 아주 작은 역할이라도 한다면 이는 하나님의 영광을 손상시키는 것이다. 기여해야 할 한 줌의 노력이라도 필요하다면 하나님은 완전한 영광을 받으실 수 없다. 칼빈은 이것을 받아들일 수 없었다. 하나님의 영광은 칼빈에게 전부였다.

예정교리가 없으면 교회에 남아 있는 것은 아무것도 없을 것이다. 이는 단순한 문제였다. 예정교리는 전파해야 했다. 무엇보다 하나님은 영광받으시기에 합당하신 분이기 때문이다. 두 번째로는 구원을 확신하기 위해서다. 완전한 자유를 가지고 하나님을 아버지로 부르기 위해서다. 이 두 가지 요소를 붙들지 않는다면 우리에게 화가 있을 것이다. 그렇게 되면 믿음도 교회도 존재하지 않을 것이기 때문이다.

볼섹의 공격

볼섹은 칼빈의 신학에 흥미를 느꼈다. 그는 의학박사였지만 신학에 깊이 몰두해 목사회 모임에도 정기적으로 참여했다. 하지만 예정에 관한 칼빈의 교리를 받아들이지는 않았다. 볼섹은 모든 것이 하나님께 달려 있다면 하나님이 죄를 만드신 분이라는 결론에 이를 수밖에 없다고 보았다. 칼빈의 가르침은 죄를 포함한 모든 일이 하나님께 달려 있다는 논리적인 결론에 이를 수밖에 없었다. 볼섹은 한때 이런 문제에 대해 칼빈에게 말했지만 해결책을 찾을 수 없었다.

1551년 10월 16일에 어떤 사람이 예정에 대해 설교를 하자, 볼섹은 금요집회에서 칼빈을 비판하기 시작했다. 볼섹은 칼빈의 입장을 취하는 사람은 누구든지 하나님을 죄의 원인이자 폭군으로 만드는 것이라고 주장했다. 더구나 교부들, 특히 아우구스티누스가 이런 교리를 고수했다고 말하는 것은 어불성설이라고 생각했다. 분노에 차 이야기한 볼섹은 그 방에 칼빈이 있는 것도 몰랐다. 예기치 못한 볼섹의 공격에 칼빈은 자신의 성향대로 격렬한 반격을 했다. 증언에 따르면 칼빈은 그 박식함만큼이나 사나웠다고 했다. 그 결과 우연히 그 자리에 있었던 시 관리의 대표는 볼섹을 체포했다. 표준적인 교리를 너무 격렬하게 공격함으로써 법을 어겼다는 것이다. 그런데 의회는 실제로 그 문제를 어떻게 해결해야 할지 몰랐다. 그래서 몇몇 인접 도시에 조언을 구하기로 했다. 그러나 아무 도움이 되지 않았다.

바젤은 볼섹을 위험한 이단으로 보았지만 취리히는 숨을 고르고 어느 정도 진정해야 한다고 생각했다. 칼빈 자신은 이런 점이 무척 불쾌했다. 시의회도 예정에 대한 이러한 반대 의견을 어떻게 해야

할지 난감해했다. 그러나 신학자들의 의견을 받아들여 결국 도시에
서 볼섹을 영원히 추방했다. 프랑스로 돌아온 볼섹은 너무나 불안해
가톨릭으로 회귀했다. 그리고 칼빈에 대한 악의적인 책을 썼다. 몇
세기 동안 불어권 국가에서 칼빈의 이미지가 부정적인 이유는 이것
때문이다.

트롤리에

볼섹은 제네바의 법을 어긴 혐의로 도시에서 추방되었다. 물론 본질
적으로는 예정에 대한 칼빈의 열심 때문이었다. 칼빈에게 이 교리는
하나님의 영광과 인간의 행복에 굉장히 중요한 것이어서 칼빈은 예
정에 대한 어떤 비판도 허용할 수 없었다.

　장 트롤리에도 이런 문제를 발견했다. 부루군디 출신의 전직 수도
승이었던 그는 개신교로 전향했으며 제네바에서 목회하려고 했다.
그러나 칼빈의 반대에 부딪혀서 그는 목회 대신 공증인 일을 했다.
그리고 시 행정장관에 대해 다소 비판적이었던 칼빈의 편지를 출판
하면서 복수를 꾀했다. 볼섹이 추방된 지 거의 1년 만인 1552년 6월
말에 트롤리에는 칼빈의 설교에 대한 고소장을 접수시켰다. 잇따른
토의를 통해서 트롤리에도 그 교리를 이해하는 데 어려움을 겪고 있
다는 것이 밝혀졌다. 그는 칼빈의 교리가 하나님이 죄에 책임이 있
으신 분으로 만든다고 생각한다고 했다. 여러 토의가 오고 갔다. 의
회는 자체적으로 《기독교강요》를 읽기로 결정했다. 정치가들 사이
에서는 잘 있지 않는 일이었다.

이 작업을 통해서 정치가들은 칼빈의 편이 되었다.《기독교강요》
가 무척 명쾌해서 시의회의 위원들은 칼빈의 관점이 성경적이라고
선언하게 되었다. 게다가 공식적으로 예정교리를 인준했는데 이것
은 매우 이례적인 일이었다. 모든 사람들이 예정론을 믿도록 규정했
고 이 교리에 반대하는 어떤 말도 입 밖에 내지 못하게 했다. 칼빈은
승리했고 인내에 대한 보상을 받게 되었다. 칼빈은 이렇게 고백했
다. "나는 다른 일은 할 수 없었다. 믿음을 배신하지 않으려면 인내해
야만 했다." 여기서 우리는 작은 위험에도 소리쳤던 파수꾼으로서의
칼빈 모습을 볼 수 있다. 칼빈의 예정교리를 위협했던 사람들은 실
제로 하나님을 위협하는 것이고 이 문제에 관한 칼빈의 가르침을 훼
손하는 사람들은 실제로 하나님과 인류를 속이는 것이었다.

인류

예정은 칼빈의 인간관과 밀접한 관련이 있었다. 인간은 선택의 능력
이 없기 때문에 하나님이 선택하셔야 한다. 의심할 바 없이 인간은
'지구상에서 가장 아름다운 보석'이다. 그러나 죄가 인간을 손상시켰
다. 사실 남아 있는 것은 본래 있던 고상한 피조물의 흔적일 뿐이다.
인류는 '어떤 가치도 없는 타락한 존재'가 되었다. 인간은 굉장한 재
능이 있지만 타락하고 부패해서 아무것도 아닌 존재가 되었다. 인간
은 특별하고 구별된 존재로 동물의 수준으로 격하되지는 않았지만
하나님 앞에서는 난파한 자들에 불과하다. 이렇게 광범위한 결과를
가져온 이유는 죄가 영혼과 육체를 지배했기 때문이다. 칼빈은 교황

파, 신학자들이 원죄를 죄의 성향으로 축소하고 죄를 특별히 육체적 욕구로 규정했다고 비난했다. 칼빈에 따르면 인간은 훨씬 더 잘못된 존재다. 영혼을 포함해서 인간을 구성하는 모든 부분들이 죄 때문에 나쁜 상태에 있게 되었고 사람의 마음은 혼돈의 심연에 처하게 되었다. 고통스럽지만 진실은 여전히 진실이었다. 인류의 본성은 나태함과 거짓의 경향을 띠게 되었다. 칼빈은 인간의 마음이 반항적이고 죄악된 생각으로 가득 차있다고 생각했다. 사람의 본성은 이처럼 잘못된 것을 갈구한다. 사람들은 공의로운 하나님으로부터 너무 멀리 떨어져 나가서 의지하고, 바라고, 행하는 것은 모두가 경건하지 못하고 불순하며 하나님을 욕되게 하는 것이었다. 마음은 죄로 심하게 얽혀 있어서 좋아 보이는 것도 실제로는 위선과 기만으로 가득 차있다. 자유의지가 무엇이든 간에 이제는 가치가 없기 때문에 하나님이 주신 것만 인류에게 선한 것이다. 이러한 인간관은 부정적으로 비춰질 수 있지만 칼빈 시대 이후로 인류가 저질러 온 끔찍한 일들을 잠시라도 생각한다면 현실적인 관점으로 보게 될 것이다.

급진주의자

드 팔레 가족과 칼빈의 관계를 살펴보면 볼섹 사건이 그에게 얼마나 깊은 영향을 미쳤는지 알 수 있다. 칼빈의 삶은 교회와 신학을 위한 일에 강하게 결부되어 있다. 칼빈의 태도는 칼빈주의를 형성하는 데 크게 일조했다. 자크 드 부르고뉴와 욜랑데 반 브레데로드 부부는 네덜란드에 소유하던 사유지의 이름을 따서 자신들을 드 팔레라고 명명했다. 칼빈은 1543년 이후 그들과 접촉했고 그 이후 매우 가깝게 지냈다. 드 팔레 가족은 네덜란드를 떠나고 싶어 했다. 그리스도를 올바르게 예배할 수 없는 나라에서는 살 수 없다고 생각했기 때문이다. 칼빈은 이런 결정이 어떤 희생을 가져올지 잘 알고 있었지만 떠나라고 조언했다. 칼빈에게 하나님께 순종하는 것과 깨끗한 양심으로 사는 것은 소유와 가족의 유대보다 더 중요한 일이었다. 하나님이 조국을 떠나라고 명령하지 않으셨다 해도 몸과 영혼을 통해 하나님을 예배할 수 없다면 아브라함이 들었던 말씀은 현재를 살아가는 충실한 그리스도인에게도 적용되는 것이었다.

"네 아비 집을 떠나라." 이 주제는 칼빈의 저작에서 자주 등장한다. "이런 이유 때문에 진창에 빠져서 헤어나지 못하고 죽게 되기 전에 떠나는 것이 최선이다. 빠를수록 좋다." 자크와 욜랑데가 먼저 콜로뉴를 향해 떠났고 그 후 스트라스부르로 가서 1545년에 칼빈을 만나게 되었다. 바젤을 경유해서 제네바 근처의 베지에 있는 작은 성에 정착하게 되었다. 여기에서 그들은 더욱 가깝게 지냈다. 그러나 4년 뒤 그들은 갑작스럽게 관계를 끝냈다. 드 팔레 가족의 가정의는 칼빈의 주치의와는 다른 사람이었다. 우연히도 볼섹이 드 팔레의 주치의였다. 칼빈과 친했던 것처럼 드 팔레 가족은 볼섹과도 가까웠다. 볼섹과 칼빈의 예정론 논란 속에서 드 팔레 가족은 볼섹을 선택했다. 칼빈은 그들과의 관계가 거의 끝난 것으로 생각했다. 드 팔레에게 보낸 마지막 편지에서 칼빈은 관계가 끝났다는 것을 분명히 했다. 진리의 적과 친구가 되는 사람은 누구든지 칼빈의 친구가 될 수 없었다. 칼빈에게는 명백한 문제였고 수많은 개혁파의 전형이 되었던 태도였다. 같은 교회에 앉을 수 없는 사람은 같은 거실에도 앉을 수 없다.

칼빈의 소심함은 더욱 두드러져서 고린도전서 주석 첫 번째 판을 드 팔레에게 헌정했다가 1546년 두 번째 판에서는 헌정을 취소했다. 드 팔레에게 보낸 칼빈의 편지 사본은 있지만 드 팔레가 칼빈에게 보낸 서신은 없다. 칼빈은 그들의 편지를 집에 보관하는 것도 원치 않았다.

권징

칼빈은 교회 권징에 대해서는 급진적인 자세로 일관했다. 1552년 10월 칼빈이 발자사르 셉트의 자녀에게 세례를 주는 것을 거부했을 때 새로운 갈등이 나타났다. 칼빈은 자신이 왜 그런 사람에게 세례를 주어야 하는지 이해할 수 없었다. 셉트는 칼빈을 합법적인 사역자로 생각한 적이 없었지만 자녀의 세례를 위해 갑자기 나오게 되었다. 칼빈은 이런 식으로 세례를 주지 않았다. 이 때문에 논쟁이 시작되었는데 실제적인 갈등은 사람들에게서 기독교적인 삶을 기대했던 프랑스 출신 목사들과 이런 외국인 목사들에게 지시받기를 거부했던 제네바 시민들 사이에 있었다.

1553년 중반에 소의회가 필리베르 베델리에에게 주의 만찬에 참석하도록 허락했을 때 교회 권징에 대한 논란이 격화되어 칼빈은 다시 한 번 제네바를 떠나야 할 것 같았다. 칼빈은 의회의 결정을 받아들일 생각이 전혀 없었다. 그런데 9월 3일에 한 설교에서 추방을 받아들일 준비가 됐다고 밝혔다. 실제로는 제네바를 떠나고 싶지 않았던 칼빈은 하나님이 그를 제네바에 남겨 두신다면 계속해서 전심으로 헌신할 생각이었다. 하지만 의식적으로 거룩하지 못한 삶을 살고 있는 사람들에게 성례를 행하도록 허락하지 않으시는 분은 하나님이셨다. 칼빈은 다시 한 번 하나님의 뜻을 헤아리려 노력했다. 칼빈은 모든 사건과 고난 가운데 생을 마감할 준비가 되어 있었다. 그러나 물러나려고 할 때마다 하나님은 그를 공적인 삶 한가운데로 데려다 놓으셨다. 실제로 원치 않는 일을 하다가 병에 걸리기는 사람이 있는데 칼빈이 그랬다. 칼빈은 정말 병에 걸렸고 이전보다 심하게 아팠다.

병

한때 즐거웠던 일이 괴로워지고 전에는 스스로 하던 일에 대해 도움을 요청한 것은 칼빈의 상황이 어떠했는지를 잘 보여 준다. 1551년 초에 칼빈은 불링거에게 보낸 편지에서 글 쓰는 것 때문에 많이 지쳤고 솔직히 너무 피곤해서 정기적으로 편지를 쓰기가 힘들다고 밝혔다. 그해 말에 칼빈은 비서를 구하려 했다. 편지를 받아 적고 글쓰기와 관련한 일들을 도울 사람이 필요했다.

칼빈은 만성적으로 건강이 좋지 않았다. 칼빈의 질병에 관한 내용은 이번 장에서 한꺼번에 다룰 것이다. 칼빈에 대한 폭넓고 상세한 보고서를 작성하기는 쉽다. 칼빈이 자신의 건강에 대해 종종 기록을 했기 때문이다. 칼빈이 죽고 나서 두 개의 보고서가 나왔다. 많은 질병으로 고생한 사람들은 저항력과 인내심이 약하고 과민하게 반응하는 경향이 있다. 그런 점에서 칼빈도 그랬다는 것은 별로 놀랄 일이 아니다.

실제로 칼빈은 평생 동안 병약했다. 그는 의사를 찾는 일이 늘어갔다. 그가 어려서부터 허약한 체질이었는지는 알려져 있지 않다. 하지만 몽테규 대학의 열악한 음식과 주거 환경은 (에라스뮈스도 이로 인해 건강이 많이 상했다) 칼빈의 건강에 심한 타격을 주었다. 그 후에 상황은 악화되었다. 스트레스, 지나친 노동과 수면 부족은 이미 취약했던 건강을 더욱 악화시켰다. 칼빈은 건강을 위해 자주 피를 뺐고 수많은 알약을 먹어야만 했지만 오히려 이것이 해가 되었을 수도 있었다고 기록한다. 육체적 고통은 정신적 고뇌로 인해 더욱 악화되었다.

코로의 죽음으로 인해 너무나 비참해져서 고통을 참을 수 없다. 낮에는 그의 죽음을 생각하는 것 외에는 아무 일도 할 수 없다. 밤에는 심한 고뇌가 뒤따른다. 이제는 익숙해졌지만 수면을 취할 수 없는 고통과 더불어 밤새도록 눈을 감을 수도 없게 되었다. 그래서 거의 힘을 쓸 수 없다. 이보다 내 건강에 해로운 것은 없다.

정서

칼빈은 이델레트와 결혼한 직후에 쓴 편지에서 외부의 압력과 약해진 몸이 그의 감정에 어느 정도까지 영향을 미쳤는지 분명히 말했다. 귀족 부인과 그녀의 아들이 자신의 집에 머물렀지만 도움은 되지 않았다.

9월 3일 두통이 무척 심했다. 그러나 이런 일이 익숙해져서 이제는 두통으로 방해를 받지 않는다. 그 다음 주일에 설교를 하면서 열이 오르는 것을 느끼기 시작했다. 교회를 나서기 전부터 심한 감기에 걸려 화요일까지 끊임없이 콧물이 흘렀다. 평상시처럼 설교를 했는데, 콧물이 흘러서 말하기가 어려웠다. 목이 너무 쉬어서 누군가 내 목을 조르는 것 같았다. 몸 전체가 갑자기 떨렸다. 여전히 더러운 콧물이 내 머리를 채우고 있었던 까닭이다.

월요일에 나를 초조하게 하는 일이 생겼다. 우리에게 숙식을 제공하고 말을 함부로 해대는 여인이 내 동생을 모욕해서 참을 수 없게 되었다. 동생은 동요하지 않고 그 여인이 이 집에 있는 한 절대 돌아오지 않으리라고 맹세하며 조용히 집을 떠났다. 동생이 집을 떠난 것이 너무 유감스러워서 그녀도 역시 떠나 버렸다. 하지만 그 아들은 잠시 우리와 함께 머물러 있었다.

짜증나는 일 또는 극심한 두려움으로 상처를 받을 때마다 나는 음식을 먹는데 자제력을 잃고 평소보다 더 빨리 먹는다. 저녁 때 몸에 맞지도 않은 많은 음식으로 배를 채운 탓에 다음날 아침, 나는 복통을 앓았다. 평소처럼 금식하는 것이 최선이었을 것이다. 하지만 금식을 하면 그 아들에게 집을 떠날 것을 암시할 지도 모른다고 생각해서 내 건강 상태를 무시하고 병을 생각하지 않기로 결정했다.

감기가 떨어진 화요일 저녁 9시쯤에 다시 어지러웠다. 침대에 눕자마자 심한 열과 어지러움이 시작되었다. 수요일에 자리에서 일어나려고 했지만 사지가 약해져 일어나지 못했다. 정말 아팠다. 오후에 음식을 조금 먹었지만 식사 후에도 두 번이나 어지러움이 찾아왔다. 그리고 재차 열이 불규칙적으로 나서 어떤 종류의 열인지를 분간할 수 없었다. 땀도 많이 흘려서 베개가 흠뻑 젖었다.

당신의 편지가 도착했을 때 내 상태는 이랬다. 세 발자국도 걸을 수 없는 상황이어서 당신이 내게 부탁한 것을 도저히 할 수 없었다. 이전에는 어떠했든 이 병은 결국 사흘간 지속되는 열병이 되었다. 첫째 날에는 극심하지만 셋째 날에는 점차 나았다. 건강을 회복하기 시작했을 때 당신이 나를 초대한 약속 시간은 이미 지나갔다. 나는 여행을 견딜 만한 체력이 없었다.

칼빈은 내과의사와 심리학자의 도움을 받아야 할 상황이었다. 칼빈은 스트레스로 인해 육체가 너무 약해지고 다른 사람에게 잘못된 인상을 주지 않으려다가 곤경에 빠지고 죄책감과 싸우다가 병에 걸리게 되었다. 칼빈은 아픈 것 때문에 죄책감을 느꼈을 것이다. "편두통에 시달렸기 때문에 게을러지고 아무 일도 할 수 없었다." 다른 사람들은 칼빈의 어려움을 이해할 것이다. 아파서 일을 할 수 없을 때 애가 탈 수 있다. 따라서 잃어버린 시간을 보충하고 일정을 따라잡기 위해 계속 일하다가 건강이 더 악화된다.

지금 나는 또 편두통을 앓고 있다. 다행히 필요한 일을 하기 위해서 스스로를 헤쳐 나갈 수 있지만 일은 늘 그랬듯이 더디게 진행되고 있다. 한동안 좀 더 유용한 일에 쏟을 수도 있었던 시간을 병 때문에 낭비하고 있다.

이런 관점에서 칼빈은 두 가지 일 사이에서 괴로워했다. 밤이 끝나갈 무렵 파렐에게 보낸 편지에서 그런 심정이 나타난다. "사실 내일 설교를 준비해야 합니다. 하지만 건강을 생각한다면 지금 잠을 자야 합니다."

고통

칼빈은 가끔씩 두통에 대해 불평했다. 그는 극심한 편두통에 시달렸다. 글 쓰는 것이 불가능하고 때로는 며칠간 침대에 누워 있어야 할 정도였다. 앞서 이야기했던 복통의 문제는 극단적인 소화 문제로 규칙적으로 나타났지만 감사하게도 칼빈은 독자들에게 자신의 변비와 설사에 대한 상세한 내용을 남겨 놓았다. 루터도 주저하지 않고 그런 내용을 나누었다. 루터는 종종 화장실에서 마귀와 대면한 반면 칼빈은 자신의 문제를 갖고 화장실로 갔다. 나중에 치질이 생겼을 때는 화장실에 앉아 있는 것도 어렵게 되었다. 이 때문에 말을 타는 것도 고통이었고, 출혈도 상당했다.

가슴을 죄는 통증도 있었는데, 이것은 단순히 심리적인 문제가 아니었다. 가슴이 아파서 6주간 일을 하지 못할 때도 있었다. 1564년 칼빈이 세상을 떠나기 몇 달 전, 몽펠리에의 의사에게 보낸 장문의 편지에서 칼빈은 자신이 몇 년간 피를 토하는 병에 시달리고 있다고 말했다. 하인리히 불링거에게 보낸 편지에서 칼빈은 말년에 나타난 신장결석 때문에 겪는 고통을 토로했다. 모든 감각을 상실할 정도로 찌르는 듯한 형언할 수 없는 아픔에 대해 기록했다. 결석이 배출된 후에는 전문가와 다름없을 정도로 상세하게 그것이 빠져나온 경로를 기술했다. "의사가 처방한 대로 말을 탄 후에 결석이 방광에서 요도로 지나가다가 빠져 나오지를 않아 참을 수 없는 고통에 시달렸다"라고 적었다. "30분 이상 몸을 흔들면서 결석을 없애려 했다." 하루가 지나서 결국 개암 열매 크기의 결석이 나왔다. 칼빈은 다시 태어난 듯한 느낌이었다고 말했다. "이제야 다시 살아난 느낌이다." 하지만 결석은 다른 고통을 갖다 주었다. 칼빈의 신장결석은 주로 심각한 형태의 통풍 때문에 나타났다. 이 모든 질병은 엎친 데 덮친 격으로 오랫동안 앓았던 심한 열병에 더해졌다.

건강 문제에 대한 보고서에서 칼빈은 통풍에 대한 치료법을 기술했다. 얇은 천을 덮는 것도 참을 수 없었기 때문에 발 위에 일종의 작은 천막 같은 것을 씌어 놓았다. 그 다음엔 기름으로 발을 문질렀는데 냄새가 너무 역겨워서 거의 토할 지경이었다. 통풍이 너무 심해서 칼빈은 거의 움직일 수 없었고 앉아서 생활할 수밖에 없었다고 고백했다. 하지만 이전에 이야기한 것처럼 앉아 있는 것도 문제였다. 열 때문에 일이 힘겨웠고 삶은 견디기 어려워졌다. 1558년 10월에 나타난 열병은 1559년 5월까지 지속되었고 찌르는 고통이 함께 찾아왔다. 사람들이 칼빈의 생명을 염려할 정도였다. 의사들이 칼빈의 아랫배를 마사지하고 정기적으로 눌러 주었다는 기록을 보면 칼빈은 열병으로 비장까지 심하게 부었다는 것을 알 수 있다.

이상

칼빈은 갈증 때문에 허락된 것보다 더 많은 양의 포도주를 마실 수밖에 없었다고 했다. 그러나 권위를 존중했던 그는 의사의 처방을 한 치의 오차도 없이 따르는 이상적인 환자였다. 의사가 설교와 가르침을 금할 때도 처방대로 했지만 그때에도 침대에서 편지를 받아 적게 했다. 불어와 라틴어로《기독교강요》최종판도 편찬했다. 칼빈이 자신의 병을 기록한 내용들은 한동안 의학 전문가들의 분석 대상이 되었다. 이를 통해서 그가 말라리아나 결핵에 걸렸거나 한두 차례 심장에 문제를 겪었을 것으로 생각했다. 그렇게 약한 몸으로 55세까지 살았다는 것은 경이로운 일이다.

위의 모든 사실을 감안할 때 칼빈은 안 걸려 본 병이 없었을 것이다. 칼빈 시대가 돼서야 비로소 제네바에 치과가 처음 생겼는데 그는 치통은 없었던 것 같다. 칼빈은 허약했지만 자신의 의사였던 베누아 텍스토보다도 오래 살았다. 1550년에 칼빈은 바울의 데살로니가후서 주석을 이 의사에게 헌정했다. 베누아가 자신과 부인 이델레트를 돌보아 준 데 대한 감사에서다. 또한 자신에게 진료비를 청구하지 않았던 것에 대한 보답이었다.

시간이 흐르면서 칼빈의 질병이 왜 생겼는지 그 원인을 심리적인 부분에서 찾으려는 시도가 있었다. 칼빈이 끔찍한 공황 상태를 겪었다는 분석도 있다. 이를 근거로 칼빈의 신학적 경향을 설명하려는 시도도 있었다. 칼빈이 불안해하기는 했지만 그런 불안감이 동시대의 사람들보다 더 심했다고 주장하는 것은 전혀 근거가 없다. 칼빈과 동료들은 강도, 전쟁, 역병, 상한 음식과 같은 것으로 인해 생명이 늘 위협받았기 때문에 불안해할 만한 충분한 이유가 있던 시대를 살았다. 프로이드도 칼빈을 분석했다. 프로이드는 칼빈이 집착과 충동에 관련된 장애를 가지고 있다는 결론을 내렸다. 하지만 이는 칼빈이 제시한 자료와 그에 관한 수많은 자료를 무시한 결과다.

물론 칼빈은 자신이나 다른 사람들의 병을 하나님의 섭리로 생각해서 긍정적인 결과로 나타날 것을 기대했다. 마담 드 콜리니가 병에서 회복했을 때 칼빈은 축하의 편지를 보내면서 병을 하나님이 주시는 훈련으로 해석하면 유익이 된다고 덧붙였다.

병을 통해 연약함이 드러날 때 겸손해야 합니다. 또한 자신을 잘 살펴서 약함을 인정하고 하나님의 자비 안에서 위안을 찾아야 합니다. 또한 세상에 대한 욕심을 버리고 불필요한 것을 태워 버릴 수 있는 치료약이라고 생각해야 합니다. 더 나아가서 이런 병은 하나님이 원하실 때 언제든지 주님께로 갈 준비를 하라고 가르치는 죽음의 메시지임을 깨달아야 합니다.

이런 태도는 하나님의 섭리 안에서 살며 "왜?"라는 질문을 "무슨 목적으로?"로 바꾸려고 한 개혁교회 목사들의 전형이 되었고 이런 노력은 다양하게 이어져 나갔다.

옹호자

칼빈은 학생이었을 때 잘못을 저지르는 학생들을 학교 당국에 알리는 고발자(accusativus)로 알려져 있었다. 하지만 그의 삶 전체를 통해 보면 칼빈은 하나님의 뜻으로 생각되는 일을 자신의 일로 생각했던 사람이기도 하다. 1540년대에 겪었던 어려움 때문에 칼빈은 설교의 원칙들을 내버리고 설교를 통해 자신을 옹호하려는 유혹에 빠질 뻔했다. 그는 이런 유혹을 거부하지 못하고 종종 강단에서 자신을 합리화했다. 그 결과 설교에서 '나'라는 말이 많이 나타났다. 그러나 1556년에는 다시 평정을 찾았다. '나'라는 말을 사용하고 자신을 변호했음에도 불구하고 칼빈은 악을 악으로 갚는 일을 피하려 했다고 말했다. 다른 사람으로부터 모욕을 당할 때, 칼빈은 하나님 앞에서 자신이 죄가 있다는 것을 알고 있었다. 하나님께 지은 수만 가지 죄는 용서받으면서 남이 자신에게 저지른 죄는 왜 용서하지 못하는 걸까? 칼빈은 불의를 감내할 만큼 금욕주의적인 사람은 아니었지만 솟아오르는 감정을 억누르기 위해 노력했다고 이야기했다. 칼빈은 하나님이 이런 감정들을 통해서 자신이 아무것도 아니라는 것을 보여 주시며 마음의 평정을 되찾게 해주셨다고 믿었다. 그는 제네바의 법률을 어겨서 처벌받는 사람보다 천성적으로 더 나을 것이 없다는 사실도 인정했다.

이렇게 자신을 옹호했던 것은 자신의 설교가 비판받은 것 때문에 생겨난 것 같다. 그는 자신을 구약의 선지자로 생각하며 자신감을 갖고 강단에 섰다. 그는 뒤로 물러서지 않았다. 칼빈은 설교를 하면서 그 자리에 있던 정치인들이 재정적으로는 자신을 그렇게 잘 돌보면서 부도덕에 대항해 싸우지 않고 도시의 안전을 위해서 아무 일도 하지 않는다고 꾸짖었다.

무슨 일이 일어나고 있는가? 정직한 사람은 날이 어두워지면 길거리로 감히 나가지 못한다. 시비와 괴롭힘과 폭행까지 당하는데도 자신을 방어할 수도 없다. 악을 일삼는 자들에게 어떤 조치를 취하고 있는가? 이런 무리는 교수형에 처해야 한다. 그들은 오래 전에 교수형에 처했어야 마땅하다.

한 달 뒤인 1554년 10월에도 칼빈은 계속 비판했다. "권위 있는 사람들이 자신의 이익을 위해 어떻게 사는가를 보라. 오늘날 사법제도는 그 상태가 어떠한가? 그들의 교만함이 눈에 보인다. 그들의 관심사는 허세를 부리는 것과 주변에 돌아가는 상황이다. 그들은 자신들도 결국 죽게 된다는 것을 생각하지 않는다." 칼빈은 그들을 사람을 착취하는 약골이라고 불렀다. 칼빈은 한쪽 귀로 흘려버릴 수 없는 예리한 설교를 했다. 1546년에 칼빈이 설교를 하는 중에 소리를 지른 사람 7명이 체포가 되었다. 칼빈이 제네바 사람들을 야수라고 부른 것에 그들이 얼마나 불편해했는가를 명확히 알 수 있는 부분이다. 하지만 칼빈은 여기서 멈추지 않았다. 스스로를 구약의 선지자로 생각했고 구약 선지자처럼 직설적이며 급진적이어야 한다고 믿었기 때문이다.

1554년에 날카로울 정도로 비평적인 설교를 하게 된 배경에는 한 매춘부가 체포된 사건이 있었다. 매춘부의 체포는 칼빈이 보기에 사람들의 눈에 보이기 위한 쇼였을 뿐이었다. 물과 빵 대신에 그녀는 온갖 종류의 좋은 음식을 먹었으며 아주 좋은 대우를 받았다. "이제 그들에게 묻는다. 이것을 정의라고 말할 수 있는가?" 그 다음 주일 칼빈은 자신의 메시지에 가해진 비판에 대해 다루었다. 권력 당국에서 그런 비판을 한 것이 분명했다. 칼빈이 "당국자들은 스스로를 정당화하기 시작했고 하나님을 향해 반기를 들었다. 그리고 모두가 분명하게 알고 있는 것을 숨기고 있다"고 밝혔기 때문이다. 아무도 칼빈이 설교한 내용의 핵심, 즉 스스로를 낮추고, 마음을 완악하게 해서는 안 된다는 것을 이해하지 못했다. 비판이 더 심해졌다.

"그들은 '칼빈이 나에 대한 설교는 하지 않으면 좋겠다'라고 말하기 보다는 '하나님의 약속을 이렇게 설교할 수 있는가? 좀 더 따뜻하게 설교해야 하지 않은가?'라고 말한다. …… 어떤 이는 우리가 너무 거칠어서 하나님의 말씀을 받아들일 수 없다고 말하고 있다." 모든 목사들은 이런 식의 이야기에 익숙하다. 어떤 회중은 목사가 너무 직설적이라고 생각하고 어떤 회중은 말을 너무 돌려서 한다고 생각한다. 어떤 이는 더 많은 위로를 원하고 어떤 이는 더 많은 훈계를 기대한다. 또 어떤 이는 목사를 통해 재미를 느끼고 싶어 하고 어떤 이는 마주 대하며 깊은 이야기를 하길 원한다. 칼빈의 설교를 읽으면 수사학적인 전략들이 균형 있게 혼합되어 있는 것을 발견하게 된다. 따라서 설교에서 나타나는 여러 결점들이 대개는 인식의 문제임을 보여 준다. 칼빈은 자기를 추종한 여러 사람들보다 훨씬 두드러지게 사회에 대해 비판적으로 접근했다.

세르베투스

칼빈이 정신적인 고통을 겪었고 어쩌면 심리적인 이상까지 경험했을 것으로 생각되는 문제들은 보통 세르베투스 사건과 연관되었을 거라는 주장이 있다. 사실에 의거하면 그것은 잘못된 생각이다. 하지만 칼빈을 논하는 데 있어 그 사건은 분명히 문제가 되기는 했다. 오랜 세월에 걸쳐 여러 책들이 칼빈의 정신적 이미지를 구체적으로 만들어 냈다. 그래서 이제는 사실을 들이대도 거의 바꿀 수 없는 지경이 되었다.

칼빈은 두 가지 심각한 잘못을 했다고 알려져 있다. 첫째는 예정 교리라는 두려운 유산을 개혁파교회에 남긴 것이었다. 둘째는 세르베투스를 화형 당하게 한 일등 공신이라는 것이다. 따라서 칼빈은 영혼과 육체 모두를 죽인 사람으로 비춰졌다. 예정에 대해서는 이미 말한 것으로 충분하다. 둘째 혐의에 대해서는 무엇을 말해야 할까?

세르베투스는 스페인 출신 의사였다. 그는 건강 문제가 있던 칼빈을 돕기 위해 제네바에 온 게 아니었다. 그렇다면 그는 왜 제네바로 왔을까? 사실 세르베투스는 제네바로 오기 전에 이미 죽은 사람과 다름없었다. 로마 가톨릭교회의 명령으로 스페인에서 자신을 모습을 한 인형이 불에 태워졌다. 이런 행위는 심판받을 사람을 사로잡을 수 없을 때 행해졌던 관습이다. 실제로 처형하지 않았어도 당사자는 죽은 사람과 같다는 메시지를 주려는 의도였다. 로마 가톨릭이 세르베투스를 불태워 버리려 한 이유는 그가 삼위일체의 교리는 어불성설이라는 입장을 가졌기 때문이다. 그는 하나님을 머리가 셋 달린 괴물이라고 불렀고 자신의 의견을 명확히 드러내는 다른 이름을 하나님에게 붙였다. 그는 법을 위반하는 말과 행동을 했다. 카를 5세는 자신의 제국에서 삼위일체의 교리를 부정하는 사람은 사형에 처하는 법을 만들었다. 삼위일체를 부인하는 것은 기독교적 믿음을 정면에서 공격하는 것이며 제국의 권위에도 도전하는 것이었다. 이는 세르베투스가 콜로뉴, 스트라스부르, 앤트워프에서도 화형 당했을 수도 있다는 것을 의미한다. 공교롭게도 세르베투스는 제네바에서 처형되었다. 세르베투스는 자살을 통해 칼빈의 이름에 영원히 먹칠을 하려고 제네바를 의도적으로 선택했다고 생각할 수도 있다. 만약 그렇다면 그는 상당한 성공을 거둔 것이다. 하지만 세르베투스가 의회를 자신의 편으로 끌어들이고 칼빈을 문제에 빠뜨리기 위해 제네바로 왔다면 그는 고통스러운 실패를 당한 것이다.

접촉

칼빈과 세르베투스는 만난 적이 있다. 칼빈은 세르베투스와 대화하기 위해 그를 파리로 초대했다. 하지만 세르베투스는 오지 않았다. 그 후 칼빈은 세르베투스가 보낸 30통의 편지를 전부 무시하며 그에게 응답하지 않았다. 칼빈은 세르베투스가 자신이 원하기만 하면 제네바로 오겠다는 제안을 했다고 파렐에게 밝혔다. 하지만 칼빈은 원치 않았고 세르베투스가 오겠다고 결정한다면 살아서 그 도시를 떠나지 못할 것이라고 덧붙였다. 분명 이 점에서 칼빈은 그 말에 대한 성공을 거두었다.

분명히 세르베투스는 칼빈과 직면할 기회를 찾았다. 그렇지 않고서 어떻게 그가 1553년 8월 13일 주일 오후에 칼빈이 시무하는 교회로 찾아왔겠는가? 예배 후 식사 중에 누군가 세르베투스가 왔다는 것을 알고 이 사실을 칼빈에게 알렸다. 칼빈은 시민적 의무로 국가의 권위를 위협하는 이 사람을 신고했다.

이 사건을 칼빈이 자신에게 동의하지 않는 사람들을 이단으로 몰아 제거하려 했다는 증거로 해석하지 않았다면 이 사건 때문에 어떤 일도 일어나지 않았을 것이다. 어쨌든 당시에는 아무도 그런 식으로 생각하지 않았다. 이는 제네바가 다른 시로부터 받은 조언의 편지에서 확실하게 드러난다. 세르베투스는 체포되어 조사를 받았다. 그 과정 중에 그는 프랑스로 돌아갈 수 있는 기회가 있었다. 그러나 제네바에서 재판을 받겠다고 애원했다. 그의 요청은 받아들여졌다.

의회는 세르베투스를 화형시키기로 했다. 이런 조치를 취하지 않는다면 제네바는 국가를 위협하는 도시로 비춰질 위험이 있었다. 칼빈은 세르베투스를 찾아가서 자신의 생각을 뉘우치라고 설득했지만 실패했다. 교수형을 요청해서 세르베투스가 덜 고통스런 사형을 받도록 하는 데에도 실패했다. 칼빈이 제네바에서 세르베투스가 사형당하는 데 결정적인 발언을 하지 않았던 것은 분명하다. 세르베투스는 화형을 당했지만 그 연기의 매캐한 냄새는 몇 세기 동안 칼빈의 옷자락에 스며들었다.

칼빈을 관용이 부족한 미치광이로 공격하거나 법이 요구하는 대로 무조건 따랐던 그 시대의 철부지로 변호하는 것은 의미 없는 일이다. 문제의 핵심은 칼빈을 그런 식으로 생각하는 사람들이 사안을 충분히 고려한 후에 세르베투스를 화형시켰다는 단순화된 이야기 외에는 칼빈에 대해 아무것도 모른다는 사실이다. 이런 생각에 크게 영향을 미친 저자는 스테판 제이그다. 그가 1938년에 쓴 소설에서는 글을 깨우치지 못한 사람도 칼빈의 성품이 아돌프 히틀러와 비슷하게 묘사되어 있다는 것을 알 수 있을 정도다.

세르베투스 사건은 그 도시가 큰 긴장을 겪고 있을 때 일어났다. 칼빈의 동료인 볼프강 무스쿨루스는 세르베투스가 제네바에 온 이유는 의회와 칼빈이 불협화음을 겪고 있던 상황을 이용하기 위해서라고 주장했다. 세르베투스가 칼빈에게 전혀 호의적이지 않던 정부에 의해서 정죄를 당했고 처벌하는 것 외에는 다른 방법이 없었던 것을 주목해야 한다. 삼위일체를 부인하는 사람들에게 관용을 베푸는 것으로 알려지는 도시는 아군은 물론 적에게도 버림받을 수밖에 없었다. 이런 상황은 세르베투스 사건을 어느 정도는 객관화시킨다. 이 사실은 종교적 관용이 어느 정도였는지에 대해 토론하거나 칼빈이 그렇게 오랫동안 이 사건에 뒤얽히게 된 이유를 공부하기 위한 재미있는 소재가 될 수 있다. 하지만 세르베투스 사건은 다른 여러 사건 중의 하나였을 뿐이다.

한계

이 시점까지 칼빈은 수많은 어려움을 이미 겪었지만 그게 다가 아니었다. 1550년대에 상황은 더욱 악화되었다. "이곳 공화국은 너무나 혼란스러워서 노아의 방주가 물결에 요동치듯 교회가 하나님의 손에 의해 앞뒤로 흔들리고 있다." 칼빈은 제네바 사람들이 자신을 너무 광적으로 반대하고 있다고 말했다. "우리가 말하는 모든 것이 의

심받고 있다. 예를 들어 내가 오후에 맑을 것이라고 말하면 그들은 곧바로 그 말을 의심하기 시작했다.” 칼빈은 사람들이 칼빈의 연약함을 이용했다고 주장했다. “그들은 내가 신경이 예민하다는 것을 알고 있었다. 그래서 여러 방법으로 나를 자극해서 내 인내심을 시험하려 했다.” 칼빈은 라이프치히에 있는 한 교수에게 편지를 써서 제네바의 상황이 알려진다면 그는 “쉴 곳을 찾아 먼 곳으로 떠날 필요가 있다”는 것을 이해할 것이라고 말했다.

1554년 말부터 1555년 초까지 칼빈은 설교를 통해 당시 상황을 밝혔다. 그는 제네바에서 물러나 멀리 떠날 것이고 하나님께 제네바에서 멀리 떨어져 살고 싶다고 기도했다고 말했다. 칼빈은 모든 상황이 파국으로 치닫고 있으며 그 도시의 목사라는 것이 부끄럽다고 생각했다. 칼빈의 관점에서는 현재 이 도시에서 일어나는 상황은 개혁이 아니었다. 하나님을 위한 모든 노력은 수포로 돌아갔으며 지금 할 수 있는 일은 주님이 어떻게 일하실지 지켜보는 것이었다. 칼빈은 하나님이 제네바로 인해 눈물 흘리실 것이라고 생각했다. 하지만 칼빈은 제네바를 떠나고 싶어 했다. “하나님이 나를 이 세상에서 데려가셨으면 좋겠다. 단 사흘도 이곳에서 살고 싶지 않다.”

이 모든 상황은 칼빈이 겪었던 엄청난 좌절 때문이었다. 칼빈은 인간이 경험할 수 있는 모든 정서를 알았던 것 같다. 그는 작은 결과에도 힘이 소진된 것 같은 끔찍한 느낌까지 경험했다. 그동안 스스로 노력한 것이 그럴 만한 가치가 있었느냐에 대한 회의 때문이었다. 칼빈은 하나님도 이제는 지치셨을 것이라 생각했다. 그렇게 생각한 데에는 이유가 충분히 있었다. 하늘에 계신 우리 아버지가 우리에게 많은 시간과 노력을 투자하셨다. 하지만 결과로 미루어보면 "하나님이 우리를 거부하시고 우리를 이제는 하나님의 자녀로 생각하시지 않을 충분한 이유가 있다." 칼빈은 제네바 외부 사람들이 제네바에서 일어나는 일들을 꽤 인상적으로 보고 있다는 것을 알았다. 그들은 질서가 확산되고 시장이 공정하게 돌아가는 것에 놀랐다. 하지만 칼빈에게 이는 껍데기였을 뿐이었다. 제네바는 여전히 추문이 가득 찬 도시였다. 하나님이 그렇게 많은 은혜를 주셨지만 사람들은 그 은혜에 반응하지 않았다. 하나님이 그토록 사랑해 주셨지만 그들은 여전히 불신하고 있었다. 외부에 있는 사람들이 어떻게 보든 칼빈은 제네바 사람들을 반역자로 보았다.

고별 설교

성경에 따르면 그리스도께서는 돌아가시기 직전에 주의 만찬을 제정하셨다. 그리스도와 성도들 간의 연합을 의도한 성례가 포함된 마지막 설교였다. 따라서 개신교 진영에서뿐 아니라 로마 가톨릭교회와 종교개혁자들 사이에서 성례에 대한 논쟁으로 분열된 것은 슬픈 일이다. 주의 만찬은 1553년 9월 3일 주일 설교의 배경이 되었다. 칼빈은 사도행전 20장 32절 말씀으로 설교했다. "지금 내가 여러분을 주와 그 은혜의 말씀에 부탁하노니." 칼빈은 그가 처한 상황에 대해 진절머리가 났지만 물론 이것이 그날에 한 그리스도의 고별 설교의 동기는 아니었다. 칼빈의 상황은 교회를 통제하는 문제를 두고 교회와 국가, 교회 위원회와 시의회 사이의 해묵은 갈등에서 비롯된 것이다. 컨시스토리는 힐베르트 베델리에를 파문했다. 하지만 그는 자신을 여전히 교회의 착실한 구성원으로 생각해서 소의회에 이 문제를 상소했다. 그는 성공을 거두었다. 소의회는 힐베르트가 교회에 출석할 수 있는 권리가 있다고 결정했다. 이 결정으로 국가는 교회의 권위를 묵살했다. 하지만 칼빈은 사람보다는 하나님께 순종하기 원했고 더 큰 권위에 구속되어 있다고 느꼈기 때문에 베델리에가 교회에 온다 해도 성찬을 위한 떡과 잔을 나누지 않을 것이라고 선언했다.

칼빈은 1538년의 경험을 통해 이렇게 했을 때 어떤 결과가 올지 알고 있었다. 이는 또 다른 추방을 의미했다. 하지만 칼빈의 설교는 결코 고별 메시지가 되지 않았다. 다음 월요일에 소의회 내에서 격렬한 논쟁이 있었고 그 후에 다른 목사들이 칼빈을 지지하기로 결정했기 때문이다. 이 문제는 소의회가 시의 모든 사안을 자신들이 결정한다고 선언했던 1554년 3월 20일까지 1년 남짓 지속되었다. 물론 이런 결정이 어떤 해결책을 주지는 않았다. 따라서 바젤, 베른, 취리히의 조언을 다시 한 번 구하게 되었다. 바젤은 제네바 사람들이 이미 알고 있는 내용을 말하면서 바젤에서 벌어졌던 일을 단순하게 말했다. 베른은 파문이라는 수단을 전혀 쓰지 않는다고 밝혔다. 취리히는 제네바가 과거의 방식으로 돌아가야 하고 각 도시는 그 나름의 관습을 갖는다고 밝혔다.

반란

어떤 조치를 취할 것인가를 논의하기 위해 60인 의회와 200인 의회
의 모임이 1555년 1월 24일에 열렸다. 칼빈에게는 꽤 좋은 생각이
있었다. 그는 컨시스토리를 대신해 정치인들에게 성도를 파문하고
재입교시킬 수 있는 권리가 교회에 있다는 것은 성경이 말하는 것이
라고 확실하게 이야기했다. 놀랍게도 의회는 칼빈의 말에 동의했다.
교회는 파문과 재입교의 권한을 갖는다는 결정을 내렸고 칼빈은 불
링거에게 "오랜 싸움 끝에 우리에게 주어진 권리를 드디어 되찾게
되었다"라고 편지했다. 칼빈의 설교는 결코 고별을 위한 것이 아니
었다. 그 대신 이 도시에 새로운 역사의 장이 열린 것을 선언했다. 2
월에 새로 선출된 네 명의 대의원이 칼빈의 지지자여서 정치적 물결
이 바뀌었다.

　의회 안에서도 칼빈을 지지하는 사람들이 늘었다. 그러나 '제네바
의 자녀들'과 프랑스 출신 피난자들의 갈등도 늘어만 갔다. 1547년
가을에 프랑스에서 화형법정(Chambre ardente)이 설립되었다. 이 조직
은 왕실 기구로 이단을 제거하는 책임을 지녔다. 수백 명의 개신교도
들이 사형선고를 받았다. 수천 명은 프랑수아 왕이 점령하던 땅을 탈
출했다. 많은 사람들이 왕에 가까운 존재로 생각한 칼빈이 있는 제네
바로 피신했다. 새로운 피난자들이 들어오자 제네바는 오랫동안 뿌
리 박혀 있던 외국인 혐오증이 되살아났다. 하지만 여전히 시민권을
살 수 있는 방법은 있어서 많은 사람들이 시민권을 취득했다. 1541
년에 칼빈의 귀환을 성사시켰던 바로 그 아미 페랑과 친구들은 외국
인들의 유입을 막기 위해 자신의 권력으로 할 수 있는 모든 일을 했

다. 새로운 시민들이 제네바를 프랑스의 손에 비밀리에 넘기려는 간첩이라는 소문이 나돌기 시작했다. 긴장은 고조되었고 사람들은 거리로 나왔다. 5월 16일에 군중을 진정시키고 폭력을 방지하기 위해 시 행정장관이 나왔다. 이때 페랑은 반역의 표시인 지팡이를 쥐려고 했으나 실패해 페랑과 그의 친구 몇 사람은 도망쳐야만 했다. 그들은 사형선고를 받았다. 다른 네 명은 죄를 자백하고 처형되었다. '제네바의 자녀들'과 피난자의 편을 든 사람들 사이에 점점 커지는 긴장 때문에 나타난 반란은 제네바 사람들에게 너무 큰 타격을 입혀서 상당수가 도시를 떠나게 되었다. 제네바는 많은 시민을 잃었다. 그러나 세금을 지불하고 도시를 방어하며 일반적인 복지를 위해 힘쓰는 바람직한 여러 사람들, 특히 전도유망한 사업가들을 얻을 수 있었다. 개혁교회 피난자들이 제네바의 부와 존립에 많은 기여를 한 것이다.

새로운 바람

1555년 선거를 통해 정치 지형이 바뀌게 되었다. 선거 이후 프랑스 출신의 많은 피난자들이 시민권을 이미 취득했다. 시민권을 얻는다는 것은 중산층이 되고 상원의 자리를 제외한 제네바 본토 시민의 모든 권리를 갖는다는 것을 의미했다. 선거 전까지 시민은 세금을 냈지만 피난자들은 세금을 내지 않았다. 또한 시민은 피난자들과는 달리 도시를 방어하기 위해 군대에 가야 했다. 그래서 제네바는 세금과 군대를 위해서도 새로운 시민이 필요했다. 피난자들은 권리나 의무를 부여받지만 권력에서는 여전히 배제되었다. 의회에 속한 칼빈의 지지자들은 이런 상황이 자신들에게 정치적으로 유리하다고 생각했다. 시민들에게 투표권이 있기 때문이었다. 기도와 노동이라는 정책에 완전히 동의하고 강하지 못한 자는 현명해져야 한다는 생각에 탄력을 받은 칼빈 지지자들은 외국인을 위한 더 많은 권리를 요구하게 되었다. 물론 모든 외국인이 칼빈주의자는 아니었다. 이런 움직임은 현재의 상황을 재빨리 이해한 사람들의 분노에 찬 항의를 일으켰다. 그러나 반(反)프랑스주의자들은 새로운 시민 정책에 반대할 수 없었다. 칼빈주의자들은 직접적인 지지를 통해서만이 아니라 페랑 일파의 정책이 도시의 평화와 안녕을 가져올 수 없고 이들은 의심을 조장하는 다소 배타적인 무리라고 생각한 사람들을 통해서 서서히 다수당으로 발전해 갔다. 칼빈을 지지한 표들은 페랑에게 실망해서 다른 정당에 기회를 주고자 했던 사람들의 항의 표시였다. 그런 기회가 칼빈주의자들에게 단 한 번은 주어질 필요가 있었다. 그들이 일을 어떻게 착수하고 진행하는지 살펴보고 싶었기 때문이다. 이런 식으로 칼빈 지지자들은 도시를 전반적으로 개혁할 두 번째 목표를 두게 되었다.

기적

이 사건 속에 나타나는 하나님의 기적을 볼 수 없는 사람들은 일이 얼마나 극적으로 전환되었는지를 이해할 필요가 있다. 첫째로 컨시스토리에 있는 개혁파 장로들의 영향력이 있었다. 그들은 헌신적이었고 사람들과 목사들과 늘 가까운 관계를 유지했다. 시간이 지나면

서 칼빈은 교회와 법을 잘 알고 올바른 신학에 힘쓰는 사람들로 컨시
스토리를 구성했다. 장로들은 사람들의 소식을 들을 때마다 심방을
했으며 이를 통해 개혁교회관, 정치관, 사회관에 대해 교육할 수 있
었다. 이들은 목사들과 밀접하게 협력하면서 이런 과업을 준비해 나
갔다. 단순한 설교와 교리문답 교육을 통해 나타나는 영향력은 더욱
커졌다.

칼빈은 혼란스럽고 정치적으로 폭발하기 쉬운 제네바를 쉼과 번
영이 있고 유럽 전역에서 독립된 국가로서 영향을 행사하는 도시로
바꿨다. 칼빈이 어떻게 제네바를 바꿨는지 궁금한가? 그렇다면 그의
설교와 교리문답을 살펴보면 된다. 매일 성경을 강해하고 제네바의
청소년들에게 성경을 가르쳤던 시절의 영향력이 어떠했는지에 대
해서는 가늠하기 어렵다. 교육은 잘 훈련된 목사들, 언어와 수사법
을 잘 알고 교회 사람들과 정치인들에 대한 감정을 잘 다스릴 수 있
는 견고한 사역자들이 수행했다. 이들을 통해 제네바 사람들은 어렸
을 때부터 교육을 받았고 교정되어 갔다. 이들은 성경에 대한 지식
을 습득하고, 세상과 교회가 어떻게 조화되는지 배울 수 있었다. 게
다가 교회, 학교, 가정 세 곳에서 동시에 이루어지는 교육은 인간은
완전히 부패했지만 하나님의 은혜를 통해 완전히 변화될 수 있고 성
령의 역사를 통해 축복과 갱신의 역사가 일어난다고 가르치는 신학
의 지원을 받았다. 1541년부터 칼빈이 했던 일은 사회가 변화될 수
있다는 하나의 증거가 되었다. 상황을 그대로 내버려 두는 것은 완
전히 반개혁적이라는 확신도 주었다.

추진

현재 살펴보고 있는 칼빈의 시기뿐 아니라 그의 생애 전체를 통해 제기해 볼 수 있는 질문이 있다. 어떻게 칼빈은 그런 확신을 갖고 목표에 헌신할 수 있었을까? 광기 때문인가? 그에 대한 대답은 하나님과 동행했기 때문이다.

하나님은 내가 태어났을 때부터 나를 돌보셨다. 수많은 어려움 속에서도 하나님은 나를 구원하셨다. 그렇다면 아버지의 보호하심에 대해서 당연히 보답을 하지 않겠는가? 사방으로 길이 막힌 나를 하나님은 잊지 않으셨다. 사탄의 먹이가 될 뻔한 적이 많았지만 하나님은 한 번도 나를 내버려 두지 않으셨다.

칼빈은 자신의 삶을 기록하면서 하나님께서는 자기가 태어난 이후 수많은 질병과 어려움을 통과하게 하셔서 하나님만을 섬기게 하셨음을 알게 되었다. 짧게 말해서 칼빈이 목표를 위해 최선을 다한 것은 하나님 아버지에 대한 감사와 순종이었다.

그는 하나님이 자신에게 직분을 주셨고 신실하게 그것을 성취할 의무가 있다는 것을 완전히 확신했다. 그는 약속을 잘 이행해야 한다고 생각했다. 제네바가 교회 질서를 따르는 데 헌신했다면 그 교회 질서는 지켜져야 한다. 자기 직분을 수행하는 데 방해를 받는다면 칼빈은 사명을 포기하기보다는 떠나는 편을 택했을 것이다.

오늘날 우리가 알고 있는 칼빈의 이미지와 맞지 않는 부분이 있다. 일이 진척이 되지 않아도 웃는다는 점이다. 물론 칼빈은 바닥에 구를 정도로 웃지는 않았다. 웃음에도 자제와 중용이 있어야 한다. 그렇게 심하게 웃었다면 칼빈은 연약한 몸 때문에 찌르는 듯한 고통을 겪어야 했을 것이다. 칼빈의 유머감각은 인문주의자와 지적 엘리트로서의 자질이었다. 칼빈은 비레의 책인 《기독교 반박》에서 '이 불쌍한 인간들이 믿는 미신'을 어떤 식으로 폭로하는가를 읽고서 실컷 웃었다고 고백했다. 웃음조차도 목적이 있어야 한다. 그래서 칼빈은 1547년에 아이를 갖게 된 드 팔레 가족에게 보낸 편지에서 그들과 한 시간 동안 머물며 그 어린아이가 웃음을 배울 수 있도록 함께 웃으면 좋겠다고 말했다. "웃음은 삶이 시작되면서 만들어 내는 최초의 음이기 때문이다. 인간은 이 세상을 떠날 때에만 진정으로 웃을 수 있다."

칼빈은 인생이 웃음으로 시작해서 웃음으로 끝난다고 보았다. 그러나 그 사이에는 눈물 골짜기가 있다. 프랑스 개신교도들이 어려움을 겪는 상황이었지만 보고받았던 바와는 달리 장 메르시에르가 살아 있는 것 같다는 말을 들었을 때 칼빈은 농담을 할 수 있을 만큼 기뻐했다. 메르시에르가 죽었다는 소문으로 인해 칼빈은 두려움과 고통으로 으스러지는 것 같았다. 메르시에르는 이런 사실에 깊은 인상을 받았을 것이다. 메르시에르는 파리 센 강에서 구타를 당한 후 버려졌다가 목숨을 건졌다. 칼빈은 이 일을 무척 다행으로 여기고 기뻐했다. 칼빈은 살아난 메르시에르에게 자신이 계속 행복할 수 있게 신경 써달라고 당부했다.

웃음은 하나님을 욕되게 하는 것과는 다르다. 하나님을 욕되게 하는 것을 칼빈은 참을 수 없었다. 깊은 신학적 논제와는 달리 칼빈이 루터파의 오시앤더를 참을 수 없었던 이유가 바로 이것이었다. 칼빈은 오시앤더를 좀 이상한 사람이라고 생각했다. "그를 본 첫날부터 이 사람의 부정하고 끔찍한 행동에 구역질이 났다. 그는 달콤하고 맛 좋은 포도주를 찬양하고 싶어 할 때마다 '나는 스스로 있는 자니라'(출 3:14) 혹은 '이는 하나님의 거룩하신 자'(요 6:69)라고 말했다. 이는 명백히 하나님을 욕되게 하는 것이었다."

칼빈에게 있어 가장 멋진 웃음은 최후에 웃는 것이었을 것이다. 1552년 근심하고 있던 칼빈은 다음과 같이 기록했다. "하늘에 닻을 내리는 것은 좋은 일이다. 그렇지 않으면 이런 폭풍 속에서 안전하게 항해할 수 없을 것이다." 1555년 상황은 바뀌었다. 칼빈은 유명인사가 되었다. 그를 보러 온 관광객까지 있었다. 천국에 이르는 여정을 끝내기 전 칼빈을 위한 지상의 상황이 안정돼 가고 있었다.

항해자
(1555~1559)

훑어보기

결국 1555년 정치적 분위기는 칼빈에게 유리하게 돌아갔다. 선거 후 시의회는 대부분 칼빈의 지지자로 구성되었다. 이는 상당한 변화였다. 그러나 이런 혁명적인 일과 함께 제네바의 개혁과 독립을 처음으로 가져왔던 정당은 내부 분열과 속물근성으로 무대에서 사라져 버리고 말았다.

시민권을 취득한 피난자 수는 1555년에 127명에서 1556년에는 144명으로 늘어났다. 이들은 칼빈과 그의 정책을 지지했던 사람들로 교회, 정치, 사회 영역에서 중요한 역할을 감당할 수 있는 자질을 가진 사람들이었다. 이런 식으로 제네바는 이민자들이 도시의 외관을 결정하고 지방을 통제하기 시작하면서 정치적·사회적 변화를 겪었던 19~20세기 도시들의 특별한 현상의 전조가 되었다. 이런 과정 중에 제네바에서는 프랑스인 게토(ghetto)가 만들어지지 않았다. 반면에 완전히 국제화를 지향하는 도시가 되었다. 이는 칼빈이 세상에 대한 다른 관점을 가진 것과 관련이 있다. 이방인으로서의 경험과 천국을 참된 고향으로 생각하는 데서 칼빈의 신학이 형성되었다. 이로 인해 지상의 조국에 대한 강한 유대의 필요성은 줄어든 반면 기동성을 중요시하게 되었고 개척자 정신이 여물어 갔다.

칼빈의 정치적 관점 역시 새로운 세계관이 어떤 것인지를 보여 준다. 옛 세상은 지나갔고 이제 유럽은 동서나 남북이 아닌 가톨릭과 개신교로 구분되었다. 칼빈에게 중요한 것은 국가, 종교, 지방이 아니고 다양한 문화적 배경을 가진 사람들이 한 도시에 모여 기독교를 통해 연합되는 것이었다.

파렐에 의하면 유럽 전역에서 이 '피난처'로 사람을 끌어 모으시는 분은 하나님이셨다. 실제로 사람들은 칼빈 때문에 제네바로 왔다. 파렐이 제네바를 칭찬받을 만한 도시라고 강조한 반면 칼빈은 그것 너머까지 보았다는 것에도 주목해야 한다. "제네바에서부터 시작해 세상을 변화시키라"는 말은 칼빈의 표어였다. 사람들은 마음껏 제네바를 칭송했지만 칼빈은 달랐다. 칼빈은 제네바를 세상을 향한 출발점으로 삼고 싶었다. 그래서 칼빈을 지지한 정당이 승리를 거두었을 때 자신의 직분을 그만두고 도시를 떠나기로 결정한 것은 한층 의미가 있다. 비레는 제네바에서는 칼빈을 애타게 만들었던 일이 수없이 많았다고 밝혔는데 이것 외에 무엇 때문에 칼빈이 도시를 떠나기로 했는지는 알 수 없다. 비레는 칼빈에게 제네바에 머물러 달라며 어떤 것에도 마음이 흔들리지 말도록 권면했다. 칼빈이 제네바에 더 머문 것은 어쩌면 파렐이 다시 그를 방문했기 때문일 수도 있다. 파렐은 칼빈의 계획을 듣고 제네바로 가서 1556년 3월 22일에 설교를 했다. 그 후, 머지않아 칼빈은 도시를 떠나겠다는 계획을 철회했다. 칼빈의 마음이 바뀐 것은 하나님 말씀의 능력이라기보다는 파렐 때문이었을 것이다.

권징

드디어 교회는 권징에 대한 권리를 얻게 되었다. 통계에서 알 수 있듯이 교회는 권징을 행사했다. 1555년의 반란 1년 후에 80건의 징계가 있었고 그 다음 해에는 160건, 1557년부터 1561년까지는 평균 240건이 있었다. 1559년에는 300건의 파문이 있기도 했다. 인구가 2만 명 정도였음을 감안하면 상당한 수다.

1557년 11월 12일에는 교회가 내린 권징을 무시한 사람들을 1년간 도시에서 추방했다. 3개월 후에는 교회가 정부로부터 독립되었다는 것이 더욱 명백해졌다. 시 행정장관은 정부 대표로서가 아닌 교회의 직분자로서 교회 회의에 참여했기 때문에 이제 회의에서 결정권을 행사할 수 없게 되었다. 이런 식으로 칼빈은 결정권을 획득하는 데 있어 아미 페랑보다 현명했다.

모든 권징은 도시에 일어났던 일과, 칼빈과 동료들이 허락할 수 있거나 허락할 수 없다고 생각한 문제들이 어떤 것이지를 잘 말해 준다. 이런 문제를 생각하기 전에 당시 세계는 오늘날과는 매우 다르다는 것을 알아야 한다. 동시에 우리가 선조보다 지식과 행동에 있어서 훨씬 더 많은 진보를 이루었다고 생각하는 경향이 있다는 것도 유념해야 한다. 균형을 잃지 않으려면 칼빈이 처한 상황에서 교회 권징과 시민법은 거의 일치했고, 법을 어기면 즉각적으로 교회가 개입했다는 것도 기억해야만 한다.

제네바가 칼빈 시대에 살기 어려운 도시였다는 생각은 오해다. 만일 그랬다면 수천 명의 피난자가 그곳으로 가서 기쁘게 머무를 수 있었을까? 수세기 동안 제네바가 공포적인 통치를 한다는 끔찍한 이야기가 수없이 나돌았다. 그러나 사실은 전혀 다르다. 역사적 사실이라고 주장하는 책들의 보고가 있다 해도 신성모독을 하거나 부모를 거역한 것 때문에 죽음을 당한 일은 없었다.

더군다나 정부와 컨시스토리는 도시뿐 아니라 스스로를 자체적으로 감독했다. 먼저 컨시스토리는 상호견책(censura morum)이라는 원탁회의를 도입해 각각의 장로를 세워 놓고 그가 자기 일을 잘하고 있는지 토의했다. 나중에 의회도 이렇게 하기로 결정했다. 주의 만찬을 기념하기 전의 모임도 마찬가지였다. 스스로 노력하지 않는다면 어떻게 사람들을 제대로 감독할 수 있겠는가? 지도자 간에 불협화음이 있다면 어떻게 그들이 교회와 국가의 조화를 도모할 수 있었겠는가? 이런 관행은 제네바 외부의 많은 개혁교회에서도 지속되었지만 정치에 있어서의 상호견책은 제네바에서조차도 유명무실해졌다.

각 나라 사람들

칼빈이 제네바를 새 예루살렘으로 바꾸고 싶어 했다면 적어도 오순절 사건처럼 사람들이 각 나라 언어로 말하고 설교하고 노래했다는 점에서 성공했다고 말할 수 있다. 제네바에는 영국, 이탈리아, 스페인 공동체가 있어서 각각의 회중과 예배가 존재했다. 사람들은 크레타, 튀니지, 몰타와 같이 먼 곳에서 와서 제네바에 정착했다. 칼빈의 아카데미에는 카탈로니아, 네덜란드, 스코틀랜드, 칼라브리아, 베니스와 같은 곳에서 온 학생들이 있었다.

여러 나라 사람들이 모인 것은 반드시 좋은 일만은 아니다. 칼빈은 이런 저런 문제에 부딪혔다. 특히 이탈리아 출신 사람들과 충돌했다. 예를 들어 파두아 출신의 법 전문가인 마테오 그리발디라는 사람은 세르베투스처럼 삼위일체 교리를 부정했다. 그의 운명은 세르베투스보다는 나아서 도시에서 추방되기만 했다. 그와 고향이 같은 조반니 젠틸레는 비슷한 의견 때문에 투옥되었다. 그러나 다시 자신의 관점이 바뀌었다고 해서 겨우 목숨을 건졌다. 그가 자신의 주장을 철회한 것은 마음에서 우러난 것이 아니었던 것 같다. 나중에 그가 베른에서 이단 혐의로 참수되었기 때문이다. 두 명의 다른 이탈리아 사람인 블란드라타와 알키아티 또한 삼위일체 교리와 관련해서 칼빈과 충돌한 후 제네바를 떠났다. 칼빈은 어떤 폴란드 사람과도 충돌했다. 유니테리어니즘의 창시자가 된 렐리오 소치니가 칼빈을 방문했다. 그는 칼빈과 의견이 달랐다. 그러나 칼빈은 그를 폴란드 왕자 라드지월에게 추천했다. 칼빈은 프랑스 출신의 피난자에 대해 모두 만족한 것은 아니었다. 제네바에 와서 편안한 삶을 살려고 프랑스 상황을 이용하는 사람들이 있다고 생각했기 때문이다. 칼빈은 그들이 말씀을 위해 떠나는 척하고는 "이곳에 와서 죄를 짓고 방탕한 삶으로 교회를 더럽히며 타락하고 있다"라고 말했다.

베버

이제 노동의 문제를 살펴보려 한다. 개신교도의 노동 윤리에 관한 베버의 논문은 유명하다. 20세기 초반에 나타난 이 이론은 외부의 설명이 있어야 한다. 그 설명은 실제로 그렇게 어렵지 않다. 베버는 기본적으로 선량한 칼빈주의자는 거의 대부분 자본주의자라고 전제한다. 칼빈주의가 전형적으로 경건함과 재정적 규율을 결합하기 때문이다. 칼빈주의자들의 예정론은 내적 고립(inner isolation)과 비관적 개인주의(pessimistic individualism)에 이르게 하고 기업가 정신이 꽃필 수 있는 좋은 속성을 갖췄다. 선택받은 사람이 되고 싶은 사람은 그 증거를 애타게 찾고 하나님께서 허락하지 않은 일은 하지 않을 것이다. 하나님께서 허락한 일도 절제 가운데서 할 것이다. 그들은 질적으로 훌륭한 삶을 통해서 자신이 선택받은 자임을 확신하려 했다. 그래서 기독교적인 삶을 살려고 더욱 노력할 것이다. 이는 시간을 낭비하지 않고 꾸준히 일하며 사치하지 않는 삶을 살고 돈을 낭비하지 않는 것을 의미한다. 이런 삶의 지침을 따른다면 자본주의자가 될 수밖에 없다. 거지가 하루 종일 아무 일도 하지 않는 것을 막기 위해 사회사업을 하려고 결정한다면 사업을 시작할 수 있다. 거리에 떠도는 사람을 줄이면 도둑질이 줄어들고 일을 제공하면 성공적인 사업을 창

출할 것이다. 결국 칼빈주의자의 미덕은 자본주의와 일치한다. 베버는 칼빈 자신은 자본주의자가 아니었지만 그의 신학은 자본주의적 경향이 있다고 주장했다.

이 논문에 대해 여러 가지로 반박할 수 있다. 하지만 당시 제네바에서 일어났던 일에 비추어 보면 베버의 말에도 일리가 있다. 칼빈은 도덕법을 강화했다. 잘 조직된 교회 기관은 모든 상황을 가까이서 지켜보았다. 결혼은 보호받았고 매춘은 금지되었다. 사치스러운 옷, 과식, 과음을 규제하는 법이 도입되었다. 일자리를 만들기 위해 작은 직물 공장을 세웠다. 고리대금은 금지되었지만 경제에 도움이 된다고 보는 적절한 이자는 부과할 수 있었다. 이자에 반대하는 논증도 있다. 이자를 인정하는 것은 일하지 않고 돈을 버는 것이기 때문에 비기독교적이라고 하는 것이다. 이에 대해 칼빈은 이 주장이 근거가 약하고 경제에도 악영향을 준다고 해서 일축했다.

돈

위의 내용에도 불구하고 칼빈은 자본주의의 아버지가 아니다. 부분적으로는 예정에 대한 그의 교리가 베버가 기술한 것과는 다르고 칼빈 자신이 당시 부상하던 자본주의에 대해서 격렬하게 반대했기 때문이다. 칼빈은 사회에서 돈이 차지하는 역할과 그것이 끼치는 해악에 대해 알고 있었다. 하지만 여전히 돈을 유용한 수단으로 생각해서 이자를 물리는 것을 성경적으로 변호하는 최초의 신학자가 되었다. 물론 칼빈은 이자 없이 돈을 빌려 주는 것에 대해 반대하지 않았다. 특히 예수님은 되돌려 받을 것을 기대하지 말고 빌려 주라고 말씀하셨기 때문이다(눅 6:35). 칼빈은 이런 말씀이 일반적인 경제활동에 적용된다면 재세례파의 혼동일 뿐이라고 보았다.

칼빈은 은행원뿐 아니라 농부도 긍정적으로 생각했다. 칼빈은 이들을 특별한 방식으로 하나님과 함께 일하는 사람들로 보았다. 이들을 통해 하나님의 일이 가시적으로 드러나기 때문이다. 지적 혹은 기술적 분야에서 일하는 사람들도 직업을 선택하는 데 있어 칼빈으로부터 신학적 도움을 얻어 자랑스럽게 일에 몰두하게 되었다. 하나님의 영이 진리의 유일한 원천이라면 어디에서든 진리는 무시하거나 거부할 수 없다. 이는 하나님을 경멸하는 행위이기 때문이다. 성령의 은사를 무시하는 것은 성령님을 경멸하고 업신여기는 것과 같다. 칼빈은 과학의 발견 속에서 하나님의 영이 일하시는 것을 보았다. 또한 과학을 통해 하나님을 더 많이 배울 수 있다고 생각했다. 그런 점에서 개혁교회 출신 가운데 은행원뿐 아니라 과학자가 많이 있다는 것은 놀랄 일이 아니다. 칼빈은 자신이 가진 것을 다른 사람들과 나누는 한, 사유재산에 대해 반대하지 않았다. 어떤 것을 소유한 사람은 "우연히 그것을 얻은 것이 아니다. 만유의 주께서 허락하신 것이다"라고 보았다. 사실 우리는 소유자가 아니라 '분배자'다.

칼빈은 돈을 거의 사용하지 않았다. 누군가 칼빈을 탐욕스럽다고 비판했을 때 칼빈뿐 아니라 칼빈을 알고 있는 사람들도 어이없어했다. "나는 금년에 월급이 인상되는 것을 단호하게 거절했다. 보수를 계속 준다면 더는 설교를 하지 않겠다고 다짐한 것을 많은 사람들이 알고 있다." 칼빈은 자신이 돈을 위해 땅을 팔았다는 소문도 일축했다. 제네바 사람들은 칼빈이 손바닥만 한 땅도 없다는 것을 알고 있었기 때문이다. "나는 땅을 팔 정도로 부유한 사람이 아니다. 나는 사실 다른 사람의 가구를 사용한다. 식탁과 침대도 내 것이 아니다." 칼빈은 돈과 관련한 소문에 대해 매우 민감했다. 나바르의 여왕이 피난자를 도우라고 준 돈을 칼빈이 횡령했다는 소문이 베른에서 나돌았다. 이 소문을 들었을 때 그는 장황하게 말했다. 그 비난은 완전히 허튼 것이었다. "내가 소박하게 산다는 것을 많은 사람들이 알고 있다. 사람들은 내가 좋은 옷을 사는 데에 돈을 쓰지 않는다는 것을 알고 있다. 내 형제도 부유하지 않다. 내 형제가 가지고 있는 것은 내가 준 게 아니다. 모두가 이 사실을 알고 있다."

노동

이런 사실에도 불구하고 칼빈의 노동 윤리가 자본주의를 발전시켰다는 베버의 논문은 근거가 있다. 칼빈은 거의 밤낮으로 일했다. 1539년 4월 20일에 칼빈은 파렐에게 다음과 같은 편지를 보냈다.

오늘은 할 일이 너무 많았습니다. 금년에는 하루도 쉴 날이 없었습니다. 원고를 기다리는 사람이 있어서 원고의 앞부분 20페이지를 살펴보았습니다. 거기다 강의와 설교를 하고 편지 네 통을 쓰고, 몇 가지 논쟁을 해결했습니다. 열 명이나 넘는 사람들이 나를 찾아왔습니다.

칼빈은 매일 새벽 4시에 일어나서 밤늦게 취침했다. 그는 할 수만 있다면 조직적이며 능률적으로 일했다. 칼빈은 올리베탕의 성경 번역을 교정하느라 바빴지만 다른 일도 해야 했기 때문에 "하루를 한 시간 단위로 쪼개서 사용했다"라고 기록했다. 그가 주석 원고를 분실했을 때 얼마나 속상했을지 상상할 수 있다. 칼빈은 잃어버린 내용을 보충하느라 다른 일을 할 수 없었다. "아무 일도 손에 잡히지 않았다." 원고를 분실한 것도 힘들었지만 더욱 칼빈을 힘들게 한 것은 자신의 부주의함이었다.

칼빈은 자신을 위해 거의 시간을 쓰지 않았다. 아파서 침대에 누워 있을 때에도 인내심을 갖고 기쁜 마음으로 자기 일을 했다. 자기 자신을 그 상황에 인내와 기쁨으로 적응시켰으며, 유혹에 저항했다고 말한다. 칼빈은 시간이 생기면 다른 사람과 식사를 하는 데 썼다. 식사 중에는 1542년에 제네바를 위해 노력한 보상으로 의회가 제공한 포도주를 마실 수 있었다. 칼빈은 너무 바쁘고 시간도 부족해 충분히 일할 수 없다고 늘 이야기했다. 초기의 편지에서 칼빈은 자신의 나태함을 자책했다. 이런 이야기는 독자들이 지루해할 정도로 거의 대부분의 편지에 나타나 있다.

허버트에게는 자신이 편지를 구술하게 하고 있다며 사과했다. "편두통 때문에 편지를 받아 쓰게 하고 있다. 게으름 때문이 아니라는 것을 알았으면 좋겠다." 1548년 8월 10일, 심부름꾼 두 명을 뉴카텔로 보낼 때 파렐에게 한 통의 편지도 보내지 못했다며 사과했다. "당신이 나를 게으르다고 비난할까 봐 염려가 됩니다"라고 덧붙였다. 칼빈은 2주 후에도 이 말을 되풀이 했다. 그러면서 파렐이 이렇게 말할 것이라고 예상했다. "오히려 내가 게으르다고 당신이 비난할 것이라 생각하오."

좌절

예상처럼 일이 진척되지 않을 때 칼빈은 희망을 잃고 좌절했을지도
모른다. 파렐이 주석 두 권에 대해 물었을 때 칼빈은 다음과 같이 말
했다.

왜 사도행전과 창세기에 대하여 이야기합니까? 이 두 권은 아직 자
궁에 잉태되지도 않은 아이와 같습니다. 사도행전 주석이 왜 늦어지게
되었는지 이야기하기도 부끄럽습니다. 지금 3분의 1을 끝마쳤는데 상
당한 분량이 될 것입니다. 창세기 주석은 잠시 미뤄야 할 것 같습니다.
지난 넉 달간 신약성경을 번역하고 교정하느라 바빴습니다. 구약까지
다룰 수는 없을 것 같습니다. 구약을 주석하는 데 적합한 사람을 서둘
러 찾으라고 출판업자에게 말했는데 그들이 내 조언을 따르지 않아서
그들의 게으름에 대한 벌을 내가 받고 있습니다.

파렐은 칼빈이 근면하다고 칭송했다. 하지만 칼빈은 자신이 느리
고 나태하다고 말했다. "생각이 느린 나를 주님께서 인도하셔서 일
을 진척시켜 주시기를 바랍니다." 파렐은 분명 칼빈에게 압력을 자
주 주었다. 그러나 칼빈은 압력에도 불구하고 속도를 내지 못했다.
"이제 그와 같은 책을 완성해서 곧바로 출판하는 것처럼 주석 몇 권
이 내 손을 거쳐 나온다면 얼마나 기쁘겠습니까. 사실 주석은 평생
에 걸친 작업을 필요로 합니다. 내가 어느 정도나 자유 시간이 있을
것이라 생각하십니까?" 칼빈은 다른 많은 사람들이 자신처럼 게으
르다고 생각했다. 이는 사람들을 약 올리는 듯하다. 하지만 칼빈으로

서는 충분히 그럴 수 있었다. 그는 일하기 위해서 살았고 자신이 충분한 일을 못한다고 생각했기 때문이다. 그런 점에서 칼빈이 사람들을 게으르게 본 것은 당연하다.

칼빈은 더 많은 시간을 들이고 싶었지만 그러지 못했다. 편지 쓰는 것만 해도 많은 시간이 들었다. 그 외 다른 작업도 해야 했다. 뉴카텔 출신의 한 동료가 자신의 결혼식에 초대했을 때도 칼빈은 가지 않았다. "한 달 동안 쉬는 것은 고사하고 도시를 떠나본 적도 없다." 니콜라스 콜라동은 1549년에 칼빈이 어떻게 하루를 보내는지 짧게 기술했다.

그해 주일마다 칼빈은 히브리서 설교를 했다. 히브리서가 끝나면 사도행전을 설교했다. 주일 저녁예배에는 시편을 설교했다. 한 주 중 하루는 선지자 예레미야를 설교했다. 강의를 할 때는 학생, 목사, 다른 청중을 위해 오래 전부터 시작한 이사야를 강해했다. 금요일 집회에서는 히브리서를, 그 후에는 공동서신을 가르쳤다. 그해에는 디도서와 히브리서에 대한 주석을 출판했다.

1549년부터 칼빈은 매주 두 차례 설교를 했다. 격주로는 거의 매일 설교를 해서 약 4천 편의 설교를 했다. 그리고 일주일에 세 번 성경 주해를 강의했다. 그리고 금요일마다 집회에 적극적으로 참여했다. 칼빈은 이 모든 일에 대해 최선의 준비를 하기 위해 노력했다. 하지만 1554년 6월에 파렐에게 보낸 편지에서 불평했듯이 그것은 불가능했다. 위원회는 칼빈의 전문 분야가 아닌 것까지 칼빈에게 계속

해 조언을 구했다. 예를 들어 새 난로를 구입해야 하는지를 묻기도
했다.

일을 멈추지 않음

위의 사실에도 불구하고 "칼빈주의자는 쉬지 않고 일한다"라는 주장
은 지나치다. 그 당시에 밤낮으로 일하지 않은 사람들이 어디 있었
겠는가? 칼빈의 말을 따른다면 가톨릭 사제를 제외하고 누구나 밤
낮으로 일했다. 대부분의 사제들이 칼빈의 노동 윤리와 정확히 반대
되는 노동 윤리를 따른다고 주장했듯이 그의 반로마 정서는 어느 정
도 과장된 면도 분명 있을 것이다. 칼빈은 어떤 사제에게 편지를 보
내어 그 사람이 다른 사제들과 달라서 너무 기쁘고 놀랍다고 밝혔다.
"평생 먹고, 마시고, 놀고, 자고, 더러운 정욕에 너무 깊이 빠진 사제
들, 잠잘 때도 정직한 노동에 대해 생각해 본 적이 없는 사제들과는
다르게 사는 당신을 칭찬하고 싶소."

　우리는 칼빈의 꿈에 대해서 아는 바가 없지만 그는 깨어 있을 때
앞서 언급된 사제들과는 시간을 다르게 보내기를 원했다. 하지만 칼
빈은 인생을 여전히 즐길 수 있는 것으로 보았다. 인생을 즐기는 것
은 그리스도인이 누릴 수 있는 자유의 한 부분이기 때문에 심하게
제한해서는 안 된다. 반면 양심은 한 번 자신의 함정에 빠져들면 길
고도 복잡한 미로로 들어가기 때문에 필요 없이 인생을 즐기도록 부
추겨서도 안 되었다. 양심이 빠져들 수 있는 덫에 대해 칼빈은 다음
과 같이 말했다.

아마포를 홑이불, 상의, 손수건, 식탁보로 사용할 수 있는지 의심하기 시작하면 삼을 사용할 수 있는지도 확신할 수 없게 된다. 다음에는 아마섬유를 사용하는 것에 대해서도 의심하게 될 것이다. 식탁보 없이 저녁 식사를 할 수 있는지, 손수건이 실제 필요한 지도 고심할 것이다. 더 좋은 식사를 해서는 안 된다고 생각한다면 아주 평범한 음식도 육체에 나름의 기능을 한다는 것을 깨닫는 순간 하나님 앞에서 순전한 양심으로 평범한 빵이나 보통의 저녁 식사도 하지 못할 것이다. 좋은 포도주를 마셔도 되는지 고민하기 시작하면 값싼 포도주도 깨끗한 양심으로 더는 마시지 못할 것이다. 결국에는 다른 물보다 더 달고 질 좋은 물은 손도 대지 못할 것이다. 최종적으로는 당신의 길 앞에 놓여 있는 지푸라기를 밟고 넘어가는 것도 죄라고 생각할 것이다.

주일

칼빈은 때때로 도시를 며칠 동안 떠나 있었다. 주로 주일에 출발했는데 한 번은 비레에게 주일에 로잔에서 제네바로 오라고 말했다.

"주일 아침 당신이 이 도시에 와서 설교를 할 수 있다면 나는 주시(Jussy)로 갈 것이다. 식사 후 당신은 나와 함께 쉬르 드 팔레에게 갈 것이다. 그곳에 가서 여러 사람들과 며칠간 휴가를 보내고 싶다." 주일 오후마다 칼빈이 배를 타러 갔다는 소문이 있었다. 그러나 이것은 확실히 오해이다. 칼빈이 주중에 쉬기 위해 돛단배로 제네바 호수를 건너간 것은 분명한 사실이다.

주일마다 여행하는 것은 흔한 일이었다. 1년 전 칼빈은 월요일 점심 전에 제네바에 오려면 아침 예배 후 출발해야 한다고 이야기했다. 칼빈도 방해받지 않고 일하기 위해 며칠간 도시를 떠난 적이 종종 있었다. 이런 점에서 칼빈은 청교도가 아니었던 것은 분명하다. 그는 "다른 일에서 완전히 벗어나서 사흘간 일에 집중하기 위해 주일에 시골로 가려고 했다"라고 기록했다. 하지만 바로 그 주일에 칼빈은 논문을 도난당했다는 생각 때문에 너무 화가 나서 병이 났다. 결국 월요일까지 시골로 떠날 수 없었다. 청교도적 성향이 조금이라도 있는 사람이라면 칼빈이 안식일을 의도적으로 사용한 것에 대해 책망하며 하나님은 즉시 그런 죄를 심판하신다고 말할 것이다.

주일 성수가 제네바에서 완전히 없어졌다는 소문이 나돈 것은 눈여겨볼 만하다. 칼빈은 불링거가 그와 같은 소문을 믿지 않은 것을 알고서 기뻤다. 그런 소문은 아마도 제네바가 크리스마스를 바로 이어지는 주일로 옮기기로 결정했기 때문인 것 같다고 덧붙였다. 의회가 목사의 조언을 구하지 않고 결정을 내렸기 때문에 칼빈은 이에 대한 책임이 없었다.

"내가 이 도시에 오기 전에, 이 도시는 주일을 제외한 모든 휴일을 이미 폐지했다."

잇따른 항의 이후, 나흘간의 휴일을 재도입했다. 칼빈은 이런 상황을 내버려 두었지만 예수님의 죽음이 아닌 할례를 기념한다는 사실 때문에 항의했다. 마찬가지로 그는 해마다 그리스도의 탄생을 마리아의 축제일로 기념하는 것을 반대하는 설교를 했다. 여기에서 칼빈은 중도적인 입장을 취하며 홀로 서있었다. 휴일을 옹호하는 사람들과 반대하는 사람들 간에 벌어지는 복마전을 방지하기 위해서였다.

개혁교회 전통에서 주일은 어느 정도 문제가 되었다. 주일에 해서는 안 되는 일이 여러 진영에서 많이 있었다. 하지만 칼빈에게 주일은 예배, 찬양, 기도, 믿음의 고백을 위한 날이었다. 주일이 있었기 때문에 일에서 자유로워지고 함께 모일 수 있었던 것이다. 쉼을 보장받기 위해 다른 사람들에게 노동을 요구하면 안 되었다. 모든 사람들이 쉴 권리를 갖기 때문에 식당은 주일에 문을 닫았다. 게다가 주일에 술집에 가는 사람은 교회에 나올 리가 없었기 때문에 식당문을 닫았다.

주일마다 가게 문을 닫고 사업을 중단한다면 아무도 일할 필요가 없어진다. 그렇게 되면 하나님이 우리를 부르신 일에 더욱 헌신할 수 있다. 말씀을 가르치고, 함께 믿음을 고백하고, 주의 이름을 부르며, 성례를 기념할 수 있을 것이다.

사회적 관심

즐거움은 절제 가운데 누려야 한다. 이 중 어떤 것들은 잠재적인 죄악으로 비칠 수 있었다. 한편 사회에서 자신의 이웃을 찾는 데는 항상 주의를 기울여야 했다. 칼빈 사상 중에서 이런 인생관은 거의 관심을 끌지 못했다. 하지만 눈여겨볼 가치가 분명히 있다. 칼빈은 의롭게 된 사람은 성화 과정을 거친다고 확신했다. 하나님과 올바른 관계를 맺는다면 하나님이 명하신 일을 기꺼이 한다는 말이다. 따라서 율법은 당신이 죄인이라는 것을 보여 주면서 그리스도인으로서 무엇을 해야 하는지도 말해 준다.

이에 관한 한 가지 중요한 관점이 있다. 그리스도인은 가난한 사람을 도와주어야 한다는 것이다. 칼빈은 자신이 겪는 불의는 영적 훈련으로서 견뎌야 하고 다른 사람이 겪는 불의는 저항하고 싸워야 한다고 생각했다. 그래서 칼빈은 사람들이 빚을 갚기 위해 옷마저 벗어 팔아야 할 때 극도로 분노했다. 칼빈에게 이것은 그만큼 명백한 문제였다. 이런 사회적 관심은 과도한 파티와 의상, 사치스러운 소유를 반대하기에 이르렀다. 가난으로 비참해진 사람과 모든 것을 잃은 피난자로 득실대는 상황에서 최신 프랑스 유행을 따르던 도시의 세력가를 겨냥해 칼빈은 "예수 그리스도는 재단사가 아니다"라는 말도 남겼다.

칼빈은 개인주의는 어떤 형태라도 싫어했다. 그는 인류를 서로에 대한 책임을 갖는 각각의 사람들이 모인 전체로 생각했다. 우리는 자신을 위해 이 땅에 사는 것이 아니다. 어떤 것도 우리만의 것이 아니다. 남보다 많이 가진 사람은 그것으로 다른 사람들을 섬겨야 한다. 칼빈의 사회관은 하나님이 사람들을 서로 책임지도록 하셨고 하나님이 우리를 돌보시는 것처럼 우리도 서로를 돌보아야 한다는 확신에 근거한다. 각 사람은 자기 안에 있는 하나님의 형상을 깨닫고 과부와 고아, 거지와 피난자와 같이 힘든 삶을 사는 사람들을 기꺼이 도와야 한다.

칼빈의 교회에서는 이런 목적을 위해서 헌금보다는 선물을 거두었다. 헌금은 사람들에게 돈을 내라고 요청해야 하는 것을 전제한다. 그러나 선물은 사람들이 나눠 줄 마음이 있다는 것을 전제로 한다.

칼빈은 그리스도의 희생을 통해 생명을 얻은 사람들은 누구나 다른 사람들을 위해 희생할 준비가 되어 있다고 믿었다.

루터파

칼빈은 루터파와 함께 자신의 사회관을 실천에 옮겼다. 그는 제이콥 안드레, 베이트 디트리히, 조한 마박, 조한 브렌츠와 같은 여러 루터파 신학자들과 서신을 교환했다. 칼빈은 자신이 루터와 노선을 같이한다고 여겼지만 이후의 루터파들은 칼빈이 루터의 노선에서 벗어났다고 비난했다. 칼빈은 마박을 그리 높이 평가하지 않았다. 마박이 스트라스부르의 프랑스 피난자 교회를 폐쇄했다며 그를 야수라고 불렀다.

칼빈은 루터파가 개신교도가 연합할 수 있는 가능성을 막아 버렸다고 보았다. 그들은 주의 만찬에 그리스도가 임재하는 것에 대한 논쟁을 지속했지만 칼빈은 루터 자신도 이 문제를 그리 중요하게 여기지 않았다고 주장했다. 칼빈에 따르면 이런 논쟁에서 루터의 이름에 호소하는 사람들은 광신도들이며 루터도 한때 이런 자들을 광신도로 지칭하며 이에 반대하는 글을 썼다는 사실 때문에 심기가 불편했을 것이라고 이야기했다.

칼빈은 루터파와 힘든 시간을 보냈다. 1554년 여름, 칼빈은 그해 3월에 세상을 떠난 색슨 가의 선제후(elector) 요한 프리드리히의 세 아들에게 창세기 주석을 헌정했다. 하지만 세 사람은 칼빈이 주의 만찬에 대한 루터의 관점에서 이탈했고 루터의 창세기 해석을 계속적으로 모욕했다며 칼빈의 헌정을 거부했다. 1555년에 칼빈은 이에 대해 한탄했다.

"루터가 살아 있다면 좋겠다. 그는 사나웠지만 자신을 따르던 사람들만큼 극단적이지 않았다. 그들은 루터의 제자라 할 수 없다. 그들은 그저 흉내 내는 원숭이와 같다."

칼빈은 루터가 살아 있었다면 루터가 루터파를 지지하지 않았을 것이라고 생각했다.

베스트팔

칼빈은 함부르크의 목사인 요아킴 베스트팔과 가장 격렬하게 논쟁했다. 1549년의 티그리누스 협약과 함께 스위스 사람들이 빵과 포도주가 단순히 상징이라는 관점을 버렸을 때, 칼빈은 루터파가 더 큰 연합을 위해 마음을 열기를 소망했다. 그러나 허사였다. 베스트팔은 티그리누스 협약이 출판된 것에 날카롭게 반응했고 주의 만찬에 관한 칼빈의 관점을 가능한 부정적으로 비추기 위해서 '칼빈주의'라는 개념을 최초로 도입했다. 칼빈이 프랑크푸르트 암마인에서 루터파들과 접촉한 것도 베스트팔을 통해서였다. 네덜란드 피난자 개혁교회는 세워진 지 여러 해가 되었고 이미 전용 건물을 갖고 있었는데 1555년에 이 교회를 반대하도록 선동한 사람이 베스트팔이었기 때문이다.

사도행전 주석 머리말에서 칼빈은 프랑크푸르트 의회가 피난자를 도왔다며 의회를 칭찬했다. 하지만 개혁파와 루터파 간에 공통점이 많은 상황에서 어떻게 베스트팔의 책이 그렇게 많은 긴장을 유발시키고 있는지를 궁금해했다. 피난자의 내부적 논쟁 때문에 상황이 더욱 악화된 1556년에 칼빈은 프랑크푸르트로 갔다. 그러나 그의 방문은 실패했다. 논쟁은 계속되었고 루터파 목사는 칼빈을 상대하지 않았다.

1561년에 정부는 피난자 회중이 모이는 교회를 폐쇄하기로 결정했다. 그 교회가 루터파의 교리와 특정 내용을 따르지 않았기 때문이다. 개혁파들은 그들의 자녀가 루터파 목사에게 세례받거나, 루터파가 주재하는 주의 만찬에 참여할 수 있는가를 고민했다. 칼빈은 성례는 집전하는 사람에게 달려 있지 않으며 루터파들의 예전이 하찮은 것은 아니지만 본질적인 것도 아니라고 대답했다. 주의 만찬에 대한 루터파의 관점을 고백하도록 강요하지 않는다면 만찬에 자유롭게 참여할 수 있다고 본 것이다. 이것이 제네바의 목사들이 가진 관점이었다. 여기에서 칼빈은 1553년에 시의회가 루터파 신앙고백에 동의하도록 강요했던 베젤의 피난자 교회에 주었던 조언과 본질상 동일한 이야기를 했다. 그는 한 교회의 전체 개혁파 회중을 잃기보다는 상황에 적응해서 루터파와 함께 교회의 연합을 유지하는 것이 더 낫다고 생각했다. 하지만 개혁파의 남은 자들이 1563년에 루터파의 신앙고백에 서명할 것을 강요당했을 때 칼빈은 세례와 주의 만찬에 관한 많은 부분들을 수정하지 않으면 서명은 불가능하다고 편지했다.

칼빈이 루터파들과 논쟁만 일삼았다는 의견은 바른 생각이 아니다. 칼빈이 루터파와 접촉한 것은 주로 주의 만찬과 관련한 논쟁 때문이다. 하지만 칼빈 또한 유스투스 요나스와 같은 사람들과 우호적인 편지를 나누었다. 요나스는 베스트팔을 반대하는 칼빈의 두 번째 소논문을 번역하겠다고 제안했고 칼빈은 그 제안을 기꺼이 받아들였다.

방주(《기독교강요》 1559)

방주 혹은 전함, 심지어는 화물선을 움직여 항해하는 것은 어렵다. 그러나 칼빈은 그 일을 해냈다.《기독교강요》의 최종판은 배에 비유할 수 있다.《기독교강요》는 1536년에 돛단배로 시장에 흘러나갔지만 1559년까지 6장에서 80장으로 늘어나면서 화물선이 되었다. 이 책은 신학적 화물을 나르는 컨테이너로 가득 차게 되었다. 칼빈은 이 책이 전 세계로 나가야 한다고 생각했다. 그리고 이 화물선이 전함으로 변해서 하나님의 영광과 인간의 구원을 변호하기를 원했다. 이 전함은 복음을 공격하는 적들과 싸우며, 위협적인 잠수함과 오랜 요새들을 공격할 준비도 되어 있었다. 아울러《기독교강요》는 다양한 기독교 사상가, 목사, 교수들이 자신의 자리를 발견하고 교부와 스콜라 철학자, 종교개혁자들과 신비주의자가 정돈된 피난처를 제공받아서 시대의 홍수 속에서 살아남을 수 있는 노아의 방주로 생각할 수 있다. 그런 방주를 통해서만 진리가 이단과 불신의 물결 속에서 안전하게 보존될 수 있을 것이다.

《기독교강요》가 방주와 비교할 수 있는 또 다른 요소가 있다.《기독교강요》 1559년 판의 서문에서 칼빈은 자신이 열병으로 거의 죽을 뻔했고 하나님께서 자신의 생명을 지켜 주심에 보답하는 마음으로 이 일을 끝내게 되었다고 기록했다. 노아가 앞으로 올 홍수의 위협 가운데 꾸준히 방주를 만들었던 것처럼 칼빈도 죽음의 위협 속에서 대작을 집필해 나갔다. 아니면 하나님께서 자신을 구해 주신 것에 대한 보답으로 그 책을 썼던 것일까?

이 책은 두꺼워지고 무거워졌다. 이 책을 한 번도 읽지 않은 사람들도 이 책의 내용이 방대하다고 이야기한다. 칼빈은 자신의 매력을 감소시킬 수도 있는 내용들도 가르칠 생각이었던 같다. 어떤 이는 비관적이고 숙명적인 인간관과, 예정이라는 무시무시하며 지지하기 힘든 교리 때문에 칼빈의 신학을 완전한 재난으로 생각한다. 그러나 《기독교강요》에서 가장 긴 부분이 '기도'에 관한 것임은 알지 못한다. 더구나 이 책은 칼빈에게 전 세계적인 성공을 가져다주었다. 또한 이 책은 몇 세기 동안 교회를 세우고 다지고 신학적으로 쇄신하는 일에 추진력을 제공했다.

어쨌든 칼빈 자신은 적어도 형식에 관해서는 《기독교강요》에 만족했다. 칼빈은 평생 동안 삶의 모든 영역에 걸쳐 추구해 온 명제인 '질서'와 계속적으로 첨삭이 이루어진 이 책에 대해 이야기했다. 결국 1559년까지 바른 질서를 찾아내 교정이 필요 없는 책을 만들었다. 방주가 완성되자 홍수가 시작되었다. 실제로 《기독교강요》는 개혁교회 전통 안에서 교회의 정회원과 신학자들을 계속적으로 휩쓸었던 신학적 홍수 속에서 살아남았다. 칼빈은 이 책을 신학적 전투를 위한 무기 창고로 만들지 않았다. 그에게 있어 신학자의 임무는 귀를 채우는 것이 아니라 양심을 강화하는 것이었다.

칼빈은 이런 목적을 위해 청중에 따라 다른 문체를 사용했다고 주장했다. 예를 들어 주의 만찬에 대해 말할 때는 특별히 보통 사람들을 위해 짧은 소논문의 형태를 취했다. "단순하고 서민적인 문체는 교육받지 못한 사람들을 위한 것이다. 이 문체는 원래 이 책이 쓰인 의도를 보여 준다. 나는 라틴어를 아는 사람에 대해서는 좀 더 세심한 형식을 취하는 습관이 있다." 칼빈은 《기독교강요》에 똑같은 내용이 있지만 더 명확한 방식으로 더 많은 논거를 들어 이 책을 썼다고 덧붙였다. 믿는 사람들을 교육하기 위해 교리문답도 넣었다. 칼빈은 독자에 따라 다른 문체를 사용했는데 《기독교강요》는 신학생을 위한 문체로 썼다.

마른 뼈[예전(禮典)]

강한 바람이 필요한 돛단배는 짐을 많이 실어서는 안 된다. 앞으로 나가되 진로를 이탈하지 않고 속도를 유지하려면 교회는 방해가 되는 짐들을 버려야 한다. 칼빈이 어느 정도까지 짐을 버렸느냐는 보통의 개혁교회의 예배형식을 들여다보면 명백하게 알 수 있다.

성상은 제거되어야 했다. 루터는 교회의 성상보다 마음의 성상을 먼저 제거해야 한다고 말했다. 그럼에도 불구하고 문제는 성상 자체가 아니라 하나님의 형상에 있었다. 칼빈은 하나님의 모습을 그리려는 시도는 옳지 않다고 보았다. 인간이 하나님의 형상을 그리는 것은 전지전능하신 하나님을 축소시킬 수 있었다. 성상은 하나님을 속이는 동시에 우리 자신을 속인다. 어떤 이는 성상을 통해 하나님을 예배할 수 있다고 주장한다. 하지만 실제로 그런 생각은 스스로 속아 넘어가는 것이다.

역사를 살펴보면 사람들은 성상에게 어떤 결과를 기대하며 나무나 돌을 숭배했다. 칼빈은 성상이 글을 읽을 줄 모르는 성도를 위한 책과 같은 역할을 한다는 주장에 반대했다. 성상을 섬기게 하지 말고 글을 모르는 성도를 가르쳐야 한다고 말했다. 교리문답 한 줄이 오천 개의 십자가 형상보다 가치 있기 때문이다. 그렇지만 칼빈은 그림, 조각 같은 예술에 반대하는 것은 아니라고 밝혔다. 예술가들은 볼 수 있는 모든 것들을 그려야 한다. 물론 때때로 벗은 몸을 볼 수 있겠지만 예술가들이 보고 묘사하는 것은 외설스러워서는 안 된다고 덧붙였다. 하지만 예술가들은 그런 것들을 묘사할 기회가 생긴다면 보통은 그 기회를 놓치지 않을 것이다.

그럼에도 불구하고 칼빈은 성상 파괴에 대해서는 반대했다. "하나님은 자기 소유가 아닌 성상을 파괴하라는 명령을 주신 적이 없다. 공적으로는 하나님이 권위를 부여하신 사람만 그런 명령을 내릴 수 있다." 칼빈은 성상 문제로 어려움을 겪었지만 지극히 파괴적인 행동으로 반응하는 사람 때문에 훨씬 더 많은 어려움을 겪었다.

축제일

칼빈은 믿음을 격려하기보다는 미신을 조장하는 휴일을 기념하는
문제로도 어려움을 겪었다. 원래부터 축제에 관심이 없던 칼빈은 성
탄절이 있어야 할 필요를 거의 느끼지 못했다. 1551년 12월 25일 목
요일, 칼빈은 미가 5장을 설교하며 자신의 의견을 명확히 개진했다.

오늘이 성탄절이라고 평소보다 더 많은 사람이 설교를 들으러 왔다.
하지만 누가 오늘이 성탄절이라고 말하는가? 저 불쌍한 야수들의 삶
의 방식인 것 같다. 단지 오늘이 휴일이기 때문에 설교를 들으러 오는
것이 저 사람들의 삶이 아닌가? 무엇을 위해서인가? 이렇게 해서 하나
님을 경외한다고 생각하는가? 실제로 어느 정도나 하나님께 순종적인
지를 생각해 봐야 한다. 당신들은 오늘 하나님께 잔치를 베푼다고 생
각한다. 그리스도가 세상에 태어난 것이 우리에게 어떤 유익이 있고
그가 탄생한 이야기가 어떤 연관성을 갖는지를 듣게 되는 날이 1년 중
하루라도 있다는 것은 좋은 일이다. 하지만 이 날 예수 그리스도가 태
어났다고 생각한다면 정신 나간 야수다. 휴일을 만들어서 하나님을 영
화롭게 할 수 있다고 생각하는 것은 우상을 섬기는 것이다. 솔직히 당
신들은 하나님을 영화롭게 하고 있다고 생각하지만 사탄을 섬기는 것
이다. …… 주님의 탄생과 관련한 특정한 날은 중요하지 않다. 우리는
주님이 태어나신 날을 수요일 혹은 목요일 아니면 다른 날로 정할 수
있다. 하지만 편리한 대로 하나님을 예배할 수 있다고 생각한다면 그
것은 신성모독이다.

휴일에 대한 칼빈의 고민은 사람들이 자기 편리한 대로 하나님을 예배하는 것이었다. 이렇게 하는 것은 신성모독이었다. 왜냐하면 그런 사람들은 자신에게 맞는 하나님의 이미지를 생각하고 하나님이 원하시는 대로 그분을 예배하지 않기 때문이다. 이는 매우 단순한 사실이다. "신성모독이 이와 같이 자신이 원하는 하나님을 그려 내서 예배하는 것임을 깨닫는다면 이런 특정한 날에 성탄절을 기념하는 것을 폐지하고 주일에 주의 만찬을 기념하고 나서 주님의 탄생을 설교하는 것이 당연하다는 것을 알게 될 것이다."

그럼에도 불구하고 칼빈은 후대의 추종자들보다 예전에 관해서 더 많은 것을 허락했다. 프랑크푸르트의 영국인 회중은 예전 문제로 분열되었다. 한쪽은 영국 국교도 성향이, 다른 쪽은 칼빈주의자 성향이 강했기 때문이다. 칼빈은 왜 그들이 그런 문제를 가지고 법석을 떠는지 이해하지 못했다. 그는 "조국에서 추방되어 같은 신앙을 위해 함께 떠나온 형제들 간에 분열이 생기는 것은 합리적이지 않은 일"이라고 생각했다. 왜 그들은 기도 형태와 예식을 놓고 싸우는 것일까? 칼빈은 영국 국교도 안에 어리석은 사람들이 많다며 이는 하루에 바뀔 수 있는 문제가 아니라고 여겼다. 이 문제에 대해 어떤 조치를 취해야 했지만 아직 그때는 아니었다. 자신들이 피난자인 상황에서는 더더욱 아니었다. 칼빈의 생각처럼 프랑크푸르트에 자신이 다닐 수 있는 교회가 있다는 사실에 그들은 기뻐해야 했다. 나머지 사안에 대해서는 적응해야만 했다.

세례, 주의 만찬, 병자, 장례

칼빈의 교회는 가톨릭이나 루터파의 예배와 비교했을 때 다소 빈약한 면도 있었다. 칼빈은 자신에게 조언을 구한 적이 있는 몽벨리아의 목사들에게 편지를 보내서 예전에 대한 자신의 생각을 전했다. 칼빈은 산파가 긴급하게 세례하는 것을 전적으로 반대한다고 말했다. 세례는 목회적 직분이 있는 자만이 해야 한다. 긴급하게 하는 세례는 아이들의 구원을 위해 세례가 필수적이라는 잘못된 가정에서 비롯된 것이다. 이 문제에 대해서도 칼빈은 사람들에게 확신을 주려 했다. 그는 두려움 속에서 세례를 받지 않기를 원했다. 하나님의 언약으로 아이는 구원받는 것이다. 언약에 기초하기 때문에 어린 나이에 죽어도 영생을 얻게 된다. 로마 가톨릭은 세례받지 못한 아이는 천국에 들어갈 수 없다고 보았다. 로마 가톨릭의 이런 생각은 하나님의 약속을 오해한 것이다. 세례는 하나님의 약속의 표시이자 인침이다. 그 이상도 이하도 아니다.

칼빈은 성찬식을 통해 병자를 섬기는 데 아무런 문제가 없었다. 죽음을 목전에 두고 있는 그들이 마지막으로 성례를 받는 것이어도 마찬가지였다. 칼빈은 이 문제에 대해 하이델베르크에 있는 올레비아누스에게 장문의 편지를 썼다. 성도가 자신이 세상을 떠날 때가 됐다는 것을 안다면 모든 종류의 유혹이 그를 공격할 것이다. 이때에 성례는 영적 전투를 하는 데 도움이 될 수 있다. "양심을 강하게 해서 기쁨으로 전투에 참여하고 승리를 얻게 도와주는 것을 누가 거부하겠는가?" 주의 만찬은 교회 연합의 상징이었다. 오랫동안 침상에 누워 있던 사람도 주의 만찬을 통해 교회와 하나된 것을 고백하고 경험할 수 있었다. 칼빈은 제네바에서는 병자가 주의 만찬을 하지 않는 것에 대해 힘들어했다. 하지만 그것 때문에 충돌하고 싶지는 않았다. 반대파들은 주의 만찬이 공동체적인 사건인데 병자들에게 성찬을 제공하는 것은 주의 만찬을 개인주의화시키는 것이라고 지적할 것이다. 칼빈은 이런 논리는 설득력이 없다고 했다. 병자들을 위한 성찬은 '공적인 기념의 한 부분 혹은 부가적인 것'이었다.

칼빈은 주의 만찬 때문에 흥분하는 사람들의 호기심과 이런 외적 상징이 구원을 가져온다는 미신적인 믿음에 대해 주의해야 한다는 것을 알고 있었다. "이런 이유로 나는 침상에 누운 환자들도 주의 만찬에 참석하기 원한다. 하지만 자주는 안 된다. 환자들이 주의 만찬에 참석하는 데에는 세심한 주의와 상황에 대한 구체적인 지식이 있어야 한다."

장례에 관해서 칼빈은 관을 교회로 가져오는 관습을 반대했다. 관을 곧바로 묘지로 옮겨서 무덤 옆에서 장례 설교를 하는 것이 최선이라고 생각했다. 종을 울리는 것도 필요 없다고 여겼지만 이미 자리 잡은 관습을 공론화하는 것을 원하지 않았다.

베른

그 사이에 베른과의 문제로 인해 1558년 초에 두 도시 간에 세웠던 정치적 협약이 끝나게 될 것 같았다. 실제적인 합의는 없었지만 사보이의 공작과 프랑스의 위협 때문에 협정을 해야 했던 것이다. 이런 일은 왜 신학적으로 안정되지 못했는지도 설명해 주고 있다. 베른에서는 주의 만찬에 관한 칼빈의 관점이 지나치게 스트라스부르나 루터파 쪽으로 치우쳤다고 여겼다. 칼빈은 츠빙글리와는 관점이 다른 것 같았다. 예정에 관한 논쟁이 이에 더해졌다. 이 문제로 제네바에서 추방된 볼섹은 베른으로 피난을 왔다. 볼섹이 베른으로 오자 그를 추종하는 사람들과 비난하는 사람들 사이에 논쟁이 있었다. 베른은 볼섹과 같은 사람들을 전혀 환영하지 않았다. 따라서 시위원회는 싸움만 유발하는 첫 번째 교리의 예로서 '예정'을 들면서 미묘한 교리적 차이에 대한 토론을 금지하기로 했다.

이 문제에서 칼빈 편을 들던 베른의 목사들은 권고를 받았고 로잔의 아카데미에서는 《기독교강요》를 강의하지 못하게 했다. 칼빈은 이 문제에 대해 침묵할 수 없어서 상원의원에게 장문의 편지를 썼다. 그는 "예정과 같이 위대하고 이해하기 어려운 신비에 대해 냉정하며 겸손해야 한다"라고 고백했다. 그러면서 성경이 이에 대해 아무 말도 하지 않는 것처럼 위장할 수는 없다고 덧붙였다. 그렇게 한다면 성경에서 삭제해야 할 본문이 생긴다. 같은 이유로 칼빈은 베른의 목사들의 중립적인 태도를 이해할 수 없다고 말했다. 칼빈은 직분의 의무와 양심 때문에 침묵할 수가 없었다. "내가 종이 된 이유는 그리스도의 거룩한 가르침 때문이다. 그런데 그 가르침이 여기저기 찢기고 있다. 이것을 보고서도 혀에 재갈을 물고 침묵한다면 얼마나 수치스런 일인가?"

파렐이 복음서 주석을 베른의 의회에 헌정하자고 했을 때, 칼빈은 매우 화가 났다. 칼빈은 이 주석을 위해 많은 노력을 기울였다. 이제 "그것을 돼지에게 던져서 수치와 조롱 속에 밟히게 해야겠는가?"라고 토로했다.

　칼빈은 파렐의 제안을 고려해 보려 했지만 결국 "당신이 제안한 대로 할 바에는 차라리 내 혀와 손을 자르는 편이 나을 것입니다"라고 말했다. 파렐의 제안은 받아들여지지 않았다.

군인
(1559~1564)

섬김

칼빈은 성탄절을 기념하는 것을 지지하지 않았다. 그런데 1559년 성탄절에 제네바 시민권을 받았다. 칼빈이 개인적 야심으로 시민권을 요구했다는 인상을 사람들이 받았을 수도 있었기 때문에 이에 대해 칼빈은 죄책감을 느꼈을 것이다. 칼빈은 시민권을 요구할 필요가 없게 된 것이 무척 기뻤다. 그는 하나님의 뜻을 위해 일하는 것이 유일한 관심이었다. 말년에는 끊임없이 매진해서 계속적으로 열매가 맺히도록 했다. 칼빈은 교회의 사법권을 얻기 위해 노력했다. 칼빈의 노력은 1561년 11월 13일에 교회법이 개정되면서 결실을 맺게 되었다. 무엇보다 새로운 결혼법이 그 교회법에 포함되어 있었다.

칼빈은 계속적으로 밀고 나갔다. 칼빈은 쉬고 싶었지만 결코 어떤 쉼도 허락하지 않은 주인만을 섬겼다. "만약 내게 명령을 주신 하나님이 자유를 주셨다면 평온하고 학문적인 과업 외에는 어떤 것도 하지 않길 원했을 것이다." 칼빈은 이 땅에서 쉼과 자유를 얻지 못했지만 천국에서 누릴 것들을 기대했다. 칼빈은 죽음을 소망했다. 그는 죽음이 다가오기를 기대한다고 자주 편지에 썼다. 그에게 인생은 투쟁이었다. 그러나 죽음을 기다린다는 편지를 쓰고 나서도 9년간을 더 섬기며 인내해야 했다.

전투적인 성격

칼빈은 성도의 삶을 '끊임없이 능동적으로 임하는 군복무'로 보았다. 그래서 군사적 용어와 비유를 종종 사용했다. 하나님이 우리를 무장시키시는 이유는 사탄과의 전쟁 때문이다. 그 전쟁은 너무나 격렬하다. 성도는 이 땅에서 삶의 장애물을 두려워하지 말고 어떤 순간에라도 전투에 임하며 부상까지 무릅쓸 준비가 되어 있어야 한다. "왜냐하면 그리스도인들은 이 땅의 전투에 임하기 위해 존재하기 때문이다." 이는 목사들에게 더욱 해당되는 말이다. 목사들은 내적인 전투, 즉 성도 안에서 벌어지는 전투에도 참여해야 하기 때문이다. 칼빈은 예레미야 설교에서 "충성된 종은 전투를 할 줄 안다"라는 말을 자주 했다. 개혁파 사이에 전투적 성향과 자발성이 있다면 이는 외부인에게서 얻은 것이 아니다. 그들이 전투를 찾아나서는 것은 칼빈에게 배워서가 아니다. 어쨌든 칼빈이 전투적 성향을 가진 것이 그리스도인의 삶을 전투로 생각해서인지, 아니면 태어나면서부터 투쟁적인 본성을 가졌기 때문인지는 확실치 않다. 아마도 이 둘이 합쳐졌기 때문일 가능성이 크다. 확실한 것은 칼빈은 자신을 군사로 생각하며 '군대가 혼돈에 빠질 때마다 사령관이 준 깃발을 붙잡고 사람들을 전사로 만드는' 역할을 했다. 그 깃발은 그리스도의 십자가였다. 그리고 승리보다는 고난을 의미했다. 이런 이유로 이런 군복무를 감당하려는 사람들은 별로 없었다.

매번 전장에 뛰어드는 칼빈의 용기는 자신이 섬기는 사령관은 패배할 수 없다는 믿음에서 생겨났다. 사실 이 전투의 성격은 그리스도가 공격당할수록 승리한다는 역설이었다. 그리스도인의 삶은 군복무를 하는 훈련소와 같았다. "힘겹지만 명예도 없다. 이 전투를 하면서 인간의 칭찬이나 승리의 면류관을 구해서는 안 된다." 칼빈이 주의 만찬을 감독하는 교회의 권리를 옹호한 것은 이런 관점에서였다.

의회가 주의 만찬을 집전할 권리를 갖는다고 결정한다는 소식을 들었을 때 칼빈은 자신을 죽이거나 추방하기 전에는 절대 그렇게 할 수 없다고 이야기했다. 칼빈은 죽음을 각오하는 전투를 하며 살았다. 전쟁에서 중립은 없다. 칼빈은 로마 가톨릭과 개신교 중에서 하나를 선택해야 했다. 여러 번 분명하게 이야기했지만 이런 선택은 급진적으로 이루어져야 했다.

칼빈의 가장 강력한 무기는 글이었고 자신의 주석을 통해서 부분적으로나마 강력한 공세를 취했다. 주의 깊게 생각한 후에 그는 주석을 왕자들에게 헌정했다. 명예를 얻은 통치자들이 복음을 위해 일하기를 바랐기 때문이다. 다시 말하면 그들이 개혁교회를 도와주기를 바랐다. 그의 바람은 이뤄질 때도 있었고 실패할 때도 있었다. 칼빈이 세운 아카데미는 칼빈의 또 다른 무기가 되었다. 아카데미는 구원의 군대를 위한 일종의 신병 훈련소와 같은 역할을 했다.

학교로 돌아감

칼빈이 몽테규 대학에 있는 동안에는 교육기관을 운영하기 힘들 정도로 몸이 아프지는 않았다. 칼빈은 교육을 견고하게 하려고 학사 일정을 빡빡하게 잡았다. 최선을 다한 결과 제네바에 있는 대학의 모체가 되는 기관을 설립하게 되었다. 스트라스부르에서 3년 동안 일하면서 칼빈은 목사와 여러 사람을 훈련시켜 교회와 사회를 이끌 수 있게 하는 일이 얼마나 중요한지 확신하게 되었다.

부서가 사는 도시에는 장 스텀이 세운 아름답고 유명한 고등학교가 있었는데 이 학교는 나중에 대학으로 발전했다. 칼빈은 제네바에도 그런 학교를 세우고 싶어 했는데 꿈은 마침내 이루어졌다. 칼빈은 1556년에 스트라스부르로 가서 장 스텀에게 자문을 구했다. 칼빈은 스텀이 해주는 조언을 잘 활용했다.

1559년 6월 5일에 스트라스부르의 학교를 모델로 한 제네바 아카데미 개교를 기념하는 소박한 축제가 열렸다. 칼빈은 의회를 설득하기 위해 최선을 다했다. 정부가 아카데미를 위한 투자에 적극적이지 않아 칼빈이 모금 운동을 벌였는데 성과가 있었다. 한 제빵사의 부인이 5페니를 주었고 부유한 출판업자인 로베르 에스티엔도 312플로린을 기부했다. 이를 통해 호수가 내려다보이는 곳에 아름다운 건물을 지을 수 있었다. 아카데미에는 일종의 초중등학교인 사립학교와 신학, 법학, 의학을 가르치는 대학 성격을 띤 공립학교가 있었다.

베른 사람들은 이 학교가 성공하리라고는 생각하지 않았다. 하지만 그는 베른 사람들의 생각을 염두에 두지 않았다. 베자와 비레는 로잔에 전갈을 보내고 제네바에 일하러 갔다. 첫 해에 162명의 학생들이 입학 허가를 받았다. 칼빈이 세상을 떠난 해에 사립학교는 신입생 1200명, 공립학교는 300명이 들어왔다. 새 건물은 곧 비좁아졌다. 1562년에 칼빈과 베자는 성 피에르 성당에서 가까운 노트르담 라뇌브의 오래된 교회 건물에서 강의하기 시작했다. 학교는 처음에 신학대학만 있었는데 칼빈이 죽고 나서 법학부와 의학부가 생겼다. 교육기관의 개혁 신앙의 성격을 확보하기 위해 학생들은 개혁 신앙고백을 고수한다는 것을 증명해야 했다. 개혁 신앙고백에 동의하지 않아서 입학하지 못하는 학생도 생겼다. 그러나 수업료를 내고 강의는 들을 수 있었다. 당시의 대학도 재정이 필요했기 때문이다.

아카데미에는 교수가 다섯 명 있었다. 한 명은 수학, 수사학, 논리학과 같은 일반적인 교양과목을 가르쳤다. 그 외에 히브리어를 가르치는 교수 한 명, 헬라어 교수 한 명, 구약과 신약을 가르치는 교수가 각각 한 명씩 있었다. 금요 집회 때 교수들로부터 도움을 받은 학생들은 토요일 오후마다 모여 목사에게 설교를 배웠다.

군대 막사

칼빈이 사용했던 군사적 용어나 전략과 비슷하게 아카데미는 유럽 전역에서 온 학생들이 열정적으로 설교하고 회중을 격려하며 충실하고도 근면한 목자가 될 수 있도록 훈련받는 군대 막사와 같은 역할을 했다. 아카데미의 독특한 기초는 중세 말 두 가지 현상을 결합한 것이다. 인문주의와 근대적 경건(Devotio Moderna)이다. 칼빈은 늘 그랬듯이 다른 전통의 긍정적인 부분을 합치는 능력이 있었다. 사람들은 언어에 대한 완전한 지식을 습득하는 것, 수사학과 논리학을 견고하게 훈련받는 것, 경건으로 충만한 교육을 받을 것을 기대하며 이 학교에 왔다. 경건은 자신뿐 아니라 다른 사람의 삶에서도 나타나야 했는데 이는 졸업생들의 관심사였다.

이 아카데미의 핵심이며 병기 창고는 물론 도서관이었다. 도서관은 사탄, 죄, 세상, 로마 가톨릭과 싸우고 무엇보다 사람들의 마음을 파고들며 그들이 그리스도의 나라를 위해 세상을 정복하기 위해 필요한 도구가 가득 찬 창고였다. 칼빈의 아카데미는 웨스트포인트와 펜타곤 역할을 동시에 했다. 그는 세상을 제네바처럼 만드는 것이 목표였다. 이 학교는 즉각적인 성공을 거두었다. 사람들은 이곳에서 몇 년 동안 공부해야 좋은 목사가 될 수 있다고 생각했다.

칼빈은 구약을 가르쳤는데 이전과 달라진 것은 거의 없었다. 1536년 이후로 칼빈은 성경을 가르치는 교수였다. 사실 칼빈은 제네바에서부터 성경을 가르쳤다. 칼빈은 강의를 위해 30분 이상을 준비한 적이 없다는 이야기가 있다. 물론 이것은 강의 준비하는 데 30분이면 충분했느냐 아니면 자신이 쓸 수 있는 시간이 그것 밖에 없었느냐 하는 문제일 것이다. 무엇이 옳든 그는 다른 칼빈주의자처럼 효율적으로 일했다. 아카데미는 생 피에르 성당 옆에 있었다. 시간마다 시계가 종을 울렸기 때문에 칼빈은 강의 시작 시간을 정확하게 알았

다. 또한 언제 강의를 마쳐야 하는지도 알았다. 그래서 칼빈은 다음
과 같은 말로 예레미야에 대한 123번째 강의를 끝마쳤다. "종이 울
렸다. 강의는 끝났다."

군대

칼빈은 집에서 글을 쓰면서 자기가 하는 일이 잘 진행되도록 했다. 그
는 로마 가톨릭과 다른 오류, 무엇보다 비성경적이라 생각되는 것과
싸우기 위해 글을 썼다. 이전에도 말했듯이 글은 가장 효과적인 무기
다. 당연히 출판업자들은 칼빈에게 접근했다. 1551년부터 1564년까지
500여 권의 책이 출판되었는데 그중 160여 권을 칼빈이 썼다. 그리고
그 대부분을 프랑스로 보냈다. 칼빈은 사업자를 설득해서 책 출판을
위한 자금을 대고 상인을 통해 책을 프랑스로 밀반입하거나 다른 지
역으로 보냈다. 그는 출판 과정 전체를 지휘했다. 출판 보급된 작품 중
에는 《기독교강요》와 교리문답과 같은 베스트셀러뿐 아니라 성인 축
일 대신 중요한 성경에 나온 절기 혹은 교회사를 적어 놓은 교회력도
있었다.

　최고의 베스트셀러는 시편이었다. 제네바에서 19판, 파리에서 7
판, 리용에서 3판을 찍어 냈다. 1562년까지 제네바에서만 약 2만 7천
400부가 출판되었다. 칼빈은 음악의 힘을 알았고 그것을 긍정적으로
사용했다. 《기독교강요》에 나오는 구절보다 시편을 통해 노래하는
가사 한 줄이 몸과 마음에 더욱 영향을 준다는 것을 깨닫고 시편을
사용해서 말씀과 음악을 통합했다. 칼빈의 서신은 또 다른 무기였다.

그는 서신이 수신자가 읽는 것으로 그치지 않고 여러 사람을 위한 문서가 될 수 있다는 사실도 알고 있었다.

그밖에 세상을 공략한 제네바 출신의 소수 정예 목사도 있었다. 그들은 칼빈이 말한 바 '프랑스 전역으로 흩어질' 사람들을 배출하는 사관학교와 같은 아카데미에서 교육을 받았다. 1552년부터 1562년까지 런던에 1명을 포함해서 앤트워프에 1명, 튜린에 1명, 브라질에 2명, 피에몽에 10명, 프랑스에 56명의 목사들을 보냈다. 칼빈은 목사에 대한 높은 수요를 감당할 수 없었다.

도처에서 사람들이 목사를 보내 달라고 우리를 찾아왔다. 그들은 성직 자리를 구하는 가톨릭교도보다 열정이 있었다. 목사를 보내 달라는 사람들이 문 앞에서부터 에워쌌다. 탄원하기 위해 법정에 가는 사람들처럼 내게 다가왔다. 그들은 이미 그리스도의 나라를 소유한 사람 같았다. 그들의 바람이 성취된다면 기쁘겠지만 그들에게 파송할 목사들이 없었다. 문학적·신학적 교육을 조금도 받지 않았을 것 같은 사람도 오래 전에 사역지로 나가게 되었다.

그래서 칼빈은 깃발이신 그리스도와 갑옷으로서의 말씀과 함께 전사들을 세상으로 파송했다. 그들은 칼빈의 복제판이 아니었지만 아버지와 아들과 성령과 연합하여 사람들을 자유케 하고 악한 모든 것을 불로 소멸시키기 위해 강단에 서서 전투에 임하는 목사가 되었다. 그들은 선지자처럼 두려움 없이 진리를 붙드는 목사들이었다. 물론 칼빈도 그랬다. 칼빈이 묘사한 목사들의 직무는 이러했다.

목사들은 담대하게 말씀을 위해 헌신해야 한다. 세상의 모든 권세, 명예, 지혜, 높은 것들은 장엄한 말씀에 복종하고 순종해야 한다. 그들은 힘 있는 말씀의 지원을 받아 가장 높은 자부터 낮은 자까지 지도해야 한다. 그리스도의 집을 짓고 사탄의 집을 무너뜨리고 양떼를 먹이고 늑대를 무찔러야 한다. 목사들은 가르칠 수 있는 자들을 가르치고 격려해야 한다. 완고하게 반항하는 자들을 벌하고 책망하고 복종시켜야 한다. 마지막으로 필요할 때마다 우레와 같은 말씀으로 소리쳐서 번개가 치듯이 퍼부어야 한다. 이 모든 일들은 하나님의 말씀을 통해서 이루어져야 한다.

칼빈은 이것을 자신의 직무로 여겼다. 몇 세기에 걸쳐 목사들도 이것을 의무로 여겼다.

행동

칼빈은 훈련된 군인을 세상으로 보내고 자신은 야전 사령관 역할을 했다. 칼빈은 1541년 이후로 가끔씩 제네바를 떠났다. 1543년 7월 그는 잠시 스트라스부르로 돌아왔다. 또한 1545년 5월에는 박해받는 발도파를 지원할 세력을 모으기 위해 베른, 바젤, 콘스탄즈, 스트라스부르로 갔다. 1546년 9월에는 뉴카텔을 방문했다. 1547년과 1548년에 다시 한 번 불링거를 만나기 위해 취리히로 갔다. 칼빈은 여기서 티그리누스와 합의를 했다. 그는 스위스 도시를 몇 차례에 걸쳐 짧게 방문하고 1556년에는 프랑크푸르트로 갔다.

1559년에 칼빈은 자신이 실제로 군복무를 하며 동료들과 함께 누벽을 보강하는 작업에 참여했다. 그해 카토 캄브레시스 평화 조약이 발효되었다. 캄브레시스 평화 조약은 스페인의 필립 2세와 프랑스의 앙리 2세가 화해하고 종교개혁을 반대하는 세력에 가담하기로 결심한 것을 말한다. 새로운 조약 체결로 앙리 2세는 영토를 회복할 수 있는 권리를 얻게 되었다. 그중 하나가 제네바였다. 제네바는 전쟁을 준비했지만 실제 전쟁이 발발하지 않아 자유와 독립을 유지할 수 있었다.

그러는 동안 제네바의 인구는 약 2만 명으로 증가했다. 프랑스에서 온 피난자들이 늘어났기 때문이다. 이 기간에 칼빈은 최고의 영향력을 발휘했다. 제네바를 새 예루살렘의 모델이자 칼빈주의자들의 완벽한 보루로 만드는 계획을 자연스럽게 추진할 수 있는 절호의 기회처럼 보였다. 하지만 이와 정반대로 일이 진행되었다. 1562년 2월부터 1563년 2월까지 197건의 형사 사건이 있었다. 그중 반 이상이 절도, 불륜, 상법에 관한 것이었다. 이단에 관한 사건은 단 3건이었다. 이런 통계는 제네바가 다른 도시보다 강압적이지 않았다는 사실을 보여 준다. 비교적 많은 시민이 체포되었지만 처벌은 가벼웠다. 사실 칼빈이 자유주의자들로 규정한 반대파들은 그가 주장한 것만큼 음란하거나 자유주의적이지는 않았다. 하지만 칼빈은 신정정치를 도입하지도 이끌지도 않았다.

그리운 프랑스

칼빈은 프랑스를 사랑했고 그리워했다.

조국 프랑스는 매우 아름다운 곳이다. 조국을 떠난 지 벌써 26년이 지났다. 하지만 하나님의 진리, 순전한 가르침, 영원한 구원에 대한 교리가 금지된 곳에서 사는 것은 즐거운 일이 아니다. 그리고 그곳에 사는 것도 동의할 수 없다.

당시 칼빈은 프랑스로 돌아가고 싶은 마음이 전혀 없었다. 그러나 프랑스 국민과 유대감을 지속해야 한다고 생각했다. 왜냐하면 자신이 속해 있는 국가의 국민들을 잊고 그들에게 신경을 쓰지 않는다는 것은 비인간적이며 죄라고 여겼기 때문이다. 칼빈의 모든 활동은 국민에게 도움이 되고 싶었던 바람이 얼마나 진지했는지를 보여 주었다. 그는 오히려 조국을 떠나 있을 때 조국에 더 많은 도움이 된다고 생각했다. 프랑스에 있었다면 고통에서 벗어날 수 없었을 것이고 조국에 학문적으로도 기여할 수 없을 것이라고 생각했기 때문이다. 이런 생각은 추방의 아픔을 겪고 있던 칼빈에게 큰 위로가 되었다.

어떤 이들은 추방 기간이 칼빈에게 매우 즐거운 시간이어서 프랑스에 있는 개혁파 신앙인들이 얼마나 고통스러운 삶을 살았는가를 알 수 없었을 것이라고 말한다. 여기에서 이런 비판이 정당화될 수 있는지 결정할 수 없지만 칼빈이 조국에 있는 동포와 동료 그리스도인에게 어떻게 조언했는가에 대한 예를 제시할 수는 있다.

프랑스 왕 앙리 2세의 미망인인 카트린느 드 메디치가 랑그독을 거쳐 여행을 할 때였다. 그녀는 종교개혁을 지지하지 않았는데, 개혁교회 신자인 앙투안 드 크루솔이 랑그독을 통치하고 있었다. 딜레마에 빠진 개신교도인 앙투안은 자신이 칼빈에게 카트린느의 방문을 기념하는 행진에 참여해야 하는지 조언을 요청했다. 직무상 이런 의무를 피해갈 수 없었기 때문이다. 칼빈은 앙투안이 이런 문제로 고민하며 자신에게 조언을 구하는 것을 기뻐했다. 칼빈은 앙투안에게 두 가지를 기억하라고 조언했다. 첫째로 하나님의 자녀들을 근심하게 해서는 안 된다는 것이었다. 둘째로 하나님을 대적하는 자들이 비웃을 수 있는 기회를 주어서는 안 된다는 것이었다. 이 두 가지를 고려하면 답은 명확했다.

앙투안이 그런 우상숭배적인 행사에 참여하는 것을 본다면 충성된 영혼들의 마음이 얼마나 찢어질 것인가? 적들이 그가 임기응변으로 그런 행사에 참여하는 것을 본다면, 당연히 그것을 조롱하기 위한 기회로 삼지 않겠는가? 앙투안은 자신을 수리아의 나아만에 비유(왕하 5장)했지만 칼빈은 나아만이 자신의 조국에서 유일하게 하나님을 믿는 자였으므로 다른 사람을 실족하게 할 수 없었다는 것을 근거로 앙투안의 말을 일축했다. 더군다나 나아만은 자신과 다른 사람을 구별하기 위해 제단을 공개적으로 세웠다. 칼빈은 앙투안이 자신의 위치에서 교회를 위해 얼마나 큰 공헌을 할 사람인지 알았다. 그러나 지금은 하나님을 기쁘게 하느냐 사람들을 기쁘게 하느냐를 선택해야 했다. 칼빈은 타협하기보다는 카트린느 방문 기념행사에 참여하지 않음으로써 카트린느에게 타격을 주기를 바랐다. 하지만 아프다는 핑계를 대고 행사에 참석하지 않는 것은 복음을 수치스럽게 하는

것이었다. 따라서 참석하지 않겠다는 의사를 분명히 밝히라고 조언
했다. 그리고 하나님께서 용기를 주시도록 기도하고 하나님의 보호
를 신뢰하라고 말했다. 이것이 칼빈이 할 수 있는 최선이었다.

정치

칼빈은 프랑스 사람을 진심으로 돌보았고 그들과 한 마음을 품었다.
특별히 개혁 정신을 가진 사람들과 자신을 동일시했다. 프랑스의 개
신교도는 힘든 시간을 보냈지만 명맥을 유지하며 조직적인 교회 생
활을 해나갔다. 1559년에 그들이 첫 번째 교회 회의를 열어서 교회
조직과 신앙고백을 확립할 시기에 칼빈은 가장 중요한 조언자였다.
칼빈은 요청받지 않은 조언까지 했는데 이는 목사들이 적절한 인재
들을 확보할 수 없을 거라고 생각했기 때문이다.

한 가지 예는 나바르의 왕인 앙투안 드 부르봉에게 보낸 충고의
편지였다. 앙투안은 루에와 사랑에 빠졌는데, 만일 이 여인이 카트린
느 드 메디치를 시중드는 여인이 아니거나 그녀에게 심취한 것으로
인하여 앙투안의 개혁 성향의 정치가 후퇴하지 않았다면 별 문제가
되지 않았을 것이다.

칼빈은 이런 말을 해야 하는 것이 유감스러웠지만, 그들이 진정으
로 행복해지려면 잘못된 일을 책망받아야 한다고 말한 바울의 예를
따랐다(고후 7:8~9). 만약 자신이 들은 내용에 대해 침묵한다면 이는
중대한 실수가 되었을 것이다. 그래서 칼빈은 앙투안이 사랑에 빠져
확고하게 서있지 못하고 많은 것을 포기했다는 소식에 큰 충격을 받

았다. 칼빈은 앙투안에게 젊었을 때의 죄를 인정하고 하나님이 그에게 얼마나 자비로우셨는가를 다시 한 번 생각해야 한다고 했다. 그래야만 그런 죄에 다시 빠지지 않기 위해 노력할 수 있기 때문이다. 앙투안은 하나님 앞에서 자신의 죄를 고백하고, 자신은 단순히 정치적 지도자가 아니라 프랑스의 성도를 돌보는 아버지와 같은 자로 하나님이 선택하셨다는 것을 기억했을 것이다. 이런 과업을 진지하게 받아들여서 인생 말년에 영광의 면류관을 받기 원한다면 그는 즉시 자신의 기질과 싸우고 세상의 즐거움과 거리를 유지하며, 하나님의 이름을 훼손하도록 유혹하는 정욕을 억제해야 할 것이다. 칼빈은 콩드의 루이 드 부르봉 왕자에게도 이와 동일한 메시지를 전했다. 루이 드 부르봉 왕자는 구원의 가르침을 이해했다는 것을 보여 주어야 했고, 이제는 애정 행각을 끝내고 하나님의 일에 헌신해야 했다. 이렇게 칼빈은 단도직입적이고 명확한 태도를 보였다.

칼빈은 정치적 제도로서 군주제의 난점을 파악했다. 군주제는 능력이 아닌 출생으로 결정되는 것이기에 근본적으로 문제가 있었다. 칼빈은 군주로 적합하지 않은 사람도 왕족으로 태어난다는 것을 잘 알았다. 군주제가 가져오는 가장 큰 위험은 한 사람이 통치권을 쥔다는 것이었다. 이는 권력을 남용하고 자신을 신과 같은 존재로 보면서 거리낌 없이 백성을 약탈하고 살인하는 인간의 본성을 더 악화시킬 것이었다. 더구나 군주제를 시행하는 나라는 세금을 심하게 징수하는 경우가 많았다. 칼빈은 프랑스 왕에게 그런 유혹에 빠지지 말라고 경고했다. 그가 주변 땅을 국유지로 정해 소유하려 했기 때문이다. 사실 왕은 백성이 가진 재산을 빼앗으려고 했다. 칼빈의 관점에서 보면, 왕이 어떻게 행동해야 할 것인지에 대해 왕에게 충고한 것은 그리 놀라운 일이 아니다. "왕이 만약 하나님의 종으로 인정받기 원한다면 자신이 나라의 진정한 아비와 같은 자임을 보여 주어야 한다."

저항

사람들은 교회 문제와는 달리 정치적인 문제에 있어서는 칼빈의 말에 그다지 귀 기울이지 않았다. 이 부분에서 칼빈이 권위에 대한 절대적인 순종을 지지했는지 질문해 보아야 한다. 칼빈은 이에 대해 부정적이었다. 권위에 대한 칼빈의 입장을 볼 수 있는 단적인 예는 '앙부아 모의'(Amboise Conspiracy)이다. 앙부아 모의는 1560년에 개혁파 광신도들이 귀스 가문의 권력과 반개혁적 인물들에 대해 폭력적으로 봉기하려 했던 사건이다. 칼빈은 이 모의를 어리석고 유치하며 악한 방식으로 조직된 계획이라고 생각했다. 유혈사태까지 야기한 이 모의는 실패로 끝났다.

이 사건은 칼빈이 권위에 저항할 수 있는 권리를 어느 정도까지 인정했는가에 대한 질문을 불러일으키며 상당한 주목을 받았다. 칼빈은 수동적인 저항을 권면했으며 인생 말년에 가서야 적극적인 저항에 대한 권리도 덧붙였다. 이런 저항은 이른바 하부 관리에게만 적용되었다. 칼빈이 수동적 저항을 고집한 것은 그리스도인은 고난을 인내하도록 부름받았고, 하나님께서 하나님의 때에 직접 악을 보응하신다는 확신이 있었기 때문이다. 또한 적극적인 저항은 많은 피를 쏟는 것에 비해 결과는 신통치 않다는 정치적 통찰력이 있었기 때문이다. 이뿐 아니라 칼빈 자신이 혼란과 전쟁을 싫어한 것과도 관련이 있다. 프랑스와 독일 사이의 끝없는 경쟁을 언급한 것은 마치 칼빈이 몇 세기 앞을 내다본 것과 같다. 이 때문에 칼빈은 성경 본문에 자신의 견해를 덧붙이게 되었다. 바울이 남자나 여자나 유대인이나 헬라인이나 모두 그리스도 안에서 하나라고 말했듯이(갈 3:28) 칼빈도 그리스도 안에서는 프랑스인도 독일인도 하나라고 말했다.

하지만 소극적인 저항을 권면하던 칼빈이 어떻게 적극적인 저항도 가능하다고 보게 되었는가 하는 문제로 돌아가게 된다. 칼빈에게는 그리 어렵지 않은 문제였다. 하나님의 이름이 공격받으면 의분을 느끼고 행동해야만 한다. 우상숭배에 참여할 것을 강제적으로 강요하거나 미사 혹은 기도 행렬을 다시 도입한다면 그리스도인들은 적극적으로 저항해야 한다. "왕자들이 하나님을 경외하는 데서 돌아서서 우상숭배나 미신을 강요한다면 그들의 권위는 개구리보다도 못하다." 잘못된 기독교에 대해 처음에는 소극적으로 저항하지만 그런 노력이 무위로 끝난다면 적극적인 저항이 뒤따라야 한다. 하나님을 진실로 예배하기를 포기하느니 차라리 죽음을 택하는 것이 나을 것이다. 카를 5세의 대포가 겨냥되어 있는 스트라스부르의 부서도 이에 동의했다(당시 신성로마 황제파와 프로테스탄트 제후 동맹 도시는 종교전쟁 중이었다-역자 주). 그는 미사를 도입하느니 대포의 불비가 도시에 떨어지는 편이 낫다고 이야기했다.

마찬가지로 칼빈은 시민 반란에 찬성하지 않았다. 서머셋의 공작인 에드워드 세이머에게 보낸 편지에서 그리스도의 형상을 닮은 사람은 반란에 가담하지 않으며 진정한 기독교는 혼란을 일으키지 않는다는 것을 행동으로 보여 주어야 한다고 밝혔다. 그리스도인이 절제하며 조용하게 살아가고 방탕한 사람이 아니라는 것을 보여 준다면 기독교를 조롱하는 사람들은 침묵하게 될 것이고 하나님이 주시는 상을 받을 수 있을 것이라고 보았다. 칼빈은 성 포르시의 왕자인 앙투안 드 코르피에게 이런 일에 있어서 균형을 유지해야 한다고 경고했다. 진정한 기독교 정신은 우리가 복음을 위해 스스로 무장하고 죽는 것도 감수하는 것을 통해서뿐만 아니라, 비싼 값을 치르고 구원을 주신 그리스도에게 우리의 삶과 죽음을 헌신함으로써 드러나고, 이를 통해 그리스도가 찬양받으시기 때문이다. 실제 전투는 칼을 휘두르며 다른 사람들과 싸우는 것이 아니라, 우리를 하나님과 멀어지게 하는 사탄과 싸우는 것이다.

저항할 수 있는 권리

가장 극단적인 경우에 한해 프랑스의 가장 높은 귀족층만 반란을 일으킬 수 있는 권리를 갖는다. 따라서 부르봉가의 루이 드 콩드와 가스파르 드 콜리니가 무기를 들고 종교개혁의 명분을 수호했을 때 칼빈은 그들의 행위가 하나님 나라를 확장하기 위해 하나님이 주신 용기의 산물이라며 높이 추켜세웠다. 위그노 전쟁이 발발했을 때 칼빈은 위그노 군대의 자금을 모으는 일에 적극적으로 참여하기도 했다.

하지만 교회 지도자는 무기를 들고 싸우는 일에 직접적으로 참여할 수 없었다. 칼빈은 1562년에 무기를 들고 싸웠던 리용의 목사들에게 격한 내용의 편지를 보냈다. 칼빈은 그들이 행한 일 때문에 가슴이 아팠다. 목사가 강단을 떠나서 무기를 드는 일은 적합하지 않다고 생각했기 때문이다. 칼빈은 목사들이 얼마나 폭력적으로 행동했는지를 들었다. 목사들이 한 일에 소름이 끼쳤다. "믿을 만한 증인들로부터 당신의 말을 전해 들었다. '선생님, 우리가 말씀드리는 대로 하셔야 합니다. 권력이 우리 손에 있기 때문입니다.' 단도직입적으로 말해서 그런 말은 너무나 끔찍하다." 칼빈의 의견으로는 그곳에서 일어났던 성상 파괴 운동은 믿음의 동기로 일어난 것이지만 생각 없는 열심에서 온 것이었다. "하지만 이런 강도와 같은 행위에 대해 무슨 말을 할 수 있는가? 어떤 사람에게도 속하지 않은 공공의 재산을 당신이 약탈할 수 있는 권리를 갖는다는 말인가?" 칼빈은 범죄로 파괴된 것을 원상복구해야 한다고 생각했다.

그는 핍박받는 교회에는 완전히 다른 메시지를 전했다. 그들의 삶이 얼마나 힘든가를 알고 있었기 때문이다. 일과 오래 참음, 열정적인 헌신과 인내하는 고난은 위로를 주기 위한 칼빈의 두 가지 주요한 전략이었다. 물론 이것들은 '성도의 견인'(그리스도인들은 끝까지 하나님의 보호와 인도를 받으며 그 사실을 확신할 수 있다는 교리-역자 주)이라는 말로 요약된다. "굴복하느니 백 번 죽는 편이 낫다." 칼빈은 부드러운 행위가 적극적 저항보다 적의 방어를 더 잘 뚫을 수 있다고 확신했다. 폭력으로는 아무것도 해결할 수 없다. 오로지 군주들이 여색을 절제하고 신학자들이 서로 포용할 때만 희망이 있었다. 교회적 연합, 서로 포용하는 신학자, 애정 행각으로 인해 무기력해지지 않는 정치가를 통해야만 개혁파의 대의가 전 세계에서 성공을 거둘 수 있었다.

전략

공격 계획을 수립하기 위한 사전 회의가 없다면 전쟁에서 절대 승리할 수 없다는 사실을 칼빈은 잘 알고 있었다. 칼빈은 인식 지향적이고 매사에 이성적으로 접근하며 심사숙고하는 사람이었다. 따라서 교회를 세워 나가는 계획도 전략적으로 했다. 무엇보다 믿음을 강하게 하는 것이 칼빈에게 최고의 목표였다. 올레비아누스가 성도의 믿음을 세우는 일이 제네바에서 어떤 방식으로 이루어지는가를 물었을 때 칼빈은 '심방'이라는 개혁교회의 특징을 언급했다.

칼빈은 매년 각 가정을 점검하고, 심방을 체계적으로 하기 위해서는 도시를 구역으로 나누어야 한다고 말했다. 구역을 나눈 다음 목사는 장로들과 함께 각 가정을 방문하는 것이다. 예배에 참석한 지 얼마 안 된 사람들의 가정도 심방했다. 본래 심방은 교회에 잘 정착한 사람들을 위한 것은 아니었지만 심방을 통해 가정의 모든 일이 질서 있고 평화로운지, 이웃과 충돌이 있거나 술 취함은 없는지, 교회 출석에 게으르거나 태만하지는 않은지 살필 수 있었다.

개혁교회의 생활방식이 제네바에서 시행된 이러한 정책에서 발전했다는 것은 분명하다. 이런 생활방식은 설교, 교리문답 교육, 학교교육, 심방을 통해서 장려되었고 교회 권징에 의해서 더욱 확고히 자리 잡았다. 칼빈은 권면을 무시하거나 불쾌한 행동으로 회중에게 나쁜 본을 보이는 사람들은 컨시스토리에 출두해야 한다고 밝혔다. 그는 이런 사람들의 유형을 제시했다. 신성모독자, 술 취한 자, 간음한 자, 도둑, 다투는 자, 춤추는 자와 같은 사람들이 대표적이다. 가벼운 죄를 저지른 사람들은 어느 정도 점잖은 말로 훈계하는 데 그

쳤지만 중한 죄를 지은 사람들은 일정 기간 성찬에 참석시키지 않았다. "그런 죄를 지은 사람들은 용서를 구하고 성도와 관계를 회복할 때까지 주의 만찬에서 제외된다." 죄 때문에 마음이 굳어지고 회개하지 않는 사람들은 1년간 도시에서 추방당했다. 개혁교회의 컨시스토리는 이런 극단적인 결정을 거의 내리지 않았다. 그러나 간혹 나중에 예배에서 추방되는 경우는 있었다. 칼빈은 목사들이 너무 엄격하다고 사람들이 불평하는 것을 방지하고 싶어 했다. 그리고 목사 또한 이런 규칙을 따라야 한다고 주장했다. 목사가 성도를 성찬에서 제외시키는 죄를 저지른다면 자동적으로 자격이 박탈되었다.

심방에 대한 칼빈의 전략은 집집마다 돌아다니는 시가 전투와 같았다. 심방은 게릴라 전투의 형태를 띤 일종의 평화 임무였다. 이 일을 하는 데는 많은 어려움이 있었다. 그러나 강한 적을 대적하기 위해서 심방이 필요했다. 결국 이 목적을 위해 심방은 충분한 가치가 있었다.

회고

나이가 많이 든 칼빈은 인생은 결국 늙어 가는 것이라 생각했다. 그는 다소 어두운 논조로 말했다.

주의 깊게 살펴보면 아침에 일어나 한 걸음을 떼고 음식을 먹고 손을 흔들 때마다 계속 늙어 간다는 것을 발견할 것이다. 인생은 더욱 짧아진다. 삶은 눈 깜짝할 사이에 사라진다.

우리는 항상 죽음을 향해 가고 있다. 죽음이 우리에게 가까이 다가올 때 우리도 결국 죽음으로 나아가야 한다.

1563년 7월 23일 칼빈은 하이델베르크에 있는 프레드릭 3세에게 장문의 감사 편지를 썼다. 프레드릭 3세는 플란다즈와 프랑스 출신의 피난자를 받아들였던 사람이다. 칼빈은 그 편지에서 자신의 인생을 회고했다. 칼빈은 지상에서 살날이 얼마 남지 않은 사람의 목소리였다. 칼빈은 자신의 노력에 대해 이야기했고 자신의 주석 작업을 통해 많은 사람들이 유익을 얻었다고 했다. 칼빈이 강의한 것을 책으로 출판할 가치가 있다고 사람들이 생각했을 때 칼빈은 매우 기뻐했던 것 같다. "독자에게 깊은 인상을 주는 것만을 추구하는 다른 저자들의 고질적인 병폐가 치유되는 것을 간결한 강의로 도울 수 있었기 때문이다."

칼빈은 자신의 작품이 그리 학문적이지 않다고 생각한 사람들이 있다는 것을 알고 있었다. 하지만 자신은 교회에 도움이 되는 것만 쓰려고 늘 최선을 다했다고 주장했다. 이 말은 자신을 정당화하려는 시도가 아니라, 그가 교회의 평안을 늘 걱정하고 있다는 것과 자신의 작품을 통해 많은 사람이 유익을 얻었다는 것을 다시 한 번 명확히 밝히려는 칼빈의 노력으로 이해해야 한다.

이제 칼빈은 제네바에서 삶의 막바지에 다다른다.

복음의 진리와 순전한 믿음과 바른 예배가 사라진 프랑스에서 자발적으로 떠난 지 30년이 흘렀다. 외국 생활에 아주 익숙해져서 이제는 고향에 대한 그리움 때문에 마음고생을 하지 않는다. 제네바에서 외국인으로 살아가지만 사람들은 나의 조상이 이곳에 살았던 사람인 것처럼 나를 대하고 있다.

이방인이었던 칼빈은 고향이 그립지 않다고 말했지만 그의 향수병은 편지에 잘 드러나 있다. 칼빈은 복음이 정착될 수 있는 곳에서만 편안함을 느꼈다. 그는 세상으로 나가 복음을 전하며 고향을 그리워하지 않는 개혁파 그리스도인의 선구자 혹은 아버지와 같은 사람이었다. 고향을 떠난 개혁파 그리스도인들은 어느 곳에서 생을 마감하든 자신의 조국을 개혁적으로 변화시키는 데 조금이라도 기여했다.

죽음

칼빈주의자들은 죽음 앞에서도 아무런 감정이 없고 사랑하는 사람을 덤덤하게 땅에 묻고, 하나님의 손에서 비롯된 일은 무엇이라도 받아들일 준비가 되어 있는 것 같다. 그러나 이 이미지는 실제 칼빈과 다르다. 칼빈은 "죽음조차도 그리스도인에게는 불행한 상황이 될 수 없다"라는 사실에서 그나마 죽음에 대해 위로를 얻었을 뿐이다. 그가 쓴 편지에는 사랑하는 사람의 죽음이 얼마나 슬펐는지가 여실히 드러나 있다. 그는 사랑하는 사람들이 죽었을 때 자신이 받은 고통이 하나님이 모든 것을 다스리신다는 믿음과 상충되지 않는다고 생각했다. 발도파가 박해받는다는 소식을 들었을 때 그는 파렐에게 편지를 썼다. "나는 눈물로 편지를 쓰고 있습니다. 너무 슬퍼서 지쳤고 주체할 수 없는 눈물 때문에 편지를 쓰기 힘들 정도입니다." 친구이자 바레네스의 영주인 기욤 드 트리가 세상을 떠났을 때 칼빈은 슬픔으로 고통스러워했다. "소중한 친구가 내 곁을 떠났습니다. 편지를 쓸 수 없을 정도로 슬퍼서 침대에 누워 사람을 시켜 이 편지를 받아 적게 하고 있습니다."

칼빈은 중세의 유명한 노래를 인용하여 우리는 죽음에 휩싸여 살아가지만 죽을 때는 생명에 휩싸인다고 기록했다. 칼빈은 하나님이 선한 목적을 위해 이 모든 일들을 계획하셨고 그렇게 인생을 이끄신다고 설명했다. 절친했던 집사인 클로드 페레가 흑사병으로 죽었을 때 칼빈은 너무나 비참했다고 기록했다. 클로드 페레가 자신에게 얼마나 큰 의미가 있고 어떠한 상황에서도 든든한 방패막이 되었다는 것을 알았을 때, 칼빈은 하나님이 이 친구를 데려가심으로써 자신의 죄를 엄중하게 지적하시는 것이라고 깨달았다.

칼빈은 자기 자식이 죽었을 때도 같은 말을 했다. 그는 파렐이 이델레트에게 보낸 위로의 편지에 대해 그에게 감사의 말을 전했다. 이델레트는 너무 슬픈 나머지 답장을 할 수 없었기 때문에 칼빈이 대신 편지를 썼다. "주님은 어린 아들의 죽음을 통해 우리에게 큰 어려움을 주셨습니다. 하지만 하나님은 우리의 아버지이십니다. 자신의 자녀에게 무엇이 가장 좋은지를 알고 계십니다." 자식의 죽음에 대해 이렇게 아름다운 고백을 하기도 한 칼빈이지만 또 다른 글에서는 이와 상반된 심정을 쓰기도 했다. 그는 죽음의 두려움, 죄인으로서 하나님 앞에 서야 하는 두려움, 하나님을 알면 알수록 그분을 위해 살고 싶은 마음이 더 커져 가는 두려움을 표현했다. 이 두려움은 "죄인은 영원한 죽음 이외에 분노와 엄격함으로 죄인들을 심판하시는 재판관 앞에 서야 한다는 인식"에서 비롯된 것이다. 하지만 이 고백에서 중요한 것은 성도는 죽음을 두려워해서는 안 된다는 확신이다.

기쁨

깊은 슬픔 가운데서도 칼빈은 어떤 이의 죽음에 대해서는 기뻐하기도 했다. 칼빈은 드 팔레의 누이가 세상을 떠났을 때 이제 그녀가 세상의 삶, 즉 자신의 남편에게서 자유로울 수 있게 되었다며 기뻐했다. 그녀는 열렬한 개혁파 지지자였지만 남편은 열의가 없었다. "만약 그녀가 아직도 이 세상에 살아 있다면 불행한 포로 생활을 했을 것이다." 그녀는 이제 해방되었기에 더는 그녀에 대해 염려하지 않아도 되었다.

리셰부르 영주의 아들이 흑사병으로 죽었을 때 칼빈이 보낸 위로의 편지는 유명하다. 이 편지에는 칼빈이 인생을 어떻게 바라보고 하나님의 인도하심을 어떻게 이해하는지 나타나 있다. 하이델베르크 교리문답 중 주일에 관한 10번 항목이 어떤 내용인지를 알고 싶다면, 이 편지를 읽어 보면 된다.

칼빈은 친구 루이의 스승이었던 클로드 페레의 죽음에 대한 슬픔과 스트라스부르에 역병이 퍼졌을 때 그의 가족이 겪었던 근심을 말하며 편지를 시작했다.

클로드 선생과 자네의 아들 루이가 죽었다는 소식을 듣고 깊은 충격과 낙심에 빠져서 며칠을 울었다네. 하나님의 임재 속에서 힘을 찾고 필요한 때에 허락하시는 피난처를 통해 스스로 위로하기 원했지. 하지만 전혀 회복되지 않은 것 같았네. 실제로 나는 반쯤 죽은 사람 같아서 정상적으로 일할 수 없었다네.

하나님의 전능하심 때문에 아무런 감정도 없이 꼿꼿이 모든 일을 받아들이는 굳은 모습은 칼빈에게서 찾아볼 수 없다. 비탄에 잠긴 칼빈은 어찌할 바를 모르고 있다. 칼빈은 드 리셰부르를 위로하고 격려한 것이 가볍게 한 말이라는 인상을 주지 않으려고 이런 말을 했다. 칼빈은 아이를 잃고 그 공백이 가져다주는 고통을 잘 알고 있었다. 그리고 '왜'라는 질문이 얼마나 큰 짐이 될 수 있는가를 알았다. 그럼에도 불구하고 칼빈이 드 리셰부르에게 하나님의 섭리를 이야기했던 정확한 이유를 아래의 글에서 알 수 있다.

왜 이런 일이 일어날까? 다른 길은 없는 것일까? 왜 여기에서 그와 같은 일이 일어나는가? 이와 같은 불평과 질문에 빠질 때 우리는 힘을 잃고 낙심하게 된다네. 우리가 잘못을 하거나 의무를 게을리 한 것이라면 이렇게라도 말할 수 있는 이유가 있지만 우리가 아무런 잘못을 하지 않았다면 '왜'라는 질문으로도 아무런 설명이 되지 않는다네.

이와 같이 칼빈은 드 리셰부르를 끊임없는 질문과 자기 책망에서 자유롭게 해주려고 애썼다. 그리고 위로를 줄 수 있는 유일한 결론으로 그를 이끌기 위해 노력했다. "자네 아들을 데려가신 분은 하나님이시네. 하나님은 우리의 자녀가 그분의 영원한 소유라는 전제 하에서 우리에게 맡기셨네."

이런 이유 때문에 칼빈은 지상의 삶을 앞으로 올 삶과 구별했다. "당신이 아들을 생각하면서 이 어두운 시대에 선한 목적지를 향해 순전한 삶을 경주하는 것이 얼마나 어려운가를 알 수 있다면 아들이 어렸을 때 하나님이 데려가신 것이 얼마나 다행스러운 일인지 분명히 깨달을 수 있을 것이다." 이런 상황에서 칼빈은 우리 삶의 모습을 폭풍 치는 바다를 뚫고 나가는 여행에 비유했다. 그리고 아이가 일찍 안전한 피난처에 도착한 것이 얼마나 큰 축복인가를 이야기했다. 칼빈은 소년의 행동과 믿음을 칭찬했으며 하늘에서 누릴 좋은 일에 대해서도 말했다. 칼빈은 드 리셰부르가 반대를 제기할 것이라는 것도 예상했다. 아들이 천국에 있다는 것을 알지만 아들을 상실한 현실은 그대로 남아 있는 것이다. 칼빈도 위로를 앗아가 버리는 의문점과 어려움을 알고 있었던 게 분명하다. 비록 이런 상황이 하나님의 섭리 안에 일어난 일이라 해도 슬픈 것이다.

이 모든 일이 너무나 힘겨워서 슬픔을 억누를 수 없고 결국 아들의 죽음에 대해 고통을 느끼지 못할 지경까지 왔다고 말해야 할까? 하지만 나는 아들의 죽음으로 인해 고통을 느끼지 말라고 이야기하는 게 아니다. 이는 그리스도인의 인생관이 아니다. 우리는 하나님이 주신 인간의 감정을 제쳐 두거나 사람들을 목석과 같은 존재로 바꾸려 하지 않아야 한다.

칼빈은 목석 같은 사람이 아니었다. 만약 목석과 같은 개혁교회 그리스도인이 있다면 그는 칼빈주의자가 아니다.

죽어감

칼빈을 이해하기 위해서는 전신갑주를 입고 세상을 떠났던 인생 마지막 부분에 주목해야 한다. 1564년 2월 2일 수요일, 칼빈은 에스겔의 한 구절을 택해 마지막 강의를 했다. 그 다음 주일에는 침대 위에서 마지막 설교를 했다. 4월 2일 부활절, 칼빈은 다시 한 번 교회에 가서 주의 만찬에 참여했다. 칼빈은 죽음을 맞이하던 침상을 강단으로 삼아 소위원회를 초청했고(4월 27일) 그 다음날에는 컨시스토리와 최종적인 토의를 했다(4월 28일). 그는 마지막으로 정치가, 교회 직분자와 이야기하고 싶어 했다. 그는 준비된 원고 없이 교부로서 대화에 참여했다.

극적인 상황 속에서도 칼빈은 배우가 아닌 변호사처럼 대화했다. 차분하게 실제적이고도 목회적인 태도로 대화했다. 칼빈은 죽는 순간까지 정신이 뚜렷해서 명확하게 증언을 할 수 있다고 말했다. 이런 면에서 칼빈은 죽는 순간까지 계속해서 일했다.

마지막 만남에서 칼빈은 자신의 행동과 연약함에 대해 용서를 구했다. 베자는 말년에 칼빈이 질병 때문에 우울했으며 그 때문에 성미도 까다롭게 되었지만 하나님은 그것조차도 선용하셨다고 이야기했다. 콜라동 또한 칼빈의 급한 성격을 하나님의 섭리로 돌렸다. 하나님은 약점도 사용하시는 분이기 때문이다. 칼빈은 자신의 잘못을 공개적으로 이야기했다. 하나님과 천사가 이미 알고 있는 것이기 때문에 숨기는 것은 소용이 없다고 고백했다. 칼빈이 제네바에 있는 동안 일어난 수많은 논쟁과 다툼은 의회의 잘못이 아닌 자기의 허물이라고 밝혔다. 하지만 하나님은 칼빈을 사용하시기를 원했다. 칼빈이 자신은 성경대로 행하기를 원했고 하나님의 영광을 위해 모든 일을 했다고 주장했던 것은 놀라운 일이 아니다. 정말 놀라운 것은 이기적인 동기에서 일한 적이 있다고 고백한 것이다. 바로 이것이 칼빈의 인상적인 모습이다. 여기에서 칼빈의 생각을 어느 정도 간파할 수 있을 것 같다. 칼빈은 자신을 자각하며 오류를 인정하는 모습을 보였다. "나는 늘 가난하고 소심한 학생에 불과했다. 나는 불쌍한 자다. 내가 한 일은 사실 아무런 가치가 없다. 내가 저지른 모든 잘못을 용서해 주기 바란다. 그나마 선한 것이 있었다면 그것을 기억해 주길 바란다."

자신이 한 일이 아무런 가치가 없다는 칼빈의 말을 칼빈의 적들은 쉽게 이용할 수 있었다. 칼빈이 이렇게 말한 것은 좋은 의도로 말한 것이다. 칼빈은 도시가 잘 되는 것 외에는 어떤 것도 의회에 구한 적이 없다고 고백했다. 그리고 자신의 노력이 항상 인정받은 것은 아니라고 덧붙였다. "나는 이곳에서 수많은 언쟁을 겪으며 살아 왔다. 저녁에 집에 도착할 때는 이미 50~60여 차례의 조롱을 받은 상태였다. 그런 것들이 나를 얼마나 두렵게 했을지 생각해 보았는가? 늘 가난하고 소심한 학자인 내가 인정할 수밖에 없는 것이다." 첫 번째 방문은 이러했다. 하지만 두 번째도 그리 낮지는 않았다. 칼빈이 일하기 위해 거리로 나갔을 때, 사람들은 개가 칼빈의 뒤를 쫓아가게 하며 소리쳤다. "물어라, 물어라."

두 차례의 증언은 모세의 유언과 비슷하다. 모세는 지도자의 자리를 물려주어야 했다. 모세 자신은 약속의 땅에 들어갈 수 없었다. 그러나 성경에서는 분명히 모세가 하나님의 영광에 이르렀다고 증거한다. 하지만 놀랄 만한 것은 칼빈이 언급하지 않은 부분에 있다. 그는 자신이 걸어온 길 중 전성기에 대해서는 밝히지 않았다. 왕, 정치가, 다른 저명한 신학자들과 만났던 일들을 언급하지 않았다. 제네바에서 도시를 위해 애쓴 것만 이야기했다. 이제 남아 있는 것은 전체 인생이 전혀 다른 방식으로 그려져 나갔던 한 사람의 이야기이다. 그는 결정적인 순간에 자신이 원하는 일을 할 수 없었다. 대신 하나님의 심판이 임할 것이라는 위협 가운데 다른 길로 수정해 나갔다. 그러나 이런 선택은 금욕적이거나 어쩔 수 없어서 한 것이 아니라 스스로 자신의 의지를 거스르며 취한 것이었다.

인생은 때때로 이런 방식으로 전개된다. 우리는 누군가를 어느 지점까지 몰아갈 수 있는 방법만 알면 그 사람에게 어떤 일을 하게끔 만들 수 있다. 칼빈에게서 무언가를 원한다면 하나님의 심판으로 위협하기만 하면 된다. 루터와 부서가 죽은 후 칼빈은 유럽의 주도적인 개혁자가 되었다. 칼빈은 다른 동료들보다 효과적으로 사상을 표현하고 전파시켰다.

변화

칼빈은 용서를 구하는 것으로 마지막 두 편의 설교를 시작했다. 그는 또한 참석한 사람들을 위로하고, 옳은 길을 걸으라고 강하게 권면했다. 목사들에게는 모든 일을 내버려 두고 아무것도 변화시키지 말라고 부탁했다. 변화가 선을 가져오는 일이 드물다고 생각했기 때문이다. 도시 전체를 변화시키고 새로운 신학을 발전시켰으며 서구 세계를 완전히 바꿔 놓은 사람이 이런 말을 하는 것이 이상하게 들릴 것이다. 더구나 1543년에 칼빈은 전통이란 쉽게 하나님의 영광을 가릴 수 있기 때문에 변화가 늘 필요하다고 어느 목사에게 이야기하기도 했다. 교회 안에서 바꿔야 할 총체적인 목록을 제시한 다음 변화를 원치 않고 오래된 방식이 좋다고 생각하는 사람들의 주장에 대처하였다. 당시에 칼빈은 자신을 반대하는 주장들을 감당해 내기 힘들었다고 인정했다. 마술사들과 점술가들까지도 자신의 경험에 호소하며 칼빈의 생각이 정당한 논거가 아니라는 것을 입증하려 했다. 칼빈은 생각하는 것을 우선순위로 삼고 그 다음에 경험이 따라오는 삶을 사는 것이 더 낫다고 믿었다. 이것은 34살이었던 1543년의 칼빈 모습이다. 55살이던 1564년에 칼빈은 모든 일을 그대로 유지해야 한다고 말했다. 개혁파 진영에서는 칼빈의 마지막 말이 1543년의 경고보다 더 큰 영향력을 발휘하고 있다.

4월 25일에 칼빈은 공증인인 피에르 세늘라에게 유언을 기록하도록 했다. 칼빈의 '갑옷'은 강단이나 성서 낭독대 혹은 집이나 침대가 아니었다. 칼빈의 갑옷은 하나님 앞에 선 그의 자세였다. 자신의 죄를 열거하며 고백한 후에 그는 참회했다. 칼빈은 모든 일을 하나님

을 경외하는 마음으로 했다. '경외'라는 구약적인 용어는 '고뇌로 가
득 찬 믿음'이라는 말로 번역해야 한다. 경외라는 갑주를 통해서 비
판을 막아 내고 적을 공격하고 하나님의 군사로 준비될 수 있다. 마
지막 말을 통해 자신이 하나님을 의존하며 사령관의 전략을 이해하
지 못할 때에도 무조건 따라가는 그런 군인이었음을 계속적으로 증
언했다. 칼빈은 하나님이 자신을 세상에서 데려가시기 전에 다른 사
람들과 대화를 나누고 싶은 소망에 대해 말했다. 하지만 그렇지 못
할 수도 있다는 것을 덧붙였다. 삼위 하나님의 결정을 침해하는 것
은 교만한 일이라는 것을 칼빈은 알고 있었다.

칼빈에 따르면 그가 세상을 영원히 떠나는 것은 삼위 하나님의 뜻
이었다. 베자는 칼빈의 죽음을 믿음의 영웅이 세상을 떠난 것으로 묘
사하며 다소 상세한 이야기를 전하고 있다. 칼빈이 죽은 지 3년 후에
태어난 로카르투지오 수도회의 수사 라우렌티우스 수리우스는 칼빈
의 죽음을 쓸모없는 사람의 죽음으로 묘사했다. 수리우스는 칼빈은
죽음을 기다리는 침상에서 죽음의 원인이었던 성병이 주는 고통 때
문에 저주와 폭언을 내뱉고 분노했다고 썼다. 칼빈에 대해 조금이라
도 아는 사람이라면 성병은 칼빈과 상관 없다는 것을 알 것이다.

1564년 5월 19일 금요일에 목사들은 정기 회의를 열었고 칼빈의
상태를 생각해서 그의 옆방에서 모이기로 결정했다. 칼빈은 그곳에
잠시 들어가 있었는데 그것이 마지막 공식 활동이었다. 1564년 5월
27일 토요일 저녁, 칼빈은 세상을 떠났다. 그는 다음날 주일에 땅에
묻혔다. 이것이 칼빈 삶의 마지막 여정이었다.

축제

칼빈은 아무도 모르는 곳에 묻히길 원했다. 그는 자신의 마지막이 매장지를 알 수 없는 모세처럼 되기를 원했다. 그가 죽은 후에 사람들이 영웅으로 떠받드는 것을 염려했기 때문이다. 그는 자신의 묘가 신성모독으로 이어질 수도 있다는 사실을 내다본 것 같다.

어쨌든 칼빈은 혹시나 하는 마음에 묘비조차도 원치 않았다. 1564년 5월 28일 주일 오후 2시에 칼빈은 그의 유언에 따라 평범한 나무 관에 눕혀 플랭 궁전의 묘지에 묻혔다. 장례식은 매우 조촐했다. "모든 것을 절제하라"라는 칼빈의 원칙이 적용된 것이다.

하지만 칼빈이 묻힌 날은 바쁜 주일 오후였다. 아버지 역할을 해 주었던 사람들에게 늘 복종했던 칼빈은 이제 다른 사람들의 아버지가 되었다. 칼빈이 죽은 후 열린 첫 번째 목사회 모임은 "칼빈은 아버지와 같은 존재"였다고 밝혔다. 그들은 칼빈이 하나님에게서 많은 은혜와 권위를 받았고 매우 훌륭한 조언으로 동료들을 도왔다고 말했다. 이제 누가 칼빈의 공백을 메울 것인가? 그는 아버지 같은 사람이었을 뿐 아니라, 자신에 대한 많은 비판과 자신의 오류와 실패를 인정하는 것을 부끄러워하지 않았던 사람이었다. 따라서 많은 칼빈 학자들이 그를 지나치게 변호하는 것은 이상한 일이다. 칼빈의 친구와 동료가 칼빈의 성격으로 인해 겪었던 여러 어려움을 솔직하게 드러냈던 마당에 왜 그래야만 했을까? 칼빈 자신도 자신의 결점을 정확하게 알고 있었다.

대화

하지만 이것이 이야기의 끝은 아니다. 칼빈은 사람들이 천국에서 서로를 알아볼 수 있다고 생각했고 이에 대해 다소 지나칠 정도로 묘사했다. 프랑크푸르트의 피난자 교회를 맡고 있던 리차드 보빌 목사는 아내가 죽었을 때 칼빈이 보낸 편지를 받았다. 칼빈은 이렇게 위로했다. "당신은 천국에서 다시 기쁘게 만날 수 있는 여인과 살았습니다." 칼빈의 생각이 맞다면 그는 천국에서 이미 많은 토의와 대화를 했을 것이다. 루터에게 보낸 편지에서(루터가 받지는 못했지만) 칼빈은 그들이 곧 천국에서 함께할 것이며 조용히 토의를 계속할 수 있을 것이라고 전했다. 멜란히톤에게 보낸 편지에서는 잔치를 그리 즐기지는 않지만 천국에서 함께 잔치를 할 수 있기를 원한다고 적었다. 어쨌든 칼빈은 후대의 여러 칼빈주의자들과는 달리 천국에서 서로를 알아볼 것이라고 확신했다. 그렇게 된다면 분명 좋은 일일 것이다. 천국에 가면 나는 칼빈과 몇 가지 주제에 대해 대화하고 싶다.

○○ **역자 후기**

칼빈 탄생 500주년이다.

기독교인들에게 칼빈 하면 떠오르는 것이 무엇인지를 묻는다면 종교개혁,《기독교강요》, 혹은 예정과 섭리에 대한 교리를 이야기할 것이다. 대부분의 사람들에게 칼빈은 매우 추상적이고 딱딱한 교리적 이미지로 각인되어 있다. 한 사람으로서 그의 모습이 어떠했는지는 16세기와 21세기의 격차만큼이나 먼 이야기처럼 들린다.

다행히 저명한 개혁주의 신학자인 헤르만 셀더르하위스가 이 책을 통해서 한 인간으로서의 칼빈의 모습을 전달하고 있다. 주요 자료는 칼빈과 지인들이 주고받았던 귀중한 서신들이다. 서신만큼 자신의 모습이 솔직하게 드러나는 것은 없다.

번역을 위해 이 책을 처음 받아 들었을 때 여타의 책과는 다른 몇 가지 부분이 눈에 띄었다. 우선 문체가 간결하고 저자의 판단과 생각이 매우 절제되어 있다. 장마다 여러 가지 주제가 짧은 분량으로 이어져 나갔다. 저자는 이 글 서문에서 칼빈을 친구 혹은 적으로 보지 않고 써나갔다고 밝혔다. 이 책의 목적이 한 인간으로서의 칼빈을 독자들에게 파노라마처럼 보여 주는 것임을 알 수 있다.

이 책을 우리말로 옮기면서 인간 칼빈을 만날 수 있었다. 칼빈은 아버지의 죽음 이후 자신이 바라는 것과는 다른 삶의 여정을 밟아 나갔다. 그는 "피난자로서 늘 떠도는 삶을 살았다"라고 말하며 쉴 곳을 원했다. 자신이 많은 영향을 끼쳤던 제네바에서 시민권을 얻게 된 1555년까지 그는 그곳에서 이방인으로 살면서 많은 갈등과 충돌을 겪었다. "너무 두려워서 차라리 죽음을 통해 공포에서 벗어날 수 있기를 바랐다"라고 고백할 정도였다. 그는 인생을 "불길한 미로"라고 표현했다. 또한 부인의 죽음, 자신의 사랑하는 아이의 죽음이 가져다주는 슬픔과 공백 앞에서 '왜?'라는 질문을 가지고 씨름했다.

이 책을 통해 명제적(propositional)인 지식은 인격적(personal)인 앎이 동반될 때 이해될 수 있다는 것을 확인했다. 칼빈이 말한 예정과 섭리의 교리는 서재에서 연구한 뒤에 생겨난 추상적인 교리가 아니었다. 오히려 한 치 앞도 내다보기 힘들었던 당시의 정치 · 종교적 상황에서 순례자 같은 삶을 살면서 하나님의 주권적 돌보심 속에서만 위로와 의미를 찾았던 한 사람의 신앙고백이었다.

독자들 또한 이 책을 읽으면서, 자신감에 충만하다가도 때로는 미래에 대한 불안감과 두려움에 사로잡혔던 칼빈을 만났을 것이다. 다른 사람들의 고통에 함께 아파하고 울었던 그의 모습도 볼 수 있었을 것이다. 추상적인 '도그마'를 만들어 낸 '신학자'가 아닌 현실과

씨름하고 하나님 안에서 인생의 의미를 찾아간 인간 칼빈을 발견했
으리라 기대한다.

　칼빈에 대해 더 궁금한 점이 있다면 책의 마지막 부분을 다시 한
번 살펴보기를 바란다. 저자가 천국에서 칼빈을 만나 이야기하고 싶
어 했던 것처럼 우리 또한 같은 마음을 품게 될 것이다.

조승희

○○ 참고 문헌

이 책은 칼빈의 편지를 가장 중요한 자료로 했다. 그러나 칼빈의 설교와 그가 쓴 글들도 참고했다. 참고 문헌은 아래와 같다.

Ioannis Calvini Opera Quae Supersunt Omnia. Edited by Guilielmus Baum, Eduardus Cunitz and Eduardus Reuss. 59 vols. Brunswick: Schwetschke, 1863-1900. (Calvin's collected works)

Joannis Calvini Opera omnia denuo recognita et adnotatione critica instructa notisque illustrata. Geneva: Droz, 1992-. (new edition of Calvin's collected works)

Correspondance des Réformateurs dans les pays de langue française . . . Geneva: H. Georg, 1866-1897.

Institutes, 1559 edition.

Supplementa Calviniana, Sermons inédits. Edited by Erwin Mülhaupt. Neukirchen: Neukirchener Verlag der Buchhandlung des Erziehungsvereins, 1961.

W. de Greef. *The Writings of John Calvin: An Introductory Guide.* Translated by Lyle D. Bierma. Grand Rapids: Baker, 1993.

Willam G. Naphy, *Calvin and the Consolidation of the Reformation.* Manchester: Manchester University Press, 1994.

Herman J. Selderhuis, ed. *Calvin Handbook.* Grand Rapids: Eerdmans, 2009.

Herman J. Selderhuis. *Calvin's Theology of the Psalms.* Grand Rapids: Baker Academic, 2007.

칼빈
JOHN CALVIN: A PILGRIM'S LIFE

1판 1쇄 2009년 11월 20일 발행
1판 7쇄 2018년 9월 15일 발행

지은이　헤르만 셀더르하위스
옮긴이　조승희
감　수　안명준
펴낸이　김정주
펴낸곳　㈜대성 Korea.com
등　록　제300-2003-82호
등록일　2003년 5월 6일

주소 서울시 용산구 후암로 57길 57 (동자동) ㈜대성
대표전화 (02) 6959-3140 | 팩스 (02) 6959-3144
홈페이지 www.daesungbook.com | 전자우편 daesungbooks@korea.com

ISBN 978-89-92758-60-4 (03230)

이 책의 가격은 뒤표지에 있습니다.

Korea.com은 ㈜대성에서 펴내는 종합출판브랜드입니다.
잘못 만들어진 책은 구입하신 곳에서 바꾸어 드립니다.

이 도서의 국립중앙도서관 출판시도서목록(CIP)은 e-CIP
홈페이지(http://www.nl.go.kr/ecip)에서 이용하실 수 있습니다.
(CIP제어번호: CIP2009003171)